传统文化研究丛书

晚清民国时期 保定莲池书院 学子从业实况研究

李占萍 著

清华大学出版社
北京

内 容 简 介

本书梳理晚清民国时期莲池书院学子的从业情况，揭示莲池书院学子与近代社会的互动过程，丰富中国书院史的研究，突出教育的后续评价功能，为当代大学生培养和塑造人文精神提供一定的借鉴。本书可以作为高校教育学类课程教学的参考资料。

图书在版编目（CIP）数据

晚清民国时期保定莲池书院学子从业实况研究/李占萍著.—北京：清华大学出版社，2020.12
（中华优秀传统文化研究丛书）
ISBN 978-7-302-54658-0

Ⅰ.①晚…　Ⅱ.①李…　Ⅲ.①人物－生平事迹－中国－近代　Ⅳ.①K820.6

中国版本图书馆 CIP 数据核字（2020）第 005787 号

责任编辑：张　莹
封面设计：傅瑞学
责任校对：王荣静
责任印制：杨　艳

出版发行：清华大学出版社
　　　　　网　　　址：http://www.tup.com.cn，http://www.wqbook.com
　　　　　地　　　址：北京清华大学学研大厦 A 座　　邮　　编：100084
　　　　　社 总 机：010-62770175　　　　　　　　邮　　购：010-62786544
　　　　　投稿与读者服务：010-62776969，c-service@tup.tsinghua.edu.cn
　　　　　质量反馈：010-62772015，zhiliang@tup.tsinghua.edu.cn
印 装 者：三河市国英印务有限公司
经　　销：全国新华书店
开　　本：170mm×230mm　　印　　张：12.75　　字　　数：192 千字
版　　次：2020 年 12 月第 1 版　　　　　　　　印　　次：2020 年 12 月第 1 次印刷
定　　价：59.00 元

产品编号：083348-01

中华优秀传统文化研究丛书组委会

目　　录

绪　　论

一、选题的缘起及意义

(一) 近代知识分子：中国近代社会变迁的重要力量

中国近代处于从传统社会向现代社会的转型阶段，生产力的发展带来的社会变迁是推动中国近代历史发展的主要原因。社会变迁是个人与社会关系基本形态的变异，社会变迁包括三类内容：其一，社会关系的基本制度，即社会行为的基本规范体系。其中主要指所有制、国体、政体等规范。其二，社会的基本结构，包括组织结构、阶级结构、职业结构。其三，社会关系的基本面貌，即人们的生活方式与行为方式。[1] 从 1840 年开始，外来文化的传入、外敌的入侵、思想意识的改变、社会生产力的发展等因素催生了洋务运动、维新运动、清末新政改革和民国的革命，中国近代社会变迁具有一定的必然性和全面性。

春秋战国时代士阶层开始崛起，知识分子作为士阶层的重要组成部分，他们的最高理想是充当帝师王佐。他们由科举而入仕、由充幕而发迹，他们在社会分层中拥有一定的经济、政治和社会地位。知识分子在近代文化的传播与变迁过程中，担当着二重角色，知识分子自身从传统型向现代型的转变角色和近代资产阶级新文化的传播角色。[2] 中国近代知识分子来源于古代官学、私学和书院教育领域，他们从鸦片战争以后，在传统的义理、考据、词章学术基础上，开始吸纳西方科学知识体系和制度文化，尝试运用近代科学的理性精神来培养自身阶层的独立意识、批判意识和价值思维方式。但他们不囿于个体阶层的视野，他们开始接纳社会经济、政治、教育、文化等领域的挑战，在思想意识、知识结构、社会角色方面发生了社会分化，却也扮演了社会各种角色，从而实现了社会角色的融合。近代

〔1〕 刘豪兴.社会学概论[M].北京：高等教育出版社，2003：328.
〔2〕 王继平.近代中国与近代文化[M].北京：中国社会科学出版社，2003：165.

知识分子是推动中国近代社会变迁的群体,他们伴随社会变迁过程而日渐成熟,虽然在此期间也遇到了一定的社会障碍与困境,但近代知识分子的社会历史作用却是不容忽视的。

(二) 晚清保定莲池书院学子的社会分化过程:书院与社会变迁的后续研究课题

古代书院是中国封建社会特有的一种教育组织形式,逐步成为一种人才培养的教育机构。及至清雍正十一年(1733 年),清政府谕令各直省皆建书院,"黜浮崇实,以广国家菁莪棫朴之化"[1],创建书院,扭转士习文风,实为政府所厚望。保定莲池书院是清朝设立的直隶省城书院,位于中国历史文化名城保定的古莲花池中。随着保定古莲花池的修整,加上清代前期几任皇帝的亲笔题咏和赞扬,保定莲池书院一直为帝王所关注及褒奖。由于独特的地理优势,莲池书院能够进入清政府的视野,在政府书院政策的鼓励、引导和保障下,加上社会的合力兴办,莲池书院成为融园林艺术与教育学术为一体的特殊文化机构和教育场所,其办学成效堪称中国书院的杰出代表。

保定莲池书院的声誉之所以在全国所有官办书院中名列前茅,实是由于莲池书院继承书院优秀的文化传统,名师讲学,致力于人才培养活动。保定莲池书院开办 170 多年,无法考证精确的学子人数,但据有关方志文献所载,书院中高才生接踵而起。莲池书院学子邢赞亭在《莲池书院忆旧》中描述莲池"俊秀":培养一辈学风,转移全省习俗,虽有耆儒硕学为之师,非假以悠久之岁,亦不能收熏陶镕铸之功⋯⋯脉脉相传,未尝一日间断,宜其人材辈出,为各省书院所弗及。[2] 各地生徒皆慕名前来莲池书院学习,书院大师的学识素养、人生态度为诸生树立了榜样,"士多以英伟识时务著声,后来兴事创业者,咸出其门"[3]。

---

〔1〕 陈谷嘉,邓洪波.中国书院史资料:中册[M].杭州:浙江教育出版社,1998:855.

〔2〕 邢赞亭.莲池书院忆旧[M]//河北省政协文史资料委员会.河北文史集粹:教育卷.石家庄:河北人民出版社,1992:7.

〔3〕 吴闿生.先府君事略[M]//吴汝纶撰,施培毅、徐寿凯校点.吴汝纶全集:四集.(安徽古籍丛书).合肥:黄山书社,2002:1158.

江苏太仓人、朴学家毕沅曾在乾隆二十二年(1757年)肄业于莲池书院,他的《临漪亭》诗表达了对书院学习生活的赞美之情,同时也可作为莲池书院学子自勉的励志佳句:"他日东归归故庐,绕墙万个栽篠篠。半船明月半床书,春波一绿尽五湖。"[1]莲池书院学子一起参与到社会的流动中,打破了"学而优则仕"的一元模式,开始向社会各个行业扩散。有研究将莲池后学尊称为莲池派,认为:"莲池派从张裕钊、吴汝纶算起,前后传承四代。此派主要由五部分成员组成:一是张裕钊主莲池书院时的弟子;二是吴汝纶的弟子和得其指授者;三是张、吴共同的弟子;四是贺涛的弟子;五是吴闿生的弟子。"[2]本书主要着重前四种(关于吴闿生的弟子只在评价中略述),并根据教育学对"学生"的定义,将莲池书院学子定义为:凡是以莲池书院为核心的、获得了莲池书院影响、传播莲池书院精神的正式和非正式学生。

根据现代字义,分化就是指性质相同的事物变成性质不同的事物;也指在生物个体发育过程中,细胞向不同的方向发展。[3] 社会分化就是指在社会化过程中,根据社会活动的方向或内容,个体在社会活动方面所进行的自我抉择,体现在思想意识、职业、社会活动方式等层面。

从业过程是社会分化的一种途径,从业包括社会职业的选择和个人思想意识的变化。莲池书院学子的社会分化过程是一个客观、必然的过程。中国近代社会变迁包括社会各个层面的全方位转型,涉及了社会政治、经济、文化、教育乃至思想意识形态等方面的转变。晚清保定莲池书院学子毕业后的社会活动恰逢中国近代社会转型时期,他们的社会活动贯穿于维新运动时期、清末新政时期与民国时期。本人通过文献资料的搜索、整理和分析,已经查询到以下莲池书院学子的

〔1〕 陈美健,孙待林,郭铮. 莲池书院[M]. 北京:方志出版社,1998:21.
〔2〕 安徽大学桐城派研究所. 桐城派与明清学术文化[M]. 合肥:安徽大学出版社,2008:429-430.
〔3〕 中国社会科学院语言研究所词典编辑室. 现代汉语词典[M]. 修订本. 北京:商务印书馆,1998:368.

点滴信息。[1]

在历史学研究框架内,莲池书院学子的从业情状反映了他们进行社会活动的历史轨迹,也是近代社会变迁的一个缩影,他们的社会活动过程以及与时势的纵横交错的场面都可以成为重要的社会学群体的研究课题。第一,莲池书院学子在保定莲池书院期间就对外国尤其是日本具备了一定的了解,加上国人对留日的崇拜,新政时期的游学日本成为莲池书院学子增加学识的一段早期的重要经历。第二,莲池书院学子融入近代社会生活,随着社会变迁而适时调整自己的步伐,形成了一个个非正式社会团体。第三,莲池书院学子并非独立个体,他们真正融入了社会生活,成为一个个社会人,与他人一起编织社会生活的网络,共同推进历史历程。莲池书院学子通晓世务,勤学精进,共同参与近代社会制度的变革乃至国体的变更,实现了知识分子自身近代化的转型,从而推动了中国近代社会的变迁进程。

一代名书院的场所、遗迹、文物等均留存后世,其成就业绩、作用影响仍昭示着人们从不同视域加以思考。莲池书院的发展沿革以及教育改革的过程曾引起当代众多学者的共同关注,学界从古莲花池内部的碑刻、实物、藏书、皇帝题词及诗赋、景图等方面加以展示与呈现,内容涉及莲池书院的制度、管理等层面,从而使莲池书院的社会影响力得以传播。如果将学界关于古莲花池研究的成果加以梳理和对比,关于莲池书院学子的整体全面研究足显薄弱。

学界已经从文学、史学、政治学、教育学、文献学等不同的角度对莲池书院学子进行了探讨,并尝试从多学科角度去挖掘他们的思想和业绩。但和宏观的书院史研究相比,学界对莲池书院学子的研究并不系统。第一,只限于人物的生平概貌或某一方面的业绩,对个体研究的宽度和深度不够。第二,只限于单个人物的生平行事,对群体研究的范围有限,只囿于某个学派,很少从莲池书院学子群体去

---

[1] 常堉璋,籍忠寅,邓毓怡,韩德铭,杨金钥,梁建章,刘春堂,杜之堂,尚秉和,叶崇质,马锡蕃,王笃恭,刘培极,徐德源,刘吟皋,王仪型,齐立震,张以南,邢赞亭,吴闿生,贺涛,李景濂,李刚己,王树楠,刘春霖,贾恩绂,谷钟秀,傅增湘,刘若曾,冯国璋,胡景桂,马镇桐,齐福丕,王延纶,张坪,蔡如粱,崔庄平,吴汝绳,张继,高步瀛,刘登瀛,吴镗,张殿士,崔栋,刘彤儒,马鉴滢,刘乃晟,赵宗抃,杨越,李春晖,纪钜湘,阎凤阁,张镇午,魏兆麟,安文澜,姚永朴,姚永概,马其昶,廉泉,柯劭忞。

剖析。零散的个体研究难以突出莲池书院学子的群体特征,也没有从深层次去挖掘这些特殊群体的社会心理剧变的原因。第三,未能揭示同一历史维度下,群体之间以及群体与其他社会群体之间的联系和区别。本书所研究内容限于莲池书院学子在清末与民国时期的社会活动方面,主要涉及莲池书院学子与社会背景的关系、群体与个体的关系、思想与活动的关系。

2012年5月,文化学者和全国百家知名媒体发起了声势浩大的拯救书院活动,复旦大学、苏州大学等高校开始探索书院教育。[1] 高校探索恢复"书院文化",更重视对书院育人价值的回顾与整理。莲池书院学子的职业取向具有一定的时代烙印和群体特征。他们或者名噪晚清文坛,或者彪炳仕途,或者振兴实业,或者教书育人。如果将莲池书院学子毕业后的生平事迹放在同一历史坐标系内,梳理他们近代从业的历程,分析他们职业多样化的时代特征,审视他们在社会分化中的主观抉择,不仅能够追溯莲池书院的育人精神,突出教育的后续评价功能,为当今社会转型和大学人才培养提供一些有益借鉴与启示,也能够突出莲池书院的整体文化研究价值,有助于更进一步挖掘古莲花池的历史资源,拓展中国书院史的研究视角,有利于开发、整合、优化文化资源,为当代文化教育事业和社会文明建设发挥更大的作用。

二、研 究 现 状

(一)关于晚清莲池书院学子的宏观社会背景研究

晚清保定莲池书院学子近代从业活动恰逢中国近代社会转型时期,经历了清末与民国时期。关于莲池书院学子的社会背景分析主要从这些层面入手。在中

---

〔1〕 高校试点"书院教育"[N]. 燕赵都市报,2012-06-07(11).

国近代史领域,人们也进行了大量的著述与探讨[1],这些研究成果将成为研究莲池书院学子社会化的参照背景。

关于中国近代教育史方面的研究,学界已进行了大量的史料挖掘工作,涉及了各个历史阶段的教育发展以及各级各类教育体系的建立。例如,陈学恂主编《中国近代教育史教学参考资料》,朱有瓛主编《中国近代学制史料》,中国第二历史档案馆编《中华民国史档案资料汇编》,璩鑫圭等编《中国近代教育史资料汇编·学制演变》,璩鑫圭等编《中国近代教育史资料汇编·实业教育 师范教育》,李桂林等编《中国近代教育史资料汇编·普通教育》,朱有瓛等编《中国近代教育史资料汇编·教育行政机构及教育团体》,潘懋元等编《中国近代教育史资料汇编·高等教育》,舒新城编《中国近代教育史资料》,故宫博物院明清档案部编《清末筹备立宪档案史料》,李国钧主编《中国教育大系——历代教育制度考》,璩鑫圭编《中国近代教育史资料汇编·鸦片战争时期教育》,众多的史料涉及政策规章、办学方针、教育思想等,为研究莲池书院学子的文化教育活动提供了丰满的文化背景。

学界关于书院宏观研究的成果颇丰,如陈谷嘉、邓洪波主编《中国书院史资料》,陈元晖、尹德新、王炳照著《中国古代的书院制度》,王炳照著《中国古代书

---

〔1〕 陈旭麓.近代中国社会的新陈代谢[M].上海:上海社会科学院出版社,2006;朱英.晚清经济政策与改革措施[M].武汉:华中师范大学出版社,1996;[美]布莱克.比较现代化[M].杨豫,陈祖洲,译.上海:上海译文出版社,1996;[美]罗兹曼.中国的现代化[M].陶骅,等译.上海:上海人民出版社,1989;[日]依田熹家.日本的近代化——与中国的比较[M].卞立强,译.北京:中国国际广播出版社,1991;费正清.剑桥中国晚清史(1800—1911):下卷[M].北京:中国社会科学出版社,1985;韦庆远,高放,刘文源.清末宪政史[M].北京:中国人民大学出版社,1993;高旺.晚清中国的政治转型——以清末宪政改革为中心[M].北京:中国社会科学出版社,2003;[美]任达.新政革命与日本—中国,1898—1912[M].李仲贤,译.南京:江苏人民出版社,1998;李华兴,张元隆,李海生.索我中华之理想:中国近代国家观念的形成与发展[M].合肥:安徽教育出版社,2005;杨立强.清末民初资产阶级与社会变动[M].上海:上海人民出版社,2003;李时岳.近代史新论[M].汕头:汕头大学出版社,1993;王继平.近代中国与近代文化[M].北京:中国社会科学出版社,2003;马敏.官商之间:社会剧变中的近代绅商[M].武汉:华中师范大学出版社,2003;罗肇前.晚清官督商办研究[M].厦门:厦门大学出版社,2004;章开沅,马敏,朱英.中国近代民族资产阶级研究(1860—1919)[M].武汉:华中师范大学出版社,2000;郭汉民.晚清社会思潮研究[M].北京:中国社会科学出版社,2003;王晓秋,尚小明.戊戌维新与清末新政——晚清改革史研究[M].北京:北京大学出版社,1998;赵军.折断了的杠杆——清末新政与明治维新比较研究[M].长沙:湖南出版社,1992;张创新.中国政治制度史[M].2版.北京:清华大学出版社,2006;关海庭.中国近现代政治发展史[M].北京:北京大学出版社,2005;田海林.中国近代政治思想史[M].济南:山东大学出版社,1999;柳诒徵.中国文化史:下[M].上海:上海古籍出版社,2001.

院》,陈谷嘉、邓洪波著《中国书院制度研究》,李国钧等著《中国书院史》,邓洪波著《中国书院史》等。史料或专著涉及书院制度和书院演变历程等方面,为本书提供了书院发展史的学术研究背景。

(二) 关于莲池书院学子群体的研究

关于莲池书院学子群体的研究,大多限于每项资料出现多位学子的情况,其中部分专著、史料、论文均载有莲池书院学子群体的生平行事以及社会活动状况。

(1)莲池书院学子教育背景的介绍。在吴汝纶撰写、施培毅等点校的《吴汝纶全集》(全四集)和吴汝纶的《桐城吴先生文集》中,载有贺涛、吴闿生、李景濂、谷钟秀、李刚己等人为吴汝纶写的传记和墓志铭,也全面展示了吴汝纶与学子交往的全貌。通过吴汝纶的日记、尺牍、书信,也可以了解莲池书院学子的教育背景。近代刘声木撰、徐天祥点校的《桐城文学渊源撰述考》(黄山书社,1989年版)载录了部分莲池书院学子的名氏和师承,展示了部分莲池书院学子的教育素养。当代著名文献学家张舜徽所著的《清人文集别录》(中华书局,1963年版),叙录了部分清人文集,著录书名卷数、版本,考订作者行事,论证著作之得失,核其学识之浅深,其中有关于马其昶、王树楠、姚永概、姚永朴、贺涛、吴闿生文集的提要。

(2)莲池书院学子生平事迹的介绍。关于莲池书院的研究均载有莲池书院学子的信息,如陈美健等著的《莲池书院》(方志出版社,1998年版),吴洪成等著的《名胜之巨擘 文化之渊泉——保定莲池书院研究》(河北人民出版社,2010年版)、柴汝新主编的《莲池书院研究》(河北大学出版社,2012年版)。在沃丘仲子著的《当代名人小传》(文海出版社,1986年版)中,载有关于冯国璋、傅增湘、谷钟秀的人物传记。中国人民政治协商会议北京市委员会文史资料委员会编的《文史资料选编》(第11辑)(北京出版社,1981年版)载有韩德铭、梁建章、刘培极等人的信息。河北省政协文史资料委员会编的《河北历史名人传》(科技教育卷)(河北人民出版社,1997年版)载有贾恩绂、王树楠的信息。

(3)莲池书院学子社会活动的研究。在政治活动方面,政协全国委员会文史资料研究委员会编的《辛亥革命回忆录》(第6册)(中华书局,1963年版)载有谷钟秀、冯国璋。中国第二历史档案馆编的《中华民国史档案资料汇编:第3辑》

（政治）（江苏古籍出版社，1991 年版）载有贾恩绂、韩德铭、邓毓怡、杜之堂。李希泌等编的《护国运动资料选编》（中华书局，1984 年版）载有籍忠寅、谷钟秀、冯国璋。汤志钧编著的《乘桴新获——从戊戌到辛亥》（江苏古籍出版社，1990 年版）载有籍忠寅、刘春霖、刘培极、梁建章。张国淦编著的《辛亥革命史料》（大东图书公司，1980 年版）载有冯国璋、刘若曾。刘成禺等著的《洪宪纪事诗三种》（上海古籍出版社，1983 年版）载有冯国璋、刘春霖。秦孝仪主编的《中华民国政治发展史》（第 1 册）（近代中国出版社，1985 年版）载有廉泉、张继。张海鹏著的《中国近代通史》（第 1 卷）（江苏人民出版社，2009 年版）载有张继、冯国璋。在经济活动方面，冯玉祥著的《我的生活》（岳麓书社，旧籍新刊 1999 年版）载有梁建章、谷钟秀。在文化活动方面，南京大学古典文献研究所编的《古典文献研究》（第 9 辑）（凤凰出版社，2006 年版）载有吴闿生、马其昶、姚永概、姚永朴。中国人民政治协商会议全国委员会文史资料委员会编的《文史资料存稿选编》（教育）（中国文史出版社，2002 年版）载有梁建章、尚秉和、吴闿生。刘梦溪主编的《中国现代学术经典·钱基博卷》（河北教育出版社，1996 年版）载有马其昶、姚永概、姚永朴。章伯锋等主编的《近代稗海》（第 12 辑）（四川人民出版社，1988 年版）载有王树楠、贾恩绂、谷钟秀。王揖唐著、张金耀点校的《今传是楼诗话》（辽宁教育出版社，2003 年版）载有姚永概、吴闿生、姚永朴、马其昶。在近代杂志《教育杂志》（1905 年第 7 期）中，《本处拟令查学员刘登瀛齐福丕出洋游历文并批》刊发关于刘登瀛、齐福丕留日的政府批文。

（三）关于莲池书院学子个体的研究

（1）莲池书院学子个体的史料与文集。傅增湘的研究有杜春和等编的《北洋军阀史料选辑》（上）（中国社会科学出版社，1981 年版）、中国第二历史档案馆编的《中华民国史档案资料汇编：第 3 辑》（教育）（江苏古籍出版社，1991 年版）、中国社会科学院近代史研究所近代史资料编辑部编的《近代史资料》（总 80 号）（知识产权出版社，2006 年版）、谢国桢著的《瓜蒂庵文集》（辽宁教育出版社，1996 年版）、张元济著的《张元济全集》（第 4 卷）（商务印书馆，2008 年版）、伦明等著的《辛亥以来藏书纪事诗》（北京燕山出版社，2008 年版）。高步瀛的研究有北京师范大学文学院编的《励耘学刊》(2007 年第 5 辑)(文学卷)(学苑出版社,2007 年版)、张岂之主编的《民国学案》(第 4 卷)(湖南教育出版社,2005 年版)、江铭主编的《中国教育督导史》(人民教育出版社,1994 年版)、马保超等编的《河北古今编著人物小传续》(河北人民出版社,1994 年版)。刘春霖的研究有北京市档案馆编的《北京档案史料》(新华出版社,2003 年版)。杜之堂的研究有中国人民政治协商会议河北省广宗县委员会文史资料研究委员会编的《广宗文史资料》(第 1 辑,政协广宗县委员会 1990 年版)、陈景磐、陈学恂著的《清代后期教育论著选》(上册)(人民教育出版社,1997 年版)。刘吟皋的研究有政协威县委员会编的《威县文史概览》(威县文史资料第 1 辑)(社会科学文献出版社,2004 年版)。刘若曾的研究有中国人民政治协商会议湖南省沅陵县委员会文史资料研究委员会编的《沅陵人物今古》(沅陵文史第 5 辑)。谷钟秀的研究有杨天石、王学庄编的《拒俄运动》(1901—1905)(中国社会科学出版社,1979 年版),廖大伟著的《辛亥革命与民初政治转型》(中国社会科学出版社,2008 年版)。马其昶的研究有任访秋主编的《中国近代文学大系·散文集四》(1840—1919)(上海书店出版社,1993 年版)。冯国璋的研究可见崔志海编的《梁启超自述》(河南人民出版社,2004 年版),还有张华腾著的《北洋集团崛起研究(1895—1911)》(中华书局,2009 年版)。廉泉的研究有孙应祥、皮后锋的《〈严复集〉补编》(福建人民出版社,2004 年版)。吴闿生的研究有成多禄著,翟立伟、成其昌编注的《成多禄集》(吉林文史出版社,1988 年版),刘叶秋著的《学海纷葩录》(中州古籍出版社,1992 年版)。李印刚在《邓毓怡生平事略》(《大成文史资料》第 3 辑)中介绍了邓毓怡的生平行事,同时在《梁建章传略》(《大成文史资料》第 4 辑)中介绍了梁建章的生平行事。《廊坊文史资料》(第 14 辑)涉及了蔡如梁。在《廉泉、吴芝瑛故宅》[刘健华主编,政协无锡市崇安区委员会、无锡市崇安区档案局编《崇安名胜史话 古韵无锡》(山东画报出版社,2006 年版)]和《廉泉与严复书》[孙应祥、皮后锋编《〈严复集〉补编》(福建人民出版社,2004 年版)]中涉及了廉泉。李景汉所编的《定县社会概况调查》(中国人民大学出版社,1986 年版)涉及了谷钟秀。张继的研究有张华腾著的《洪宪帝制:袁氏帝梦破灭记》(中华书局,2007 年版)、王敏著的《苏报案研究》(上海人民出版社,2010 年版),经盛鸿的《从辛亥革命斗士到国史馆馆长的张继》(朱信泉主编

《民国著名人物传》（第 1 卷,中国青年出版社,1997 年版）研究了张继的心理发展路程。在倪海曙所著的《清末汉语拼音运动编年史》（上海人民出版社,1959 年版）和李宇明所著的《中国语言规划论》（商务印书馆,2010 年版）中研究了韩德铭。邢赞亭的研究可见杨遇泰主编的《京都忆往:〈北京文史〉集萃》（北京出版社,2006 年版）、启功主编的《中央文史研究馆馆员传略》（中华书局,2001 年版）、徐凯天的《邢赞亭造福桑梓二三事》（南宫市政协文史资料研究委员会编《南宫文史资料》第 5 辑）、赵鸿声的《邢赞亭先生与德顺隆瓷厂》（《南宫文史资料》第 4 辑）、范维增的《邢赞亭事略》（《南宫文史资料》第 3 辑）。赵福寿主编的《邢台通史》（下）（河北人民出版社,2003 年版）涉及了齐福丕。姚永朴的研究有杨怀志、潘忠荣主编的《清代文坛盟主桐城派》（安徽人民出版社,2002 年版）,吴孟复著的《桐城文派述论》（安徽教育出版社,1992 年版）。叶崇质的研究可见王舒著的《风云人生——叶笃正传》（江苏人民出版社,2009 年版）。贾恩绂的研究有山东省文史研究馆编的《山左鸿爪》（上海书店出版社,1994 年版）、孙继民等著的《燕赵历史文化名人》（当代中国出版社,2002 年版）。

（2）莲池书院学子个体研究的论文。例如,闵定庆在《〈晚清四十家诗钞〉与桐城诗派的最后历程》（《中国韵文学刊》,2008 年第 1 期）中研究吴闿生。白玮在《姚永概〈孟子讲义〉研究》（陕西师范大学 2008 年硕士学位论文）中研究姚永概。关于姚永朴的研究,可见董根明的《关于姚永朴〈史学研究法〉的认识》（《史学史研究》,2006 年第 1 期）,黄根苗的《姚永朴教学生涯述略》（《池州师专学报》,2006 年第 1 期）,董学文、戴晓华的《文论讲疏的现代奠基之作——姚永朴的〈国文学〉》［《中南大学学报》（社会科学版）,2006 年第 6 期］。史明文在《〈新疆图志·物候志〉作者及版本考略》（《前沿》,2011 年第 4 期）中研究王树楠。吴秀华的《燕地贾恩绂手稿中所见桐城派学者资料》（《文献》,2003 年第 4 期）以及王学斌的《严复致贾恩绂函一通》（《文献》,2011 年第 2 期）涉及了贾恩绂。华辰的《北洋政府农商总长谷钟秀就职演说辞》（《民国档案》,2005 年第 2 期）涉及了谷钟秀的就职演说。易劲鸿的《张继与辛亥革命》（湖南师范大学 2002 年硕士学位论文）研究了张继。田正平、阎登科在《民国三任教育总长傅增湘》［《浙江大学学报》（人文社会科学版）,2012 年第6期］研究了傅增湘担任教育总长的过程。艾素珍在《清代出版的地质学译著及特点》(《中国科技史料》,1998 年第 19 卷第 1 期)中研究了邓毓怡编译《矿物界教科书》的内容。

（3）近代人士关于莲池书院学子研究的论文。徐一士的《关于柯劭忞》(《逸经》,1937 年第 25 期)介绍了柯劭忞,真言的《副总统冯国璋》(《妇女杂志》,1916 年第 2 卷第 12 期)介绍了冯国璋,王森然的《高步瀛先生评传》(《北华月刊》,1941 年第 1 卷第 5 期)评价了高步瀛。

（四）莲池书院学子的个人文论

（1）莲池书院学子的文学作品。贾文昭编著的《桐城派文论选》(中华书局,2008 年版)收集了桐城派作家 46 人的 108 篇文论资料,每篇文章均做了注释和评说,并对每位作家的基本情况做了简介。该书作为第一部系统收集整理桐城派文论的著作,可以为专业研究者提供比较系统的资料,其简明的注释和提纲挈领的评说可为初学者指示门径。书中载有吴闿生的《诗说》《〈明清八大家文钞〉序》、贺涛的《答宗端甫书》、李刚己的《续皇甫持正谕业》。钱基博著、傅道彬点校的《现代中国文学史》(中国人民大学出版社,2004 年版)分析了 1911 年至 1930 年的代表作家和作品,也广泛涉及民国开元以来的学术文化和政治民俗,载有贺涛、李刚己、赵衡、吴闿生、姚永概、马其昶的文学作品。在璩鑫圭等所编的《中国近代教育史资料汇编·学制演变》(上海教育出版社,1991 年版)中载有胡景桂的《日游笔记序》。保定图书馆藏有吴闿生等编撰的《莲池讲学院讲义附课艺、肄业日记》。中国第二历史档案馆编的《北洋军阀统治时期的党派》(档案出版社,1994 年版)载有刘若曾的《关于政友会直隶支部成立情形呈》。中国第二历史档案馆编的《中华民国史档案资料汇编:第 3 辑》(金融)(江苏古籍出版社,1991 年版)载有叶崇质的《直隶省银行监理官叶崇质陈报发行流通纸目数目致币制局代电》。戴逸、汪润元主编的《中国近代史通鉴》(民国初年)(红旗出版社,1997 年版)载有谷钟秀的《袁世凯与民初的政治斗争》。黄寿祺、张善文编的《周易研究论文集》(第 2 辑)(北京师范大学出版社,1989 年版)载有尚秉和的《答黄之六论易书》。

（2）莲池书院学子的诗文、回忆录、行状、墓志铭等。卞孝萱、唐文权所编的

《辛亥人物碑传集》（团结出版社，1991年版）收集了莲池书院学子所写的行状、墓志铭、碑传等资料，如尚秉和的《故新疆布政使王公行状》、王树楠的《清大理院正卿刘公及配刘夫人合葬墓志铭》、常堉璋的《籍公行状》。中国人民政治协商会议河北省委员会文史资料研究委员会编的《河北文史资料选辑》（第1辑）（河北人民出版社，1980年版）载有邢赞亭的《莲池书院回忆录》。沈云龙主编的《近代中国史料丛刊》（第三编第3辑）（文海出版社，1985年版）载有张继的《张溥泉先生回忆录·日记》，还有张继的《零星回忆》（《中央日报周刊》，1948年第1期）。南宫市政协文史资料研究委员会编的《南宫文史资料》（第4辑）载有《齐福丕诗文》。王凯贤选注的《中国历代状元诗》（清朝卷）（昆仑出版社，2007年版）载有刘春霖的《六十自述诗》。阿英编的《庚子事变文学集》（上）（中华书局，1959年版）载有邓毓怡的《拙园诗集》。吴闿生评选、寒碧点校的《晚清四十家诗钞》（浙江古籍出版社，2006年版）载有常堉璋的《次韵和辟疆》、邓毓怡的《长句赠济生》、姚永概的《调李刚己》、姚永概的《寄怀贺松坡刑部》。

（3）莲池书院学子的专著或译著。邓毓怡译编的《欧战后各国新宪法三编》（中华印刷局，1925年版），尚秉和撰的《辛壬春秋》（中国书店，2010年版），尚秉和著的《周易尚氏学》（中州古籍出版社，1994年版），姚永朴撰的《文学研究法》（黄山书社，1989年版），姚永概著的《慎宜轩日记》（上）（黄山书社，2010年版），姚永朴著的《史学研究法》（商务印书馆，1938年版），傅增湘著的《藏园游记》（印刷工业出版社，1995年版）。

三、研究思路与框架

（一）理论方法

借鉴大历史观：从小事件看大道理；从长远的社会、经济结构观察历史的脉动；注重莲池书院学子人物与时势的交互作用，以及莲池书院学子之间在社会流动中的分合情状。

文献研究法：多角度收集关于莲池书院学子个体及群体的信息和资料，进行相关问题的分析。

个案分析法：针对重要事件，以收集的莲池书院学子来进行列举。

历史法和比较法：在对重要事件进行比较、分析和评价的某些层面，突出莲池书院学子的群体特征。

（二）研究内容

第一章概述晚清莲池书院的发展状况。本章介绍莲池书院步入近代文明的历程和近代教育管理状况，介绍部分莲池书院学子的生平行事。

第二章介绍莲池书院学子清末的从业状况。莲池书院学子在清末的主要从业类型包括从事新式教育和参议政事，教育思想与实践活动包括国民思想的产生与兴学育才活动，参议政事体现在投入学堂风潮和参与立宪运动方面。

第三章介绍莲池书院学子在民国的从业状况。莲池书院学子参与新国体的创建，如参加南北议和、组建政团、参与护国运动、涉入内阁政争、兴办实业。他们也著书治学，修撰史志，潜心教化，职掌教育，书院讲学。

第四章从横向分析莲池书院学子近代从业的"要素"。莲池书院学子近代从业具有一定的时代特征，著述立说和人格砥砺也成为他们近代从业的精神力量。

第五章评价莲池书院学子的近代从业情状。莲池书院学子的社会活动推动了近代社会发展，融入了民族精神传承的潮流，但遭时多故，事与愿违，他们的近代从业经历值得当今去思考。

（三）研究的创新点与不足

本书综合运用人文社科研究方法，结合其他类型的史料，进行了相关问题的考证研究：将非常具有社会影响力和历史作用的历史人物放在特定的时空环境中去考察与分析，阐释个体的动态特征，同时也突出了群体特征，史论结合，将历史人物、学术思想、人文情怀与社会实践多层面多领域进行了有机融合，有助于多角度呈现莲池书院学子精神风貌及其职业和社会分化情形。

莲池书院学子作为中国近代的历史人物，他们的社会活动具有一定的客观性，对其进行研究结合了当时的社会制度、社会思想、社会活动和社会事件。

由于莲池书院学子人数众多，需要从多学科角度来全方位收集关于莲池书院学子的所有社会、学术、人文信息。鉴于史料所限,本书未能全面展示所有莲池书院学子的所有信息,只能选取一些重大历史事件和历史史实,呈现部分莲池书院学子的思想、活动与成就,只能以点带面,揭示莲池书院学子与近代社会变迁的关系。不足之处:①莲池书院学子的个体研究未能深刻细致。②莲池书院学子的个人信息如出生日期在一些资料中有所不一致,有待于学界进一步查找、考订。③莲池书院学子的文集和史料有待于今后的丰富与完善。

第一章

步入近代后的莲池书院教育及学子概况

第一节 步入近代后的莲池书院

一、近代文明的传入

中国具有悠久的社会文明发展史。近代人士评价为："世界文明最古之邦，处世界最大之洲，为亚洲最大之国，有四千年引续之历史可爱，有三千年前迄今之典籍可爱。"[1]"中国之在大地，固开辟最早，文明最先之国也。论其资格，宜乎千年以前发明公理，为地球万国之表率也久矣。"[2]

中国具有优越的自然条件和地理生态环境，孕育了传统的农耕自然经济。农耕自然经济是中国古代社会经济的主体，但它并不仅仅以农业生产为界限，还包含手工业、商业等多方面的经济成分。农耕社会经历了无数的社会动荡，但农耕自然经济却一直能够持续下去，缓慢平稳地发展。中国自国家产生以后，先后出现过不同的统治阶级，但是专制却是一脉相承。专制制度和宗法制度相结合，形成了"家国同构"的社会政治结构[3]，以自然经济为基础，政治上实行高度中央集权，对于统一国家的形成与巩固起到了一定的历史作用。但是，君主的绝对权力和权威使集权政体注入专制的色彩，加剧了政治体系的保守性和封闭性。梁启超在《新民说》中说："吾国夙巍然屹立于大东，环列皆小蛮夷，与他方大国，未一交通，故我民常视其国为天下。"[4]在农耕自然经济和宗法专制社会政治结构的社会根基上，民族盲目自信的社会心理致使中国科技发明出现了中断与失传的现象，对待外国文化的态度由宽容逐渐走向了保守与排斥。

中国的明清时期是整个世界格局发生巨变的重大时期。英国的工业革命使社会生产方式发生了转变，实现了从传统农业社会转向工业社会的重要变革。工

---

[1] 张枬,王忍之.辛亥革命前十年间时论选集：第2卷(上).北京：生活·读书·新知三联书店，1963：63.

[2] 张枬,王忍之.辛亥革命前十年间时论选集：第1卷(上)[M].北京：生活·读书·新知三联书店,1960：71.

[3] 张岱年,方克立.中国文化概论[M].北京：北京师范大学出版社,1994：55.

[4] 张枬,王忍之.辛亥革命前十年间时论选集：第1卷(上)[M].北京：生活·读书·新知三联书店,1960：122.

业革命催化了工厂机械化生产的精细分工,使社会面貌发生了翻天覆地的变化。"自蒸汽机发明以来,科学应用日益兴盛,工业农业俱大发达。古来之社会组织、产业组织,悉为根本的变化,而近世社会之幕于是乎启。"[1]此后欧美其他一些国家纷纷仿效,相继进行了资产阶级革命与社会生产改革。在欧美资产阶级革命的100多年里,工业革命带来了工业文明,提升了资本主义社会的经济实力。从17世纪至19世纪,五个主要的资本主义国家经历了从封建主义君主专制到资本主义立宪民主的宪政实现历程,概括为民主共和国和君主立宪国两大类型。经济进步、政治制度改良一起构成了西方社会的近代文明。

近代文明的传入是中国近代不可抗拒的时代潮流,是中国近代遭受屈辱的历史开端。1840年以后,世界资本主义国家纷纷崛起,日益强大。相比之下,中国的农耕自然经济增长速度迟缓,经济结构单一,中国没有跻身世界先进行列。当近代化模式在世界一些国家出现的时候,"其影响不可避免地会传遍全球任何地方,不管是用武力,还是靠人民的选择"[2]。工业先进的西方国家将全世界卷入商品流通的大潮,在资本主义国家的眼里,中国简直就是一个巨大的商品倾销市场、投资场所和原料产地。"盖欧亚交通以来,道光时有鸦片之役,咸丰时有联军之役,其战争之目的,欲击破锁国主义,得以自由贸易而已,非有瓜分之观念,存于其间。迨乎甲午一役以后,情见势绌,而各国之殖势力于中国者,至不平均,所得丰者思保持之,所得歉者思挠夺之。"[3]1877年,西方传教士狄考文在《基督教会与教育的关系》中明确指出,"中国与世隔绝的日子已屈指可数。不管她愿意与否,西方文明与进步的潮流正朝她涌来。这种不可抗拒的潮流必将遍及全中国"[4]。

随着外国经济的入侵,中国传统自然经济结构开始解体,农业生产停滞不前,

----

〔1〕 朱元善. 职业教育真义[M]//米靖. 二十世纪中国职业教育学名著选编. 北京:教育科学出版社,2011:7.

〔2〕 [美]罗兹曼. 中国的现代化[M]. 陶骅,等译. 上海:上海人民出版社,1989:5.

〔3〕 张枏,王忍之. 辛亥革命前十年间时论选集:第2卷(上)[M]. 北京:生活·读书·新知三联书店,1963:458.

〔4〕 [美]狄考文. 基督教会与教育的关系(1877年)[M]//陈学恂. 中国近代教育史教学参考资料:下册. 北京:人民教育出版社,1987:10.

农村经济陷入凋敝,统治阶层被迫着手推行改良农业的政策。鸦片战争开启了中国近代"自强""求富"的航程,自 19 世纪 60 年代开始,洋务派采用官督商办形式,积极筹办洋务民用企业,重视发展工商业经济,提升国家经济发展水平与规模。甲午战后,民族危机,自强之道必须依靠民间工商业的发展。清政府采取了许多促进经济发展的措施,如颁布关于工艺、矿务铁路等方面的章程条文;设立商务局、农工商局;支持兴建铁路与开矿,发展纺织业,创办银行。这些举措不仅有利于中国资本主义的发展,而且对综合国力的增强起到了一定的作用。清末新政时期,经济改革是社会改革的主体,清政府积极颁布经济政策,内容涉及工商综合类、商标、矿冶、铁路、金融、商品赛会、度量权衡、经济社团以及奖商政策等诸多方面。[1]一则表明清政府从传统的重农抑商转为保护和鼓励工商业的发展;二则使工商业者的实业活动获得了政策保障,提高了相应的社会地位。

中国近代政治转型开始于中国社会的巨变。鸦片战争以后,随着社会经济体制的一系列变革、外国思潮的不断涌入,民主、宪政思想日益深入人心,政治体系也需要民主化。洋务运动时期,通商大臣的设置标志着国家政权的分化与机构的复杂化,总理各国事务衙门打破了传统政府的六部体制,成为近代政治体制转型的开端。资本主义宪政的社会政治模式从维新运动时期开始传入中国,维新运动时期,日本模式的维新变法将政治改革推向了高潮,制度变革虽受顿挫,但为士阶层参与政治活动提供了机遇。"自甲午以后,民族民权二大主义之潮流,溜溜然激湍全国。惟使人人皆得享人权自由之幸福,脱专制之羁轭,而民权之说生焉"[2]。

中国拥有悠久的重教传统。从秦、汉开始,中国确立了封建教育制度,经历了唐宋元明的发展时期,到了清朝,封建教育制度已趋于成熟与规范化,以科举制度为轴心,以官学、私学、书院制度为主体的教育制度使中国文化能够薪火相传,绵延不绝。从整个历程来看,科举制度的积极作用大于消极作用。但由于中国具有功利主义的教育价值观,功利主义浸透了教育制度的整个机体,学校成为科举的婢女,知识作为求取功名的敲门砖,对世俗利益的追求代替了对知识本身的信仰

〔1〕 朱英.晚清经济政策与改革措施[M].武汉:华中师范大学出版社,1996:202.
〔2〕 张枏,王忍之.辛亥革命前十年间时论选集:第 2 卷(上)[M].北京:生活・读书・新知三联书店,1963:423.

和探求。[1]

鸦片战争前后,一部分开明地主和先进的农民阶级的知识分子,抨击当时空疏无用的学校教育现状,开始初步地提出改革社会和向西方学习的先进主张。例如,龚自珍认为,"近代之士,自其敷奏之日,始进之年,而耻已存者寡矣"[2],反对空疏的理学和训诂考据,希望学习西方教育来改革封建教育,培养经世致用的人才。魏源将"经世致用"作为改革旧教育的指导思想,认为"鄙儒之博学也,务于物名,评于器械,考于训诂,摘其章句,而不能通其大义"[3],他在《海国图志》序中,指出"为以夷攻夷而作,为以夷款夷而作,为师夷长技以制夷而作"[4]。洪仁玕结合中国实际和当时世界发展的趋势,提出要"学习邦法",学习资本主义国家的政治、经济、文化、教育、法律等制度,"大兴政教",仿效资本主义建立新的文化教育体制,建立新的教育机构。他建议"设新闻馆以收民心公议",鼓励人民开设"学馆",以传播文化科学知识,建立"跛盲聋哑院"和"鳏寡孤独院"。他通过借鉴外国发展的经验,提出了学习西方科学技术的重要性,认为火船、火车、电火表、寒暑表、风雨表等物,"皆有夺造化之巧,足以广闻见之精,此正正堂堂之技"[5]。上述有识之士在社会阶级矛盾和民族矛盾十分尖锐的情况下,力图通过人才培养来打破或推翻封建社会的落后局面。他们的改革思想具有一种求真务实、经世致用的精神,蔚为一股社会思潮,成为近代教育与社会变迁的思想资源。

开办新式学堂是近代洋务运动和维新运动的重要组成部分。洋务学堂自1862年京师同文馆创办以后,至20世纪初清政府改良教育制度之前,其发展过程经历了40余年,创办了外国语言文字学堂和普通学堂、专门技术学堂、军事技术学堂。洋务派本着"讲求时务,融贯中西"的原则,积极开办各类学堂,并从洋务

〔1〕 周谷平.晚清外国人眼中的中国教育[J].徐州师范大学学报(哲学社会科学版),2004(4):118.

〔2〕 龚自珍.明良论二[M]//璩鑫圭.中国近代教育史资料汇编·鸦片战争时期教育.上海:上海教育出版社,2007:433.

〔3〕 魏源.武进庄少宗伯遗书序[M]//璩鑫圭.中国近代教育史资料汇编·鸦片战争时期教育.上海:上海教育出版社,2007:436.

〔4〕 魏源.海国图志·序[M]//璩鑫圭.中国近代教育史资料汇编·鸦片战争时期教育.上海:上海教育出版社,2007:437.

〔5〕 洪仁玕.资政新篇(1859年)[M]//舒新城.中国近代教育史资料:上册.北京:人民教育出版社,1961:2.

实践出发设置具有"实效"的课程,排除了传统的义理、考据、词章和八股文,形成了不同于旧学的新学课程体系,促使教学方法、教育思想等方面也发生了变化。洋务派先后创办的各类学堂总计 37 所,洋务教育结构的特点是以语言文字为基础,向专门教育发展,其重点在于军事技术教育和专门技术教育;在专门教育方面,举凡一切洋务派开办的事业,均设有相应的专门学校,反映了洋务教育与社会需求相结合的特点。维新派也将教育作为人才培养的重要途径和国家富强的根本,积极进行办学活动,介绍西学,传播西方资产阶级的文化和社会政治学说;废除空疏无用的旧学,引进西方的实学,采用民主的教育方式,这对新教育的发展具有重大的意义。例如,康有为于 1891 年在广州长兴里设立"万木草堂",谭嗣同等人于 1897 年在长沙开办"时务学堂",在浏阳创办"浏阳算学馆",张元济于 1897 年在京创办通艺学堂,1898 年,上海电报局的经元善创办经正女学堂,等等,这些学堂对全国新式学堂的开办具有重要的借鉴和促进作用。维新运动时期,由于资本主义经济因素的渗透,中国的工商业经济开始活跃起来。伴随着资本主义商品经济的发展,社会等级结构也发生了相应的变化[1],绅商阶层由洋务买办、地主官僚和商人转化而形成了民族资产阶级阶层。绅商阶层拥有科举功名和职衔,同时广泛涉足工商界的经营活动,成为一个有活动能量的利益集团。由于绅商阶层是随着时局的要求而产生的,他们在发展工商业的同时迫切需要培养一批能为资本主义经济谋求发展的人才,他们将"兵战""商战"的视角转向"学战",利用自己在经济活动方面的独特优势为兴办教育奠定了经济基础。在清政府重商政策的保障下,与书院改革遥相呼应,绅商阶层踊跃办学。在这个时期绅商阶层开办的学堂具有多样化的种类和级别,普通学堂有培养外语、化学、算学等人才的专门学堂,实业学堂有蚕学馆等,女学堂也开始初露端倪。这些学堂遵循自己的办学章程,抛弃了追求功名利禄和探求义理学说的目标,体现了时代和工商业经济发展对各级各类人才的需求。

留学和考察是西方近代文明输入的结果,也是中国近代学习西方的捷径。清政府不断调整国家留学政策,从留美留欧战略逐渐转移到了留日方面。当年日本

---

[1] 阎广芬.经商与办学:近代商人教育研究[M].石家庄:河北教育出版社,2001:39.

人出国留学或考察，"愤其国为西洋所胁，率其徒百余人，分诣德、法、英诸国，或学政治工商，或学水陆兵法，学成而归，用为将相，政事一变，雄视东方"。[1] 在维新运动期间，学习日本成为一股时潮，当时的朝野上下对留学日本充满了热情。例如，张之洞于 1898 年在《劝学篇》中提出："至游学之国，西洋不如东洋：路近省费，可多遣；东文近于中文，易通晓；中东情势，风俗相近，易仿行，事半功倍，无过于此。"[2] 同年康有为在《请开学校折》中明确提出："近者日本胜我，亦非其将相兵士能胜我也，其国遍设各学，才艺足用，实能胜我也……请远法德国，近采日本，以定学制。"[3] 受维新派怂恿和鼓动，"百日维新"时期，光绪皇帝在 1898 年 8 月 2 日（光绪二十四年六月十五日）的上谕中提出："出国游学，西洋不如东洋。东洋路近费省，文字相近，易于通晓，且一切西书均经日本择要翻译。"[4] 在清政府对留日运动的鼓励和支持下，国人纷纷东渡，络绎不绝地兴起了中国近代大规模的留日运动，游学和学务考察延续到了新政改革时期。

近代文明的传入与外国的入侵促使中国社会进入急剧转变时期，在西方力量冲击下，近代中国社会逐渐由被动应对转向积极进取。在半殖民地半封建社会的屈辱与抗争历史中，物质、制度、观念变革与经济、政治、文化转型构成了近代中国改革或革命的主题。

二、晚清莲池书院述略

书院之名起始于唐朝，是中国封建社会特有的一种教育组织形式，以私人创办为主，有的历史时期官府也进行支持或控制。书院一般建立在风景秀丽之地，同时积聚大量图书，到了宋朝，书院获得了长足的发展，在办学规模、教学及管理等方面进行了实践与探索。从元朝开始，书院逐渐出现了官学化倾向，到了清朝，呈现出前所未有的盛况。书院实行教育与研究相结合的教学制度，在办学模式、

〔1〕　朱有瓛.中国近代学制史料：第 2 辑（上册）[M].上海：华东师范大学出版社，1987：16.

〔2〕　张之洞.劝学篇·游学第二[M]//朱有瓛.中国近代学制史料：第 2 辑（上册）.上海：华东师范大学出版社，1987：17.

〔3〕　康有为.请开学校折[M]//舒新城.中国近代教育史资料：上册.北京：人民教育出版社，1961：150.

〔4〕　朱有瓛.中国近代学制史料：第 2 辑（上册）[M].上海：华东师范大学出版社，1987：17.

组织管理等方面积累了丰富的经验,对中国封建社会的教育产生了重大的影响与作用。清朝,国家对书院施行扶持政策,如清雍正十一年(1733年),清政府命令各省设立省会书院,并提供适当的经费。书院成为官学的一种形式,日常的教育管理活动完全纳入政府的管辖范围。清末书院达到了前所未有的盛况。在清代书院设置沿革中有如下记载:

> 京师设立金台书院,每年动拨直隶公项银两,以为师生膏火,由布政司详请总督报销。直省省城设立书院,直隶曰莲池……书院师长,由督抚学臣不分本省邻省已仕未仕、择经明行修足为多士模范者,以礼聘请……书院生徒,由驻省道员专司稽察,各州县秉公选择,布政使会同该道再加考验,果系材堪造就者,方准留院肄业……其余各府州县书院,或绅士捐资倡立,或地方官拨公款经理,俱申报该管官查核。各处书院,不得久虚讲习。[1]

在清朝书院史上,书院的山长、生徒、教学内容及日常管理都被纳入政府的管辖范围。在清政府的大力支持下,各省拥有创办书院的热情,自然加快了书院设立和发展的步伐。清朝是封建社会的最后一个阶段,但是清代是中国古代书院数量最多的朝代,层次不一的书院遍及全国乡村与城市,成为国家教育体系之外最为重要的教育机构。[2]

直隶省奉诏创办莲池书院。莲池书院位于河北省保定市古莲花池内,实为当时京畿最高学府。莲池书院学子邢赞亭在《莲池书院回忆录》中对莲池书院的教育环境进行了评价:

> 莲池之来源,系由满城一亩、鸡距二泉而发,经过该县东南,合并而汇保定城壕,再开闸引入城内,以潴渟于莲池。池内遍植莲花,开时芬芳袭人,且有多年古木,权枒偃蹇……所有种种胜迹,为各处书院所罕觏,得此园林美

---

〔1〕 璩鑫圭.中国近代教育史资料汇编·鸦片战争时期教育[M].上海:上海教育出版社,2007:173-174.

〔2〕 李兵.书院与科举关系研究[M].武汉:华中师范大学出版社,2005:167.

景,供朝夕讲习之所,亦士子之幸运也。[1]

学校教育的目标就是进行人才的培养和选拔,教育制度和选士制度是中国古代学校教育双重功能的有力保障,但由于人才选拔的政治性,选士制度对封建社会的教育起着重大的指导和制约作用。从隋唐开始,科举制度应运而生,将选士制度和育士制度结合起来,刺激了大批中下层知识分子的学习热情,促进了官学、私学和书院在数量方面的发展。科举制度成为中国传统社会中历代王朝的抢才大典,履行着人才选拔的功能,其影响波及社会的各个层面,满足了封建君主专制政治的要求,达到了加强中央集权、巩固封建统治的效果。从整个历程来看,科举制度的积极作用大于消极作用,但功利主义也渗入了教育制度。近代人士认为,"隋唐以后,国家以科举取士,其目的当然不在教育,而在举才。但中国在这近千年间的一点文化教育,就赖这科举制度以维持。可见科举本身虽然并非教育,却与中国的教育制度有极密切的关系"[2]。这种以科举制度为核心的教育制度给官学、私学和书院的教育活动带来了直接的消极影响。

书院的发展与科举制度的历史紧密相连,"学而优则仕"直接导致教育的空疏和废弛。学校之设,不求实行,仅用虚文,及至清朝末期,书院逐渐成为科举的附庸,各省书院处于有名无实的状态。昔日书院为名贤讲学之地,人才间出,足补学校之阙,然而书院"今也不然,不问品学……其主讲之得名者,大抵揣摩风气,决取科名已耳。是书院之于学校,犹之以水济火"[3]。选士制度从微观层面上影响官学、私学和书院的教育与管理层面,从而左右教育及制度发展的方向。封建社会的教育内容处于陈旧不变的状态,"自童子束发入塾读时不讲,直到十四五时,'四书''五经'读齐,然后浅深精粗一齐讲起"[4]。这种单一、经学化的教育内容一直

---

〔1〕 邢赞亭.莲池书院回忆录[M]//柴汝新.莲池书院研究.保定:河北大学出版社,2012:346.

〔2〕 姜书阁.中国近代教育制度[M].上海:商务印书馆,1934:5.

〔3〕 汤成烈.学校篇[M]//璩鑫圭.中国近代教育史资料汇编·鸦片战争时期教育.上海:上海教育出版社,2007:161-162.

〔4〕 高建筑.安康县兴复兴贤学仓序[M]//璩鑫圭.中国近代教育史资料汇编·鸦片战争时期教育.上海:上海教育出版社,2007:163.

延续下来,"第自明季以来,制艺日盛,经史日替,所肄之业,'四书'文,八韵诗"[1]。专习帖括,而世无真文章,导致教育内容空疏无用,弊重难返。另外,程朱理学被定为官方哲学思想,理学也成为当时书院的教育内容,多数书院逐渐沦为科举制度的附庸。从乾隆时期开始,历朝皇帝屡屡下诏要求各地官员整顿书院,但是未见成效。

鸦片战争以后,中国面临内忧外患的局面,随着传教士的东来,教会学校开始在中国开办。洋务运动开启了中国近代化的航程,洋务学堂和留学运动为中国教育打开了通往国外的窗口,书院教育也随着教育的改革而改革,书院教育的内容开始吸纳"新学""西学"。

早在清末倡导书院改革之际,保定莲池书院的教育管理已经走在了时代的前列。在书院课程设置及教学内容调整方面,黄彭年具有特殊的贡献。光绪四年(1878年),黄彭年重领书院讲席,莲池书院除旧有的"四书""五经"课外,特增设了朴学课,即训诂考据之学。从黄彭年主讲书院时开始,朴学课的增设使语言文学和史学上升到与"四书""五经"同等的地位,使专制封建道德、伦理的经术和空洞、华而无实的学风转向经世济用的实学,书院学风为之一变。同时,书院的拓展与藏书楼的建立及乾嘉"朴学"的引入竟汇成一体,和盘托出,相互作用,相得益彰,构成保定莲池书院实学教育内容设计的重要表征。及至桐城派大师联袂主讲莲池书院时期,洋务运动已进入后期,由军事、外交转向综合科技应用及民间工商业,西学的地位及价值更加被人认识,而莲池书院"向有学古课程,诸生往往取给临时,并不能屏弃帖括小文,潜心研悦,且时局多变,后生为学,若不问津西国,终难成有用之才"[2],为了"使我国人人有学,出而应世,足以振危势而伐敌谋……救种之道,莫善于此"[3]。张裕钊和吴汝纶积极调整旧学,吸收西学,设置英语、日

---

〔1〕 黄以周. 论书院[M]//璩鑫圭. 中国近代教育史资料汇编·鸦片战争时期教育. 上海:上海教育出版社,2007:317.

〔2〕 吴汝纶. 与刘博泉侍郎[M]//吴汝纶撰,施培毅、徐寿凯校点. 吴汝纶全集:三集(安徽古籍丛书). 合肥:黄山书社,2002:216.

〔3〕 吴汝纶. 与冀州绅士[M]//吴汝纶撰,施培毅、徐寿凯校点. 吴汝纶全集:三集(安徽古籍丛书). 合肥:黄山书社,2002:229.

语等外国语言文字课程,创办中西文学堂,力主翻译西书,"专力以兴教化,并中西为一冶,日以精神相灌溉而铸熔之,风气旷然大变"[1]。

甲午战争失败后,书院改革也被提到政府议程上,一场以变通书院为目标的书院改革加速了书院自身变革的历程,书院改革包括三部分,即创办中西书院、改革书院教学内容、书院改学堂。1896年,礼部颁发了《议覆整顿各省书院折》,认为整顿书院是弥补学校不足的方法,要求各省书院从课程、师道、经费、考试等其他环节来调整及改良。随着民族工业的初步发展和民族资产阶级的形成,维新派作为民族资产阶级上层利益代表,自然希望政府通过改革来发展民族资本主义。维新派从挽救清王朝统治的角度出发,纷纷寻求挽救危局的良方,推动了维新变法思想的高涨。维新派吸取了早期改良派的思想精华,认识到专制政体与国家衰败的必然联系,提出了召开国会、实行君主立宪的制度和救国方略。议会、民权思想的引入打破了君权独尊的思想,动摇了君主统治的合法性基础。光绪皇帝在维新派的推动下,仿效日本明治维新,断然推行新政,实施变法,维新运动进入高潮。随着维新人士对新式人才的需求,书院改学堂成为一股不可抗拒的潮流,康有为在《请饬各省改书院淫祠为学堂折》中,请求将书院改为新式学堂:省会书院改为高等学堂,府州县书院改为中等学堂,义学、社学改为小学堂。这些对书院改制的设想直接成为"百日维新"改革的重要内容。1898年,光绪皇帝颁发了书院改学堂的诏书:

> 前经降旨,开办京师大学堂,入堂肄业者由中学小学以次而升,必有成效可睹。惟各省中学小学,尚未一律开办,总计各直省省会及府厅州县无不各有书院,著各该督抚督饬地方官,各将所属书院坐落处所,经费数目,限两个月详复具奏。即将各省府、厅、州、县现有之大小书院,一律改为兼习中学西学之学校。至于学校等级,自应以省会之大书院为高等学,郡城之书院为中等学,州县之书院为小学,皆颁给京师大学堂章程,令其仿照办理。[2]

---

〔1〕 李景濂.吴挚甫先生传[M]//吴汝纶撰,施培毅、徐寿凯校点.吴汝纶全集:四集(安徽古籍丛书).合肥:黄山书社,2002:1128.

〔2〕 陈学恂.中国近代教育史教学参考资料:上册[M].北京:人民教育出版社,1986:422.

改制令下,各地奉旨执行,是为戊戌书院改制。[1] 同年 7 月 26 日,莲池书院奏报要求改为省会高等学堂。但是随着戊戌改制的昙花一现,莲池书院也没有完成当时的历史使命。

光绪二十六年(1900 年),八国联军侵入北京,同年 11 月,英、法、德、意四国军队攻陷保定,1901 年夏,侵略者才退走。据《清苑县志》记载:"(联军)驻军保定十余月之久,莲池台榭,举成灰烬矣。"[2] 古莲花池的"亭台林馆,皆已夷为平地,不留寸木片瓦,触目感伤"[3],书院肄业学生四处流亡。光绪二十七年(1901 年),直隶总督袁世凯为了迎接"西狩"流亡西安的慈禧太后和光绪皇帝回京途中来此驻跸,特地将古莲花池修成慈禧行宫御苑,但是莲池未能恢复原貌。

外国列强对华的战略由贸易、瓜分走向要求门户开放,1900 年的庚子之役遂使国家陷入激愤沉痛之中。西方列强的武力改变了中国在世界的秩序,西方近代文明随着战争和贸易等途径输入中国,清政府被迫开放门户,调整国家统治策略,进行社会全方位改革。新政改革时期,兴学活动再次被提到政府的工作日程,也促使政府开始关注办学体系的建立。不少地方大员试图将改革科举作为变通书院、兴办新式学堂的突破口。[4] 为了将人才选拔与培养集中在学校教育环节,时人感到必须建立起相应的近代教育体系,于是提出改书院为学堂的设想。清政府于光绪二十七年八月初二日(1901 年 9 月 14 日)发布上谕:

> 除京师已设大学堂应行切实整顿外,着各省所有书院,于省城均改设大学堂,各府及直隶州均改设中学堂,各州县均改设小学堂,并多设蒙养学堂。其教法当以"四书""五经"纲常大义为主,以历代史鉴及中外政治、艺学为辅,务使心术纯正,文行交修,博通时务,讲求实学,庶几植基立本,成德达材,用副朕图治作人之至意。着各该督抚、学政,切实通饬,认真兴办。所有礼延师

〔1〕 邓洪波. 中国书院史[M]. 上海:东方出版中心,2004:586.
〔2〕 孙待林,苏禄煊. 古莲花池图[M]. 石家庄:河北美术出版社,2001:104.
〔3〕 吴汝纶. 与刘际唐李佑周(庚子十二月二十日)[M]//吴汝纶撰,施培毅、徐寿凯校点. 吴汝纶全集:三集(安徽古籍丛书). 合肥:黄山书社,2002:571.
〔4〕 李兵. 清末科举革废对书院改革的影响探析[J]. 教育研究,2005(6):86.

长,妥定教规,及学生毕业,应如何选举鼓励,一切详细章程,着政务处咨行各省悉心酌议,会同礼部复核具奏。[1]

上谕提出要根据书院现有的层级档次将书院改为学堂,如省城均改设大学堂,各府及直隶州均改设中学堂,接到上谕,"莲池诸生,虽甚依恋,无如寒舍无人,不得不割舍此席"[2]。

清政府命令书院改制,书院改为新式学堂,保定莲池书院和所有其他书院一起退出了中国历史舞台。随着新政改革诏书的颁发,1904 年莲池书院被改为校士馆,后改为文学馆。光绪三十二年(1906 年),直隶布政史增韫将莲池改为"莲池公园"。光绪三十三年(1907 年),杨士骧出任直隶总督,他多方筹款并力求恢复莲池原貌,但是除了山水形貌依旧,亭台楼榭规模大减。光绪三十四年(1908 年),直隶提学使卢靖在水东楼东北建立"直隶图书馆",这是保定图书馆的前身。1912 年,莲池书院被改为保定二师附小。方志文献资料《清苑县志》对此过程进行了简洁而明晰的概括:

> 清雍正十二年,总督李卫创建在古莲池左方。厅事五间,精舍三间,廊庑共十一间,群房共四十余间。黄彭年增修东西院讲舍共十九间。自雍正十二年至同治初年,院长姓名不可考。同治中叶,系聘大兴李嘉端为院长。同治十三年,李先生解馆,继聘新城王先生振纲。迨光绪十四年,王先生捐馆,聘贵筑黄先生彭年。当是时,合肥李文忠督直,黄先生请于文忠,筹款二千银,购书二万一千余卷,辟学古堂以课经古。莲池书院之讲朴学,自黄先生始,盖光绪八年也。未几,黄赴荆襄道任,即聘武昌张先生裕钊。十五年,张先生还里,桐城吴先生汝纶继之。院中高材生接踵奋起……光绪三十年,书院停办,改校士馆,馆长为阎志廉。民国元年,经刘续曾改第二师范附属小学校,房舍

---

〔1〕 光绪朝东华录:卷169[M]//璩鑫圭,唐良炎.中国近代教育史资料汇编·学制演变.上海:上海教育出版社,1991:5-6.

〔2〕 吴汝纶.答孟绂臣[M]//吴汝纶撰,施培毅、徐寿凯校点.吴汝纶全集:三集(安徽古籍丛书).合肥:黄山书社,2002:213.

一律改建。[1]

晚清保定莲池书院从 1733 年至 1908 年,前后历时 175 年。在历史与传统的羁绊中,一代名院未能跨过教育改制的门槛,未能从转制中走出,却淹没在战乱与人为困扰、行政乏力无效以及传统文化的包袱障碍之中,成了一份历史资源,一处文物遗址,也留下了传统向现代转型的失落。[2]

民国时期,古莲花池遭到混战军阀的破坏,直到民国二十年(1931 年)才得以重修。于振宗在《重修保定古莲花池记》中对莲池书院的肇兴、荒废、地位以及重修原因、进程等内容做了描述:

> 古莲花池者,不仅为保定名胜之巨擘,且为北方文化之渊泉,岂虚语哉!自清季庚子八月间,拳匪肇衅,英、法、德、意诸国联军内犯,驻军保定十余月之久,莲池台榭举成灰烬矣。迨联军退,杨廉甫制军开藩来保,乃筹款重修,仍复旧观。惟以万卷楼及砚北草堂等院宇划归学校。盖是时,书院改学校正在经始也,洎民国十年,曹巡阅使复加修葺,焕然事新。惟保定扼河北之形胜,为战守之要区,向有重兵驻防;而统兵诸将帅辄以莲池为列幕宿营之地,尤以十五、十六、十七等年驻兵甚伙。楼阁桥梁,垣墉户牖,摧残不遗余力,惨黩狼藉,不堪言状,阳九之阨,何其酷耶!保定绅商早有重修宏愿,顾以民力拮据,官帑奇绌,而惧大工之未易就也……十六年间,剿匪司令商总指挥起予,率师来保,悯惜莲池之荒废……惟饬工勘估,共需万余元,未克立办。旋以奉命为河北主席,旌节北上。未几,移节山右,事遂暂寝,庚午之秋,东北陆军独立第十三旅李旅长振唐来保驻防,治军之暇,协议兴建,并允率全旅士兵担任浚河工役,不受地方津贴。于二十年四月兴工……凡三阅月而告成。昔日颓圮晦暗之莲池,至是轮焉奂焉,均复旧观。[3]

1937 年后日军侵入保定,后保定又被国民党占领,古莲花池前后遭到日伪、

---

[1] (河北)清苑县志:卷 3[M].民国甲戌年(1934 年)刻本.河北大学图书馆古籍阅览室馆藏.

[2] 吴洪成,李占萍,苏国安.名胜之巨擘 文化之渊泉——保定莲池书院研究[M].石家庄:河北人民出版社,2010:193.

[3] (河北)清苑县志:卷 5[M].民国甲戌年(1934 年)刻本.河北大学图书馆古籍阅览室馆藏.

国民党的不断破坏。1948 年 10 月保定获得解放,古莲花池开始由人民政府接管,成立了莲池文化馆。中华人民共和国成立以后,人民政府开始了重修莲池的工作。1956 年古莲花池成为河北省省级重点文物保护单位。1963 年成立莲池管理处。经过以后的修建工作,1982 年,河北省人民政府重新公布古莲花池为省级重点文物保护单位。

新的历史时期,各级政府更加重视历史文物的社会意义,古莲花池继续受到政府、社会的关爱与重视。从 2008 年 9 月开始,古莲池后三景重建工程作为保定市历史文化名城建设重点工程。2009 年 4 月 25 日,蕊幢精舍、绎堂和鹤柴三景修复,以及昆阁、河沿栏杆和相关道路修缮工程竣工。至此,保定再现古莲花池盛清"十二景"。2009 年 4 月 30 日,国家文物局古建筑专家组组长罗哲文评价称,修缮后的古莲花池为"修复古建工程中的典范"[1]。2009 年 5 月 1 日,古莲花池以新的面貌迎接四方游客。2014 年,为开展国学教育、弘扬中华文化,保定市复建新莲池书院。新莲池书院坐落在市农业生态园内,由书院和书院精舍(南园)、书院草堂(北园)三部分组成,是在保定市复建的综合性文化产业项目,是河北省首家复建的独立建筑的大型书院,也是省委省政府、市委市政府重点扶持的文化复兴项目。[2] 新莲池书院向社会开放,将为我国文化艺术传承、创作与交流再创新的辉煌。

第二节　晚清莲池书院学子概况

一、莲池书院的教育管理

从书院创办之日起,与古代其他教育类型相比,书院突出的特点是教育、教学与学术研究紧密结合,以研习儒学经籍为主,重视读书自学,强调论辩问难,一般由硕学之士担任山长(院长)。中国书院大致可分为自由讲学(唐、宋)和官学化(元、明、清)两个阶段。自由讲学是书院的传统,"官学化"是指最高封建统治者力

---

〔1〕 张娜. 保定古莲池再现盛清十二景[N]. 燕赵都市报,2009-05-01.
〔2〕 新莲池书院[N]. 保定日报,2014-06-26.

图把书院办成如官办学校那样为科举制度服务的倾向。在清朝统治期间,学术思想和学风发生过几次大的变动,书院也受其影响,形成相应的几种类型,有学者的叙述颇为具体:"第一类是继明代书院的余绪,以讲求理学为主;第二类是以博习经史词章为主;第三类是以考课为主,是科举的预备场所。这类书院在清代最普遍,一般书院差不多都属这一类;第四类是清末出现的学习经史兼习自然科学和工商诸科的书院。这类书院是近代新式学堂的先驱,它的出现已经预示着整个封建社会教育制度的破产。"〔1〕本书从莲池书院现存史料中看到,莲池书院处在书院发展历史的第二阶段,兼有上述后三种类型的特点,并在不同时期各有侧重。

清朝的书院政策强调"书院之制,所以导进人材,广学校所不及"〔2〕,书院教学成为国家学校教育的重要组成部分,弥补学校教育的不足。莲池书院的教学及管理秉承古代书院的优良传统,具有一定的民主性和开放性。

由于省会书院的地理优势和国家重视程度,保定莲池书院学子来源渠道呈现多样化的态势,一般招收本府生源,对学生入学资格严加把关。莲池书院只招收生员(秀才)入院学习。这些生员由省内各府、州县选送,再由莲池书院考试合格,并经过省级官长批准,才能成为书院的学生。按照政府有关规定,层层把关的做法,有助于提高书院生徒的质量。但是对于特别优异的童生,经过直隶总督特别批准,也可入院学习。另外,莲池书院也打破地域限制,招收寄居本地的外省学生,并给以同样的奖励与待遇。莲池书院的招生范围除了打破地域界限,还打破了国家之间的地理疆域,淡化了教育的国别差异,在后期曾招收日本留清学生,如光绪十三年(1887年)日本青年宫岛大八到莲池书院留学。〔3〕吴汝纶任院长期间,许多日本学生负笈来华,前来求学。莲池书院吸引海外留学生来华接受教育,这在清代书院教育史上极其罕见。莲池书院学子生源的多样化能使学习渠道多元化,有利于增加地域文化和国别文化,开阔学子的学术视野,拓展并改变他们的

---

〔1〕 毛礼锐.中国教育史简编[M].北京:教育科学出版社,1984:77-78.

〔2〕 训饬直省书院师生(1736年)[M]//陈谷嘉,邓洪波.中国书院史资料:中册.杭州:浙江教育出版社,1998:857.

〔3〕 陈美健,孙待林,郭铮.莲池书院[M].北京:方志出版社,1998:100.

思维方式和价值观,具有深远的社会意义。

莲池书院的办学水平及教育影响力是与院长的声誉分不开的,有名的院长如下:张叙、汪师韩、章学诚、祁韵士、黄彭年、何秋涛、李嘉端、王振纲、张裕钊、吴汝纶等。莲池书院所开课程多种多样,包括官方规定的《圣谕广训》《大清律例》和"四书""五经",也涉猎经史子集、文学诗赋、制艺帖括等。在莲池书院课程设置及教学内容调整方面,黄彭年具有特殊贡献。光绪四年(1878 年),黄彭年重领书院讲席,莲池书院除旧有的"四书""五经"课外,特增设了朴学课,即训诂考据之学,这样就使史学、文字学上升到与经学同等的地位,转变了书院专以习帖括、招应考为事的旧习。黄氏在莲池书院开设"朴学课"后,桐城派大师联袂主讲莲池书院,改造旧学教育,引入西学教育。由于当时各届主讲教师的研究专长和治学方式不同,莲池书院的课程设置时有不同的侧重。据邢赞亭在《莲池书院回忆录》中所说:"光绪四年,贵筑黄彭年子寿重领讲席,始增经古课,崇尚'朴学'。至光绪八年,赴荆襄道任而去。先生纂修之《畿辅通志》,门类烦多,十年书始告成。识者谓其体例无杂,篇不成文,类似档案。莲池之有经古课,虽由黄开其端,然士子之知有学问,实自张、吴始。"[1]光绪十五年(1889 年),吴汝纶开始担任莲池书院院长,他积极提倡博知世变,易其守旧,举中外学术于一炉,以陶铸有用之才;主张变革书院,废八股时文,弃科举取士,教以新学、实学,率先在院开设西文和东文学堂。吴汝纶虽主桐城家法,但思想敏锐,崇尚西学。他主持莲池书院时,"以为文者,天地之至精至粹,吾国所独优;语其实用,则欧美新学尚焉。博物格致机械之用,必取资于彼。得其长,乃能共竞。旧法完且好,吾犹将革新之,况其窳败,不可复用。其勤勤导诱后生,常以是为说"[2]。开办两学堂的目的在于使学生更好地接受和领悟"西学","故西学捷径,但读已译之书,其弊则苦不能深入,其导源之法,则必从西文入手,能通西文,然后尽读西书,然后能识西国深处"[3]。灜山在

〔1〕　邢赞亭. 莲池书院回忆录[M]//中国人民政治协商会议河北省委员会文史资料研究委员会. 河北文史资料选辑:第 1 辑. 石家庄:河北人民出版社,1980:223.

〔2〕　蔡冠洛. 清代七百名人传:下[M]. 北京:中国书店,1984:1808.

〔3〕　吴汝纶. 答贺松坡书[M]//吴汝纶撰,施培毅、徐寿凯校点. 吴汝纶全集:三集(安徽古籍丛书). 合肥:黄山书社,2002:129.

《谈谈以往的莲池》中说："自黄子寿先生主莲池讲席，始以稍教实学，课诸生写日记，试词章，规抚渐具。武昌张濂亭先生、桐城吴挚甫先生相继主讲于此，河北风气，因以大开……揣摩之所，一变为储才研籍之地矣。"[1]

莲池书院产生于书院官学化过程，自然受到科举制度的引导和规范。书院每年在正月招收新生，学制没有固定年限，根据学生入学的基础和三年一度的科举考试而定，一般为三年。凡考中举人、进士者即算毕业，未中者学完规定课程，经甄别合格可肄业，优秀肄业生可由书院推荐到基层充任公教职事。

莲池书院是一种育人情境，知识分子是莲池书院的主体。莲池书院大师的精神风貌，时时给予诸生一种内在的影响。如"张较吴长 17 岁，交谊最笃，每为文必互求审定。关于经、史疑义，亦往复诘难不已，其虚怀谦抑可知"[2]，严谨的学术态度使他们能够建立起一种忘年之交，更使他们能够投身于书院事业。"张终身未尝仕，吴虽一入仕途，然中途毅然告退，辞尊居卑，一意诏示后进，老而弥笃，视为人间唯一之乐，故皆能'恢宏教化'，'声播四方'。"[2]吴汝纶的一生，"超逸势利之外，气节高洁，而精悍之气象见于日用常行之间，一有愤激，则声如鸣鞭，贯人心脏，足见英豪之性格。且先生方今中国儒林中最有开化之思想者"[3]。自张裕钊来莲池书院执教，"士始之有学问"，"日以高文典策，磨砺多士，一时材俊之辈，奋起朋兴，标英声而腾茂实者，先后相继不绝"[4]。吴汝纶担任莲池主讲，大行教化，成才尤多，则使"风气渐开，此诚转弱为强之关键"[5]。

莲池书院人才辈出，为各省书院所不及。莲池书院学子邢赞亭在《莲池书院回忆录》中写道：

---

〔1〕 灊山.谈谈以往的莲池[M]//璩鑫圭.中国近代教育史资料汇编·鸦片战争时期教育.上海：上海教育出版社,2007：241.

〔2〕 邢赞亭.莲池书院回忆录[M]//中国人民政治协商会议河北省委员会文史资料研究委员会.河北文史资料选辑：第 1 辑.石家庄：河北人民出版社,1980：229.

〔3〕 早川新次.在安庆寄邦人书[M]//吴汝纶撰,施培毅、徐寿凯校点.吴汝纶全集：四集(安徽古籍丛书).合肥：黄山书社,2002：1167.

〔4〕 邢赞亭.莲池书院回忆录[M]//中国人民政治协商会议河北省委员会文史资料研究委员会.河北文史资料选辑：第 1 辑.石家庄：河北人民出版社,1980：223.

〔5〕 吴汝纶.答王制军[M]//吴汝纶撰,施培毅、徐寿凯校点.吴汝纶全集：三集(安徽古籍丛书).合肥：黄山书社,2002：134.

张先生时,刘若曾仲鲁、张以南化臣、孟庆荣绂臣、安文澜翰卿、纪钜湘海帆、白钟元长卿、蔡如梁东轩、刘彤儒翊文、崔栋上之诸人,实为院中翘楚。吴先生时,李刚己名誉最著,吴在冀州课士时,刚己年才十三,随诸生应试,一见惊为奇材,留置署内,昕夕亲教督之。既而随来莲池,每试必列第一,同辈咋舌,莫敢与校,嗣连捷成进士(与康有为为进士同年)始去。其他如吴镗凯臣、刘乃晟平西、刘登瀛际唐、魏兆麟徽甫、赵宗抃铁卿、齐福丕懋轩、赵衡湘帆、王仪型式文、王振尧古愚、贾恩绶佩卿、傅增湘沅叔、谷钟秀九峰、常堉璋济生、武锡钰合之、李景濂佑周、梁建章式堂、韩德铭缄古、尚秉和节之、马鉴滢筱珊、杜之堂显阁、刘培极宗尧、刘春堂治琴、刘春霖润琴、王延纶合之、王笃恭琴南、高步瀛阆仙、籍忠寅亮侪、邓毓怡和甫、邢之襄赞亭等,皆其著者也。[1]

吴闿生在《晚清四十家诗钞》自序中提道:

先大夫垂教北方三十余年,文章之传则武强贺先生,诗则通州范先生。……二先生外,则有马其昶通伯、姚永朴仲实、姚永概叔节、方守彝伦叔、王树楠晋卿、柯劭忞凤孙,咸各有以自见。其年辈稍候,则李刚己刚己、吴镗凯臣、刘乃晟平西、刘登瀛际唐……李景濂佑周、王振尧古愚、武锡钰合之、谷钟秀九峰、傅增湘沅叔、常堉璋济生、尚秉和节之、梁建章式堂、刘培极宗尧、高步瀛阆仙、赵衡湘帆、籍忠寅亮侪、邓毓怡和甫等,皆一时才士。[2]

二、莲池书院学子生平行事概况

个体发展是遗传、环境与个体相互作用的结果。学校、家庭和社会作为重要的育人环境,在个体发展中起着至关重要的作用。下面展示部分莲池书院学子的生平行事及个人信息,勾勒他们的人生轨迹。

谷钟秀,字九峰,定州人,师事张裕钊、吴汝纶,受古文法,才学轶特冠一时,称

---

〔1〕　邢赞亭.莲池书院回忆录[M]//柴汝新.莲池书院研究.保定:河北大学出版社,2012:346.

〔2〕　吴闿生评选,寒碧点校.晚清四十家诗钞[M].杭州:浙江古籍出版社,2006:自序.

高第弟子。[1] 早年曾考入京师大学堂,参与 1903 年的拒俄运动,后赴日留学,毕业于早稻田大学。回国后,曾任直隶巡抚署秘书。辛亥革命时,曾作为直隶代表参加各省都督府代表会议,任中华民国南京临时参议院议员,后任国会众议院议员、宪法起草委员会委员。1914 年,袁世凯解散国会后,谷钟秀在上海创办《正谊》《中华新报》,进行反袁宣传。1916 年至 1917 年任段祺瑞内阁农商总长兼全国水利总裁。1917 年 6 月,谷钟秀反对参战案而辞去政界职务,后赴广东参加护法,是护法国会中政学系在北京的主要代表。1922 年国会重开,仍为议员,为政学系首领之一。1923 年,谷钟秀任收回铁路筹备处总办。1925 年后居于天津。1936 年,任河北省政府委员兼井陉矿务局局长。抗战时谷钟秀任河北省政府民政厅长,解放战争时期曾任北平市参议会参议长。

傅增湘(1872—1949),字沅叔,江安人,1880 年定居天津受学,1888 年应顺天乡试中举,19 岁时,入保定莲池书院。师事吴汝纶,受古文法,亦一时才士。[2] 会外患方亟,国是纷纭,先生所以勤勤诏诲者,欲使通过世故,乘时自效,匪徒以文士相期也。[3] 1897 年为杭州求实书院教习,1898 年中二甲第六名进士,选翰林院庶吉士。1902 年应袁世凯之聘,先后入保定新军幕府和直隶总督幕府。次年散馆考试,以一等第一名授翰林院编修,旋任顺天乡试同考官。在天津创办了北洋女子师范学堂、天津女子公学和高等女学三所新式学堂,并任北洋女子学堂总办。1909 年兼署直隶提学使。辛亥革命后,任唐绍仪顾问,出席南北议和。1914 年被选为全国约法会议议员。后又任袁世凯政府肃政使至 1916 年。1917 年充王士珍内阁之教育总长。五四运动中,抵制北洋政府罢免蔡元培的命令,愤而辞职。此后,专心从事图书收藏和版本目录学研究。

籍忠寅(1877—1930),字亮侪,任丘人,入保定莲池书院时,"吴先生为海内文宗,门下著籍者常数千人。公至,辄冠其曹,吴先生特激赏之。公亦乐得名师,力

---

〔1〕刘声木撰,徐天祥点校. 桐城文学渊源撰述考[M]. 合肥:黄山书社,1989:301.

〔2〕刘声木撰,徐天祥点校. 桐城文学渊源撰述考[M]. 合肥:黄山书社,1989:304.

〔3〕傅增湘. 藏园居士六十自述[M]//卞孝萱,唐文权. 辛亥人物碑传集. 北京:团结出版社,1991:429.

学精思,生平学术,实植基于是时"[1]。师事张裕钊、吴汝纶,受古文法,才而学,百家之书无不究切,称高第弟子。[2] 后参加直隶咨送学生赴日留学之选举,以官费往。留日5年,最后入日本早稻田大学政治经济科,归国后任北洋法政学校教务长。清末,他联合同志,发起宪友会,以为政党基础。1912年2月,籍忠寅等人发起了黄河以北最初的政党组织——国民协进会。1915年,袁世凯窃国称帝,蔡锷于云南举兵讨袁,籍忠寅赴滇参与其中。

梁建章(1871—1937),字式堂,大城人,1892年考中秀才,旋入保定莲池书院。弱冠以诸生游保定莲池书院,受学于桐城吴挚甫先生。[3] 师事张裕钊、吴汝纶,受古文法,称一时才士。[4] 1903年举于乡,1904年考入陆军学堂,未几,赴日留学法律,1907年回国,先后在直隶省警务局、浙江抚衙警务局任参事。1912年,任陆军部秘书。1913年,梁建章调任直隶省实业司司长。1916年,袁世凯病死,黎元洪就任大总统,段祺瑞任国务院总理兼陆军总长,很快,梁建章就被段祺瑞调回北京,先后任陆军部顾问、国务院顾问等职。后任筹备国会事务局局长。1925年,梁建章随冯玉祥到张家口,任督办署顾问。1927年,梁建章随冯玉祥到河南,任河南省顾问,受冯命兴办水利。1933年5月,冯玉祥召集旧部,成立察哈尔民众抗日同盟军,梁建章任总部顾问。但是,同盟军被蒋介石解散,梁建章拒绝了蒋介石的招聘,以身体缘由回到北京。

高步瀛(1873—1940),字阆仙,霸县人,1894年参加甲午科乡试,中举。中举后,每月必赴保定莲池书院应课。师事张裕钊、吴汝纶,受古文法。[5] 擅长骈文,受吴汝纶推崇,遂专攻古文辞,通贯经史,文名高扬。此后不久,受聘定兴书院山长。光绪二十七年(1901年),高步瀛担任保定高等学堂教习。光绪二十八年(1902年),赴日游学,肄业于宏文师范学院,归国后任查学员。1906年,严修转任

---

〔1〕　常堉璋.籍公行状[M]//卞孝萱,唐文权.辛亥人物碑传集.北京:团结出版社,1991:550.

〔2〕　刘声木撰,徐天祥点校.桐城文学渊源撰述考[M].合肥:黄山书社,1989:301.

〔3〕　中国人民政治协商会议全国委员会文史资料委员会.文史资料存稿选编:教育[M].北京:中国文史出版社,2002:243.

〔4〕　刘声木撰,徐天祥点校.桐城文学渊源撰述考[M].合肥:黄山书社,1989:304.

〔5〕　刘声木撰,徐天祥点校.桐城文学渊源撰述考[M].合肥:黄山书社,1989:299.

学部侍郎,高步瀛随之调任学部图书局编纂,兼董里顺天府学务总处,不久奏补学部主事。在学部工作期间,他参与审定清末中小学教科书。民国成立后,高步瀛任教育部佥事。1915 年,高步瀛任教育部社会教育司司长。1927 年,辞司长职,专任国立北京师范大学教授。1937 年春,华北当局恢复保定莲池书院,高步瀛前往授课。

邢赞亭(1880—1972),又名邢之襄,南宫人,师事吴汝纶,受古文法。[1] 系前清附生,日本东京帝国大学法科毕业。曾任直隶优级师范学堂监督、天津市政府秘书长、河北莲池讲学院副院长、北平最高法院顾问等职。1951 年被聘为中央文史馆馆员,1952 年任北京市文史研究馆首任馆长。

刘培极(1870—1955),字宗尧,任丘人。师事张裕钊、吴汝纶,受古文法。[2] 清优贡生,光绪年间保定莲池书院毕业。1906 年,创办私立诚慎中学。1912 年,任北京大学预科教务长。中华人民共和国成立后,任中央文史研究馆馆员。

贺涛(1849—1912),字松坡,武强县人,光绪十二年(1886 年)进士,官至刑部主事。师事张裕钊、吴汝纶,受古文法……矜练生创,意境自成,善能敛其才于学之中。[3] 吴汝纶任深州知府时,将平生所学传授于他,并将他推荐到莲池书院张裕钊门下。贺涛谨守两家师说,成为桐城古文学派在直隶的最早传人。他曾任直隶文学馆(前身为莲池书院)馆长,却能不蹈蹊径,不为师法所束缚,是继吴汝纶之后一位卓然的大师。

齐立震(1880—1965),字崎青,枣强人。幼年勤奋励学,17 岁考中秀才,20 岁中举人进莲池就读,受学于贺涛,"(贺)松坡又言:有枣强人齐立震者,未应童试而文颇杰出,亦招入书院"[4]。后去日本东京中央大学经济系深造,结识了李大钊。回国后,曾任交通部佥事、北洋大学法政教授。后在北京师范大学讲授中国历史,此间以演讲或撰文形式抨击执政军阀当局。1937 年"七七事变"后回故里隐居。1942 年被日伪军逮捕,社会各界将他保释。1943 年,他卖地产支援抗日。

〔1〕 刘声木撰,徐天祥点校.桐城文学渊源撰述考[M].合肥:黄山书社,1989:317.
〔2〕 刘声木撰,徐天祥点校.桐城文学渊源撰述考[M].合肥:黄山书社,1989:299.
〔3〕 刘声木撰,徐天祥点校.桐城文学渊源撰述考[M].合肥:黄山书社,1989:287.
〔4〕 吴汝纶撰,施培毅、徐寿凯校点.吴汝纶全集:四集(安徽古籍丛书)[M].合肥:黄山书社,2002:802.

1949 年去北平,后被北京市文史研究馆聘为馆员。

杜之堂(1869—1928),字显阁,广宗人,中国近代著名教育家与书法家。光绪二十三年(1897 年)举拔贡,后游学保定,受业于吴汝纶门下,深受吴汝纶厚爱,师事吴汝纶,受古文法。[1] 1902 年,吴汝纶赴日考察学制,杜之堂随之进入日本早稻田大学习法政。1905 年回国,在本地创办小学。

刘吟皋(1868—1943),威县人。1903 年,刘吟皋中举人,同年就读于直隶保定农务学堂,翌年结业,担任直隶农业试验工厂厂长。1906 年,他筹建了威县第一所区立高等小学堂。1907 年,刘吟皋被派往日本公费留学两年。回国后在直隶保定第二女子师范和育德中学任教多年。民国初年,刘吟皋担任直隶省议会议员。1915 年,刘吟皋任农业畜牧园艺主任,并赴美国参加巴拿马太平洋万国博览会。在美国调查研究 5 个月,回国后主编《畜牧部调查记》1 卷,致力发展农业。1925 年,刘吟皋辞官回乡。1939 年,刘吟皋出席冀南行政区参议会,当选为冀南行政委员会委员及参议会参议员。

邓毓怡(1880—1929),字和甫,一字任斋,别号拙园,大城人。16 岁时(1896 年)应邀共纂大城县志,后经友人介绍到保定莲池书院,拜吴汝纶为师,已负诗名。师事张裕钊、吴汝纶,受古文法,称高第弟子。[2] 1903 年东渡日本,就学于东京早稻田大学,受到留日学生民主革命思想的影响,抱有暗杀救国的幻想。1904 年归国,他放弃了密谋行刺的想法而开始重视开启民智的救国之道,放弃了在京任职的机遇,回到家乡开办学堂。废科举后,邓毓怡相继受聘为两校教员并兼任北洋法政专门学堂斋务长。辛亥革命爆发,邓毓怡联合同志组建国民协进会,后改并共和党,任直隶支部干事,众议院选举当选为议员。1914 年,袁世凯解散国会,他被邀至绥远,创办归绥银行并任经理。1916 年,黎元洪就任大总统,恢复国会,他又回京复任议员。1917 年,张勋复辟,国会又遭解散。此后 5 年间,他曾任总统府咨议、国务院咨议、经济调查会委员、盐务署顾问、盐务学校校长等职。1922 年,国会再复,邓毓怡再度为议员。1924 年国会又被解散,邓毓怡放弃了从政,专心于书画研究。

---

〔1〕 刘声木撰,徐天祥点校. 桐城文学渊源撰述考[M]. 合肥:黄山书社,1989:315.

〔2〕 刘声木撰,徐天祥点校. 桐城文学渊源撰述考[M]. 合肥:黄山书社,1989:301.

　　吴闿生(1879—1949),字辟疆,号北江,安徽桐城人,吴汝纶之子。生有异禀,濡染家学。复拜师贺涛、范当世、姚永概,接受古文法。光绪二十七年(1901年),随其父日籍门人中岛裁之游学日本,光绪二十九年(1903年)正月以父丧归国,兼习新知,从事译述,斐然有成。后曾任职直隶学校司。民国初年,曾充教育次长、总统府秘书,袁世凯阴谋称帝,而吴闿生先有所觉,托词告退。此后,继承乃父传统,悉心提携后进,专以手执教鞭,为天下培养英才为己任。

　　王树楠(1851—1936),新城(今河北高碑店)人,王振纲之孙。师事张裕钊、吴汝纶,受古文法,气锐识敏,善能发其学于才之内。[1] 光绪十二年(1886年)进士,后授户部主事,历任四川省铜梁、中卫、青阳、资阳等地县令和甘肃等地道台,曾入幕于张之洞。光绪三十二年(1906年)代理新疆布政使。辛亥革命后,任省议会议员、众议员、约法会议委员、参政院参政等职,1915年后为国史馆协修、编纂处总纂。

　　尚秉和(1870—1950),字节之,行唐人。出身于书香世家,幼承父训,苦读经史,后就读于正定恒阳书院和保定莲池书院。师事张裕钊、吴汝纶,受古文法。[2] 攻研古文经史之学,以对《周易》深有研究而得名。1902年应试,以优贡第四名中举,翌年中二甲进士。又从日本人习法政两年,入清廷巡警部,任主事、员外郎。辛亥革命后,在北洋政府民政部、内务部工作。回京后兼任京师大学堂教习。1928年北洋政府解体,先后到沈阳萃升书院、北京中国大学国学系任教。晚年讲《易》于北京寓所,并在《北平晨报》、北平《国学月报》上发表学术论文多篇,成为当时的国学大师。

　　李刚己(1872—1914),南宫人。师事张裕钊、吴汝纶、贺涛、范当世,受古文法,从汝纶尤久。其为文雄肆淋漓,才气宏伟,涵浑迤演,殆为绝诣,评点古文,批窍中綮[3]。诗文雄伟特出,张、吴门中推为一人。[4] 光绪十九年(1893年),恩科中试第四名。次年,成进士。光绪二十四年(1898年)廷试,以知县分发山西,

〔1〕 刘声木撰,徐天祥点校.桐城文学渊源撰述考[M].合肥:黄山书社,1989:287.
〔2〕 刘声木撰,徐天祥点校.桐城文学渊源撰述考[M].合肥:黄山书社,1989:299.
〔3〕 刘声木撰,徐天祥点校.桐城文学渊源撰述考[M].合肥:黄山书社,1989:294-295.
〔4〕 贾文昭.桐城派文论选[M].北京:中华书局,2008:451.

补大同知府。宣统三年(1911年),辛亥兵兴,起而响应,复至大同,兼署知府。后清史馆赵尔巽以协修聘其任事,辞不就。1914年,受聘于保定高等师范国文部,专授国文。一生笃嗜文学。[1]

刘若曾,字仲鲁,盐山人,师事张裕钊,受古文法,至行纯笃,抗心希古。[2]青年时应乡试为解元,后应京都会士大考中翰林。光绪二十八年(1902年)到沅陵出任辰州府知府。光绪二十九年(1903年),适逢清政府改革科举,大力兴学,刘若曾于督学府招考湘西各县学生,创办了辰州官立中学堂,兼任总办。刘若曾被调随五大臣赴泰西考察政治。后来,清政府设立宪政编查馆,刘若曾兼充提调。民国初年,刘若曾任直隶省民政厅厅长。1914年5月任北洋政府参政院参政。

李景濂,字佑周,邯郸人,师事张裕钊、吴汝纶,受古文法,称高第弟子。[3]光绪三十年(1904年)中进士,授内阁中书,历任直隶学校司编译处编纂、直隶高等学堂汉文教务长、直隶文学馆副馆长、北京法政学堂和北洋五省优级师范学堂国文教员、北洋大学帮办兼国文教员、北洋政府众议院议员、内务部地方行政讲习所国文中央教员、清史馆协修、北京大学文科左传部和中国哲学宗教教员。

刘登瀛,字际唐,南宫人,师事张裕钊、吴汝纶,受古文法,绩学为文,广蓄博采,久而益勤。[4]清末曾赴日本考察教育。归国后充任省视学及保定高等学堂优级师范教员。光绪三十三年(1907年)举贡考职,用以知县,分发山东,不赴。之后历任河北大学、山西大学教授。

常堉璋,字济生,师事张裕钊、吴汝纶,受古文法,通古今中外学,晓世务,能文章,恢奇雄放,才思精练。[5]

阎凤阁,高阳人,举人出身,师从吴汝纶,他的《续讼风伯》篇被收录在《学古堂文集》二卷中。后留学日本。1909年10月,直隶咨议局成立时被选为咨议局议长,成为直隶立宪派的重要人物。后来与同盟会会员一起,秘密进行反清

〔1〕梁淑安.中国文学家大辞典:近代卷[M].北京:中华书局,1997:140.
〔2〕刘声木撰,徐天祥点校.桐城文学渊源撰述考[M].合肥:黄山书社,1989:305.
〔3〕刘声木撰,徐天祥点校.桐城文学渊源撰述考[M].合肥:黄山书社,1989:301.
〔4〕刘声木撰,徐天祥点校.桐城文学渊源撰述考[M].合肥:黄山书社,1989:303.
〔5〕刘声木撰,徐天祥点校.桐城文学渊源撰述考[M].合肥:黄山书社,1989:294.

活动。

胡景桂,直隶广平府永年县(今属邯郸市永年县)人,由拔贡生中式同治癸酉科顺天乡试第197名举人,甲戌科考取宗室官学汉教习候选知县,应光绪癸未科会试中式第195名贡士。[1]历官10年,勤于吏治,曾任京师御史并上奏弹劾袁世凯。1902年,袁世凯在胡景桂因丁母忧在家闲居时,奏调胡景桂到直隶,任职直隶学校司督办,后派他赴日考察学务。1904年4月,胡景桂丁忧期满,赴湖南按察使任。

韩德铭(1872—1927),字缄古,高阳人,师事张裕钊、吴汝纶,受古文法,称一时才士。[2]在保定莲池书院时,高阳韩德铭,身躯伟岸,自称"韩大将军"。曾任保定师范学堂正教员。

崔栋,字上之,无极人,师事张裕钊,受古文法,深于经学,毣毣雅才。[2]光绪十五年(1889年)举人。后执教于顺天法政学堂。栋对群经均有深入的研究,尤对三礼为精。[3]

马其昶(1855—1929),字通伯,号抱润,安徽桐城人。自以始学文时,受知爱于汝纶最深;而开辟径途,不迷其源,不阻其修,其得力于汝纶者为多。[4]师事方宗诚、张裕钊、吴汝纶,受古文法,其为文思深辞婉,言虽简而意有余,幽怀微旨,感喟低徊,深造自得,复精研经学,撰述数种……张、吴既卒,其昶以文学负盛名,追迹慕向,无敢有异议者。[5]吴汝纶评其文曰:"大文与年俱进,甲申以后所诣愈益老成,佳者几及于古,老夫瞠乎后矣。"[6]三十以前,治古文辞,后治群经,旁及诸子史,编纂选述,寻蹟要眇,覃精穷思。[7]乡试不第,长期教习乡里。1910年,清廷召纂礼经读本,授学部主事,充京师大学堂教习。辛亥革命后,任安徽高等学堂监督,1914年入京师,主持法政校务兼总统府参政,反对袁世凯复辟帝制,1916年

〔1〕 钦取朝考卷[M].清刻本.现藏于保定市图书馆.

〔2〕 刘声木撰,徐天祥点校.桐城文学渊源撰述考[M].合肥:黄山书社,1989:302.

〔3〕 马保超,李梅,徐立群,等.河北古今编著人物小传续[M].石家庄:河北人民出版社,1994:130.

〔4〕 刘梦溪.中国现代学术经典·钱基博卷[M].石家庄:河北教育出版社,1996:192.

〔5〕 刘声木撰,徐天祥点校.桐城文学渊源撰述考[M].合肥:黄山书社,1989:291-292.

〔6〕 潘务正.晚清民国桐城文派年表简编[M]//南京大学古典文献研究所.古典文献研究:第9辑.南京:凤凰出版社,2006:316.

〔7〕 钱基博著,傅道彬点校.现代中国文学史[M].北京:中国人民大学出版社,2004:139.

担任清史馆总纂。

姚永朴(1861—1939),字仲实,安徽桐城人,光绪甲午举人,官候选训导。姚永朴曾捧读吴汝纶的文章。光绪十二年(1886 年),姚永朴赴天津授经,便奉书吴汝纶,自承相师之意。其后又往保定进谒。在古文创作方面受益于吴汝纶。师事张裕钊、吴汝纶,受古文法,专力治经,其诗、古文亦古淡。[1] 由于不乐仕进,专力治经融史,毕生致力教学。历任广东起凤书院、山东高等学堂、安徽高等学堂、京师法政学堂、北京大学讲学,曾任伦理教习、文科教授等。曾受清史馆之聘修纂清史。1920 年南归。历任江苏东南大学、秋浦周氏宏毅学舍、安徽大学讲习。1935年,姚永朴谢病归里舍。当道议月致金币为颐养之资,辞却。[2] 1938 年,抗日战争爆发,姚永朴避地宿松,辗转湘汉。1939 年,姚永朴卒于广西桂林。[3]

姚永概(1866—1923),字叔节,安徽桐城人。光绪戊子举人,官太平县教谕,师事方宗诚、张裕钊、吴汝纶,受古文法,从汝纶最久,其为文,气专而寂,澹宕而有致,不矜奇立异,而言皆衷于名理;虽崛强,有俊逸之致,历主学堂教习,其教士必根本道德,以文艺为户牖[4]。姚永概于 1912 年出任北京大学文科学长。1915年,姚永概应徐树铮之聘教授正志中学。1916 年底,姚永概正式被清史馆聘为编纂。

柯劭忞(1850—1933),字凤荪,又字凤笙,山东胶州人,光绪丙戌进士,官学部参议、山东宣慰使,宣统辛亥后隐居不仕,师事妻父吴汝纶,受古文法。[5]

贾恩绂(1866—1948),字佩卿,盐山人,中国近代史上著名方志学家。1890 年入保定莲池书院。师事吴汝纶,受古文法……读书有特见,文甚奇肆。[6] 1893 年中恩科举人,当年康有为联合各地到京举子举行公车上书,他是签名者之一。先后主讲于河北丰润县的浭阳书院、定县的定武书院和北京冯国璋主持下的"贵胄

〔1〕 刘声木撰,徐天祥点校. 桐城文学渊源撰述考[M]. 合肥:黄山书社,1989:292.

〔2〕 潘务正. 晚清民国桐城文派年表简编[M]//南京大学古典文献研究所. 古典文献研究:第 9 辑. 南京:凤凰出版社,2006:331.

〔3〕 潘务正. 晚清民国桐城文派年表简编[M]//南京大学古典文献研究所. 古典文献研究:第 9 辑. 南京:凤凰出版社,2006:332.

〔4〕 刘声木撰,徐天祥点校. 桐城文学渊源撰述考[M]. 合肥:黄山书社,1989:292.

〔5〕 刘声木撰,徐天祥点校.桐城文学渊源撰述考[M].合肥:黄山书社,1989:308.

〔6〕 刘声木撰,徐天祥点校. 桐城文学渊源撰述考[M]. 合肥:黄山书社,1989:296.

学堂"等。曾担任过直隶通志局总纂、北京政府财政部盐法志总纂、临时执政府顾问、东方文化事业总委员会委员等职。1947 年 6 月出任河北通史馆总纂。

蔡如梁,字东轩,文安人,20 岁考中秀才,25 岁中举人(1879 年)。为了考取进士,又到莲池书院进修。师事吴汝纶,受古文法。[1]

齐福丕(1866—1919),字懋轩,南宫人,官署理武定府知府,师事吴汝纶,受古文法。[2] 吴汝纶个人的学识、所创建的严谨求实的学风、学贯中西的教育宗旨对齐福丕产生了很大影响,他在诗文创作中也展示了变法爱国、兴学育才的思想。1901 年至 1903 年,齐福丕先后在邯郸书院、直隶优级师范学堂任教员,后暂时充任直隶学务处查学人员。1905 年,齐福丕赴日进行教育考察,回国后任省学务处副科长。他提出了许多发展教育的建议,未被采纳,愤然辞职归家,致力于发展南宫县教育事业。他于东阳书院旧址创建高、初等小学堂,1906 年任堂长。1912 年,齐福丕出任山东省惠民县知县。后被派任武定府知府。终因平息民愤,开罪于豪强,离任归家。

叶崇质,中国气象科学家叶笃正的父亲,官至清河道道台,民国弃官去天津创办实业,先后参与开办了华新纱厂、启新洋灰公司、华新银行。

冯国璋(1859—1919),字华甫,河间人。20 多岁时到莲池书院深造,因家境贫寒,不得不中止学业。后来参加科举,屡试不第,迫于生计,弃文从武,于 1884 年投淮系盛军。次年,天津武备学堂招生,他被推荐入学,成为该学堂第一届学生,毕业后留学堂充任教官。后入淮军将领聂士成幕府。经聂保荐,以清朝驻日公使裕庚随员身份赴日,博览了大批军事著作,抄录和整理了关于军事训练与近代军事科学发展的兵书,由聂转呈袁世凯。甲午战争后,袁世凯练兵天津小站,求知新学之才,冯国璋任督练营务处总办。1901 年开始,袁世凯在保定创办一系列陆军武备学堂,冯国璋为教练处总办,1902 年至 1906 年督理北洋武备学堂。

张继(1882—1947),原名张溥,后参加革命改名为张继,沧州人。1897 年,其父张以南将他带到保定莲池书院,习古文辞,擅长文史。1899 年去日本留学,1905 年加入孙中山创办的同盟会。辛亥革命后,张继被推举为中华民国第一届

---

〔1〕 刘声木撰,徐天祥点校. 桐城文学渊源撰述考[M]. 合肥:黄山书社,1989:315.

〔2〕 刘声木撰,徐天祥点校. 桐城文学渊源撰述考[M]. 合肥:黄山书社,1989:312.

国会参议院议长。1912 年同盟会改组为国民党，改任参议，为国民党四老之一。1927 年任国民党政府司法院副院长、立法院院长。1947 年任国民党政府国史馆馆长。

刘春霖（1872—1944），字润琴，肃宁人，1887 年中秀才，不久考入莲池书院。师事吴汝纶，受古文法。[1] 由于其天赋和勤奋，刘春霖受到吴汝纶的赏识和精心培育。他在莲池书院攻读了经史子集、语言文学、诗词格律、世界政治及日语英语。1904 年，刘春霖得第状元后，授翰林院修撰。1907 年，赴日留学法政。1909 年归国后，出任保定直隶高等学堂监督。1914 年，刘春霖任大总统府内史秘书，兼任万生园（今北京动物园）的中央农事试验场场长。他于 1928 年愤然辞官，彻底脱离政界。

刘春堂，字治琴，肃宁人，师事吴汝纶 11 年，受古文法，其为文论议闳博，记序诗歌亦清静沉穆。[2]

廉泉（1868—1931），字惠卿，号南湖居士、岫云，室名小万柳堂，江苏无锡人。师事从舅吴汝纶，受古文法，工诗。撰《岫云山人诗稿》《国粹学教科书》上下编两卷。[2] 光绪甲午（1894 年）举人，1895 年在京会试时曾参与"公车上书"。1896 年任户部主事，翌年任户部郎中，以诗闻名京师。1902 年创办上海文明书局，为清末最重要的出版社之一。1904 年辞职南归，移居上海。辛亥革命前，东渡日本，结识徐锡麟、孙中山、秋瑾等人，回国后宣传革命。民国成立后隐居在北京潭柘寺，袁世凯称帝后又去日本，在日本开设扇庄，介绍中国书画。

王仪型，字式文，沧州人，诸生。吴汝纶主讲莲池书院，门人从游者争为诗、古文之学，独仪型与张化南研习《三礼》，化南兼及政治，仪型则专精礼制，兼治小学、音韵之学，尤精《唐韵》。[3] 王考取保定官立学堂，曾为山东师范学堂教习、监学员，又任直隶女学堂教员。王呈请袁世凯推行他的韵学著作《等韵便蒙》，对官话字母"痛加诋驳"，袁世凯批复给直隶学务处研究。

---

〔1〕 刘声木撰，徐天祥点校.桐城文学渊源撰述考[M].合肥：黄山书社,1989：312.
〔2〕 刘声木撰，徐天祥点校.桐城文学渊源撰述考[M].合肥：黄山书社,1989：305.
〔3〕 刘声木撰，徐天祥点校.桐城文学渊源撰述考[M].合肥：黄山书社,1989：308.

魏兆麟,字征甫,冀州人,诸生。师事吴汝纶,受古文法。[1]

张坪,字荣坡,献县人。师事吴汝纶,受古文法。[2]

杨越,初名月村,佚其字,盐山人,举人。师事吴汝纶,受古文法。[1]

李春晖,佚其字,高阳人,诸生。师事吴汝纶,受古文法。[1]

张镇午,字麓云,清苑人,举人。师事吴汝纶,受古文法。[1]

崔庄平,字子瑞,任丘人,诸生。师事吴汝纶,受古文法。[2]

马锡蕃,字用三,定州人,诸生。师事吴汝纶,受古文法。[2]

王笃恭,字琴南,河间人,举人。师事吴汝纶,受古文法。[3]

白钟元,字长卿,新城人,诸生。师事吴汝纶,受古文法。[3]

王延纶,字合之,定州人,光绪癸卯进士,官淄川县知县。师事吴汝纶,受古文法。[4]

纪钜湘,字海帆,献县人,诸生,官山东候补知县。师事吴汝纶,受古文法。[5]

马鉴滢,字晓珊,定州人,举人。师事吴汝纶,受古文法,亦工文章。[6]

刘彤儒,字翊文,盐山人,光绪乙酉拔贡。师事张裕钊、吴汝纶,受古文法,翌翌雅才,撰《说文异诂笺》。[6]

张殿士,字丹卿,宣化人,举人。师事张裕钊,受古文法,其为文雕琢精练,复纵咨自喜,翌翌雅才。[7]

吴镗,字凯臣,武邑人,光绪戊戌进士。师事张裕钊、吴汝纶、范当世,受古文法,工古文,名与赵衡相埒,称一时才士。[8]

刘乃晟,字平西,衡水人。师事张裕钊、吴汝纶、贺涛、范当世,受古文法,称一时才士。[9]

---

[1] 刘声木撰,徐天祥点校. 桐城文学渊源撰述考[M]. 合肥:黄山书社,1989:313.

[2] 刘声木撰,徐天祥点校. 桐城文学渊源撰述考[M]. 合肥:黄山书社,1989:314.

[3] 刘声木撰,徐天祥点校. 桐城文学渊源撰述考[M]. 合肥:黄山书社,1989:315.

[4] 刘声木撰,徐天祥点校. 桐城文学渊源撰述考[M]. 合肥:黄山书社,1989:316.

[5] 刘声木撰,徐天祥点校. 桐城文学渊源撰述考[M]. 合肥:黄山书社,1989:317.

[6] 刘声木撰,徐天祥点校. 桐城文学渊源撰述考[M]. 合肥:黄山书社,1989:302.

[7] 刘声木撰,徐天祥点校. 桐城文学渊源撰述考[M]. 合肥:黄山书社,1989:302-303.

[8] 刘声木撰,徐天祥点校. 桐城文学渊源撰述考[M]. 合肥:黄山书社,1989:303.

[9] 刘声木撰,徐天祥点校. 桐城文学渊源撰述考[M]. 合肥:黄山书社,1989:303.

赵宗抃,字铁卿,深泽人,举人。师事张裕钊、吴汝纶,受古文法,称一时才士。[1]

安文澜,字翰卿,定州人,诸生。师事张裕钊、吴汝纶,受古文法,其为文笔势廉悍。[2]

徐德源,字润吾,清苑人,诸生。曾任北洋大学堂的汉文教习,1911年至1913年任北洋大学监督。

杨金钥,清末高阳人,字启周,曾任北洋大学教授。

吴汝绳,字诒甫,桐城人,官汶上县知县,师事其兄吴汝纶,撰有《吴诒甫诗集》。

以上关于莲池书院学子的教育背景来源于近代人士刘声木撰的《桐城文学渊源撰述考》。刘声木是清末民初安徽著名学者和藏书家,今人将他所撰写的《桐城文学渊源考》及其《补遗》和《桐城文学撰述考》及其《补遗》分别按卷次合并为《桐城文学渊源撰述考》(黄山书社,1989年版)。学者吴孟复在该书"序"中评价:"盖传记之作、文章之选、言论之辑,篇幅所限,势有难周;而考其师承,录其名氏,括其生平,详其著作,提示传记、评论之所在,兼具"学案""目录""索引"之作用。"[3]

以上信息也展示了莲池书院学子的生活道路和毕业走向,其间既有客观环境的作用,也有个体的主观抉择,从而具有以下几个方面的特征。

第一,莲池书院学子具有大致相同的教育背景和不同特色的教育素养,为下一步研究他们的从业状况提供了较为客观的参照。根据《桐城文学渊源撰述考》的考证,保定莲池书院学子的学术渊源及撰述内容分为以下四种。

第一种:"师事张裕钊(和)吴汝纶,受古文法",受到这种评价的莲池书院学子有:刘春霖、齐福丕、魏兆麟、杨越、李春晖、张镇午、崔庄平、张坪、马锡蕃、王笃恭、蔡如梁、杜之堂、王延纶、邢赞亭、纪钜湘、高步瀛、刘培极、尚秉和。

第二种:"师事张裕钊(和)吴汝纶,受古文法,称高第弟子",受到这种评价的

---

〔1〕　刘声木撰,徐天祥点校.桐城文学渊源撰述考[M].合肥:黄山书社,1989:304.

〔2〕　刘声木撰,徐天祥点校.桐城文学渊源撰述考[M].合肥:黄山书社,1989:305.

〔3〕　吴孟复.序[M]//刘声木撰,徐天祥点校.桐城文学渊源撰述考.合肥:黄山书社,1989:3.

莲池书院学子有：谷钟秀、籍忠寅、邓毓怡、李景濂。

第三种："师事张裕钊(和)吴汝纶,受古文法,称一时才士",受到这种评价的莲池书院学子有：韩德铭、刘乃晟、赵宗抃、傅增湘、梁建章。

第四种："师事张裕钊(和)吴汝纶,受古文法",其后就是一些彰显学术特色的个人评价。例如,马鉴滢"亦工文章",刘彤儒"翚翚雅才",崔栋"深于经学,翚翚雅才",张殿士"其为文雕琢精练,复纵咨自喜,翚翚雅才",刘登瀛"绩学为文,广蓄博采,久而益勤",吴铠"工古文",刘春堂"其为文论议闳博,记序诗歌亦清静沉穆",安文澜"其为文笔势廉悍",贺涛"矜练生创,意境自成,善能敛其才于学之中",王树楠"气锐识敏,善能发其学于才之内",常堉璋"通古今中外学,晓世务,能文章,恢奇雄放,才思精练",李刚己"为文雄肆淋漓,才气宏伟,涵浑迤演,殆为绝诣,评点古文,批窍中窾",贾恩绂"读书有特见,文甚奇肆"。

第二,在个体方面,莲池书院学子的教育背景和教育素养促成他们在日后的社会化过程中在思想或职业方面进行自我选择。例如,莲池书院学子的个体从业情状,大致分为几类：第一种以离任归家为终结,以齐福丕、刘春霖、刘吟皋为例。第二种为步入政坛,以谷钟秀、冯国璋、张继为例。第三种以辞官从教为终结,以高步瀛、吴闿生、尚秉和、李刚己、李景濂为例。第四种以辞官从事文化发展为终结,以邢赞亭、邓毓怡、籍忠寅、梁建章、王树楠、傅增湘为例。第五种以潜心治学而著称,以贺涛、蔡如梁、齐立震、杜之堂、贾恩绂、刘培极、刘登瀛、姚永朴、姚永概、马其昶等为例。

第三,莲池书院学子的社会活动具有一定的社会基础和教育背景,这些自然来源于他们的生平、学术源流和自我感知。教育的后续评价功能就是其人才培养的社会作用,吴汝纶强调取资于欧美新学、乃能共竞的教育思想,加上"出而应世,足以振危势"的时代强音,激荡在每位莲池书院学子的心田。莲池书院精神化为一种教育传统,昭示四方贤俊,遗风教泽,沾溉后人。中国的近代历史从此又出现了一个由莲池书院学子组成的非正式社会群体,他们离开莲池书院后逐步分流到社会领域,扮演不同的社会角色,共同承担着社会责任,共同推动着中国历史的进程。

第二章

莲池书院学子清末从业状况

从洋务运动开始，中国开始了近代社会变迁的历程，及至清末新政改革时期，近代中国迎来了全面改革的历史发展期。晚清保定莲池书院学子生逢近代中国，清末新政改革时期是他们融入社会的初始阶段或重要阶段。他们具有一定的思想基础和个人抉择能力，在国家政策和社会形势的引导下，积极参与国家改革与革命。本章主要介绍他们的思想意识和在教育、政治等领域的从业情状。

第一节　国民思想的产生

国民思想就是指国家和人民整体的思想观念与精神风貌。清末，面对国家危局，国内忧时之士奔走国中，呼号海外。无国就无家，国民意识开始在近代滋生。近代中国知识分子作为一个重要的社会阶层，开始用西方民主理论框架来审视本国的社会制度模式。晚清莲池书院学子在莲池书院接受了全新的教育，思想开达，他们铭记书院以及大师的教诲，开始接受西方社会思想的营养来培育自己的国民意识，并在社会活动中进行验证。

一、国民意识的萌芽

1894 年甲午战事起，以中国战败而结束。1895 年，和议将定。"中日和约十一款，全权大臣既画押，电至京师，举国哗然，内之郎曹，外之疆吏，咸有争论，而声势最盛言论最激者，莫如公车上书一事。"〔1〕当年正值会试之年，各省举人云集北京。康有为以举人身份入京会试，得知《马关条约》的签订，惋愤时局，但人微言轻，遂创议上书拒之，其弟子梁启超紧随其后从之，联合 18 省举人，聚议于北京的松筠庵。在康有为和梁启超的感召下，联名上万言书，请都察院代奏。举人车马集于都察院，阗塞院门。当代学者"以诗证史"，以史实为素材，所引用的史诗形象地描述了当时的情景：

> 海东龙泣舰沉波，上相辒轩出议和。辽台朏朏割山河，抗章伏阙公车多。

---

〔1〕　公车上书记序［M］//夏晓虹.追忆康有为.北京：中国广播电视出版社，1997：296.

连名三千毂相摩,联轸五里塞巷过。[1]

康有为草拟的"万言书"提出了拒签和约、迁都抗战、变法图强三项主张,于1895年5月2日呈递都察院。都察院拒绝接受。1895年的"公车上书"活动演绎了新式知识分子维新思想的内涵,这批新式知识分子当中,就有保定莲池书院学子。

贾恩绂出身于书香世家,受过系统的儒家教育。1890年入保定莲池书院。1893年中恩科举人。后来,当康有为在公车上书中呼吁应试举人签名时,贾恩绂成为签名者之一。1897年,应河北丰润县之聘,主讲丰润县的浭阳书院。戊戌变法失败,六君子捐躯,先生激昂流涕,不可自持。[2]

蔡如梁当年从保定莲池书院赴京应试。由于他早先就对《马关条约》义愤填膺,又聆听了康有为起草并宣读的万言书,目睹了群情激奋的场面,他不顾个人安危,毅然在万言书上签字。后来,共同的变法改良和爱国维新思想将他们联系在一起,蔡如梁和康有为的交往日益加深。

廉泉是光绪甲午(1894年)举人,1896年任户部主事,翌年迁户部郎中。当时廉泉以诗文著称京师,但他和当时的热血青年一样,倾向维新运动,支持变法,甚至向往革命。他在诗文中表达自己对社会现状的不满,如他在写给同科进士孙寒崖的诗中说:"吾道今如此,相看泪满巾。茫茫同逆旅,鼎鼎作诗人。"[3]他也曾写信给孙中山,希望他"凭将双手挽乾坤"[4]。他在公车上书中痛陈《马关条约》的严重后果。廉泉成为江苏省参与"公车上书"的签名者之一。后来他与孙中山等进步人士接触,接受了许多先进思想。

齐福丕于1893年中举人。1895年,齐福丕赴京春闱。在此期间,他参加了

〔1〕 公车上书[M]//王宏斌.诗说中国五千年:晚清卷.开封:河南大学出版社,2006:279.

〔2〕 邓焕然,等.国学研究家贾恩绂[M]//河北省政协文史资料委员会.河北历史名人传:科技教育卷.石家庄:河北人民出版社,1997:338.

〔3〕 廉泉与吴芝瑛[M]//高国强,蔡贵方.吴文化名人谱:无锡编.哈尔滨:黑龙江人民出版社,2003:226.

〔4〕 盛诗澜.赏独——盛诗澜书画文集[M].上海:百家出版社,2006:221.

"公车上书",后来将维新思想带回老家南宫。此间齐福丕就读于莲池书院,他在莲池书院时的诗文创作展示了其变法爱国兴学育才的思想。他认定当时国家处于"雄邦虎视"的格局,遂作《渤碣铭》疾呼:

> 巨海茫洋,临崖峭刿。全亚中枢,凌涛极峻。外拊倭韩,内通燕晋。五洲第一,屏华作镇。远人啧啧,曰维旅顺。
>
> 守国之道,务自振起。有险岩岩,抑何可喜。袭岛破关,二百余祀。昔不若今,乃以难恃。藏雷伏电,远胜岐嶓。既弃不有,保彼峨峨。
>
> 荡荡王土,万里中华。断斩右臂,缺而为斜。雄邦虎视,踞我边区。破约纵海,众强趑趄。[1]

齐福丕的激情反映了中国近代知识分子面对社会裂变而发出的深沉呼唤,吴汝纶当时点评此诗文"愤激沉痛"。在中学和西学关系中,看到时人对西学的盲目崇拜,齐福丕提出了"统合中学西学之洪纲琐目,祛其驳而择其精,拿其要不遗其细,参与杂糅,冶于一炉"[1]。齐福丕的诗文强调了国家当时的险境,突出了近代知识分子兼济天下的社会心理。

公车上书可被认为是维新运动的开端,是中国近代知识分子参议国事、探索中国出路的宣言书。后来,康有为、梁启超等人利用报纸、办学等途径,宣传维新思想。1898年,康有为在《请开学校折》里提出了"国民"和"国民学"两个概念,"国民学"指代欧美近代新式教育,"国民"并非千百年来流传下来的"臣民""顺民""庶民""黎民",而是通过接受新式教育所培养出来的富国强兵的有用之才。"夫养人才,犹种树也,筑室可不月而就,种树非数年不阴,今变法百事可急就,而兴学养才,不可以一日致也。"[2]1899年,梁启超在《清议报》上发表《论近世国民竞争之大势及中国前途》一文,界定了国民的定义。鉴于国家被认为私产的现状,他指出:"国者积民而成,舍民之外,则无有国。以一国之民,治一国之事,定一国之

---

〔1〕 赵福寿.邢台通史:下卷[M].石家庄:河北人民出版社,2003:649.

〔2〕 康有为.请开学校折[M]//舒新城.中国近代教育史资料:上册.北京:人民教育出版社,1961:150.

法,谋一国之利,捍一国之患。其民不可得而侮,其国不可得而亡,是谓之国民。"[1]梁启超又于 1901 年在《清议报》上发表《国家思想变迁异同论》一文,指出国家精神即国民精神,国民意识即国家意识,"国家与人民一体,人民之盛衰,与国家之盛衰,如影随形"。"有治人者,有治于人者,而无其级。全国民皆为治人者,亦皆为治于人者。一人之身,同时为治人者,亦同时即为治于人者。"[2]以救亡图存为目的的维新运动主张资本主义发展要在封建主义的框架内,中国近代资产阶级改良派通过探讨"国家"和"国民"的关系来界定概念,体现了社会改良理想主义的温和色彩。

贾恩绂、蔡如梁、廉泉、齐福丕等人参与公车上书,标志着国民意识在莲池书院学子中开始萌芽。国民意识具有巨大的思想引领作用,他们开始厘清民智与国民的关系,为他们参与清末新政新式教育奠定了思想基础。

二、陶铸国民

维新运动时期,莲池书院学子对"国民"的理解限于从众层面,深受资产阶级改良派的影响。而随着戊戌变法的失败,加上庚子之痛,莲池书院学子开始从自己的视角来审视国民与国家的关系。刘春霖提出的"陶铸国民"思想具有一定的代表性。

刘春霖自幼聪敏好学,在莲池书院就学期间,兼学英语和日语,对外国文化有着很深的了解。1903 年,刘春霖与哥哥刘春堂同去应试,刘春堂考取进士,刘春霖落榜。1904 年,适逢慈禧太后 70 寿辰,科考特加甲辰"恩科",刘春霖参加殿试,经慈禧太后钦点,得中状元。1905 年,清政府停止科举考试,刘春霖成为"第一人中最后人"。刘春霖在科举考试试题"论教育"部分写道:

环地球而国者以数十记,其盛衰存亡之数不一端,而大原必起于教育,故

〔1〕 梁启超. 论近世国民竞争之大势及中国前途[M]//梁启超. 梁启超全集:第 1 册. 北京:北京出版社,1999:309.

〔2〕 张枬,王忍之. 辛亥革命前十年间时论选集:第 1 卷(上)[M]. 北京:生活·读书·新知三联书店,1960:28.

学堂者东西各国之所同重也。学堂之设,大旨有三:曰陶铸国民,曰造就人才,曰振兴实业,三者不可偏废……今中国因积弱之弊,欲以学战与列强竞存,则必以陶铸国民为第一要义。何者,国民之资格不成,则国不可立……所谓国民者,有善良之德,有忠爱之心,有自养之技能,有必需之知识。知此身与国家之关系,对国家之义务,以一身为国家所公有而不敢自私,以一身为国家所独有而不敢媚外。凡为国家之敌者,虽有圣哲,亦必竭其才力以与之抗,至于粉身绝颈而不悔,终不肯以毛发利益让之于人……以此资格教成全国人民,虽有强邻悍族,亦将敛步夺气而不敢犯,然后人才可兴,实业可振也……方今欲建学校以图富强,非鼓其特立之精神不足以挽回积习。日本与我同处亚东,其弊亦大致相类,今一变而跻于列强之次者……必养成完备之国民,然后人才为我国之人才,非他国之人才;实业为我国之实业,非异国之实业。〔1〕

世界各国的盛衰存亡必然起于教育,刘春霖在试卷"论教育"中提出了以下几个观点。

第一,国家的盛衰存亡取决于教育,学堂同受东西国家的重视。

第二,创办学堂的主旨包括陶铸国民、造就人才、振兴实业,三者不可偏废。国民必备的基本素质包括善良之德、忠爱之心、自养之技能和必需之知识,陶铸国民是造就人才和振兴实业的基础。

第三,独立自尊。刘春霖借鉴日本近代改革的经验,引用日本教育家福泽谕吉的独立自尊观点,提出以中国人力之勤、物产之博来分设各学,致富之道尤可跷足而待。

刘春霖在"国民"培养目标中,首先站在国家立场,强调国民的爱国精神,其次站在国民立场,强调国民必备的基本素质和对国家所应承担的责任与义务。他对"国民"的论述具有平和的基调,不乏朴实,却也高亢激昂,犹如空谷足音,贵为

---

〔1〕 清最后一科状元刘春霖试卷"论教育"部分[M]//林白,朱梅苏. 中国科举史话. 南昌:江西人民出版社,2008:243-244.

创新。

莲池书院学子国民意识的产生是清末知识分子与近代社会变迁的一个缩影，反映了莲池书院的思想和精神的弘扬。莲池书院学子的国民意识汇入了当时的改革、革命潮流，促使他们产生了教育救国思想，并参与近代教育改革。

第二节　从事新式教育

一、兴学背景

中国近代社会是一个半殖民地半封建社会。鸦片战争以后，中国社会的核心问题就是挽救民族危机的问题。教育属于社会的一个子系统，但教育和政治、经济、文化等社会子系统间也存在相互促进、相互制约的关系。从洋务运动到庚子之役，教育一直是中国近代的救亡之策。

> 每见中国之危时，则必救教育，其危有稍安，而教育亦已，庚申之时，外迫英法，内遭发逆，危如累卵，事平之后，遂急开方言等馆，水陆师等学堂，选派学生，留学英法，其后稍安，而其事即寝，甲午之时，败于日本，各国始倡瓜分之说，其危又至，于是戊戌之交，学业大兴，又开京师大学堂，各省州县学堂……庚子之时，拳匪乱作，八国之兵，逼城下之盟，其危又至，于是自此以后，至于今日，开学堂之事日以闻。[1]

从洋务运动开始，创办新式学堂是近代教育改革的重要途径。维新运动促进了当时新式教育的发展，京师大学堂终告成立，北京、上海等地创设了不少新式学堂。从维新运动时期开始，以国内外新式学堂学生为代表的近代新型知识分子运动逐渐兴起。

清末新政改革时期，"近奉朝旨，兴革庶政，凡学校科举，皆将改弦更张，作养

---

〔1〕　李桂林，戚名琇，钱曼倩. 中国近代教育史资料汇编·普通教育〔M〕. 上海：上海教育出版社，1995：399.

人才,用备缓急,宏济时艰,以此为第一要义"。[1] 近代教育家吴汝纶的上述主张真实地反映了当时改革教育、培养人才的急迫心态,全国再次掀起了兴学的活动高潮。"人才为政事之本。作育人才,端在修明学术……近日士子,或空疏无用,或浮薄不实,如欲革除此弊,自非敬教劝学,无由感发兴起。"[2] 书院改学堂与创办新式学堂成为庚子兴学的重要内容。

1901 年,清政府颁布"兴学诏书",1902 年出台《钦定学堂章程》,由于各种原因,未能施行。1904 年,清政府颁布《奏定学堂章程》,要求各地劝谕推广。清末学校教育政策内容突出体现在以下方面。

《奏定学堂章程》对各级各类学堂的作用、入学条件以及学生应达到的培养目标均提出了细化的标准,发挥了办学宗旨的指引作用。例如,初等小学堂"以启其人生应有之知识,立其明伦理、爱国家之根基,并调护儿童身体,令其发育为宗旨;以识字之民日多为成效"[3]。高等小学堂"以培养国民之善性,扩充国民之知识,强壮国民之气体为宗旨"[4]。

《奏定学堂章程》鼓励社会办学,充分体现了政策的发展性目标。首先,要求各地灵活办学。政策条文对学堂设立的比例、数量、时间范围进行了明确的指示,要求所有府、厅、州、县之各城镇量力而行,为社会参与办学提供了可能性。其次,提出三种办学形式。政策条文规定,所有府、厅、州、县之各城镇,酌筹官费开办的小学堂为初等官小学,凡"以公款设立,或各以捐款设立者,及数镇数乡数村联合设立者,均名为初等公小学"[5]。凡个人出资或以家塾、塾师设馆等形式的为初等私小学。最后,鼓励绅商办学,"绅董能捐设或劝设公立小学堂及私立小学堂

〔1〕 吴汝纶.为李相致安徽王中丞[M]//吴汝纶撰,施培毅,徐寿凯校点.吴汝纶全集:三集(安徽古籍丛书).合肥:黄山书社,2002:333.

〔2〕 璩鑫圭,唐良炎.中国近代教育史资料汇编·学制演变[M].上海:上海教育出版社,1991:5.

〔3〕 奏定初等小学堂章程(1904 年 1 月 13 日)[M]//璩鑫圭,唐良炎.中国近代教育史资料汇编·学制演变.上海:上海教育出版社,1991:291.

〔4〕 奏定高等小学堂章程(1904 年 1 月 13 日)[M]//璩鑫圭,唐良炎.中国近代教育史资料汇编·学制演变.上海:上海教育出版社,1991:306.

〔5〕 奏定初等小学堂章程(1904 年 1 月 13 日)[M]//璩鑫圭,唐良炎.中国近代教育史资料汇编·学制演变.上海:上海教育出版社,1991:292.

者,地方官奖之。其学堂规模较大者,禀请督抚奖给匾额;一人捐资较巨者,禀请督抚奏明给奖"[1]。

《奏定学堂章程》对全国学堂的教学活动进行统一的要求和部署,在课程标准、招生规则、教管人员的职责、教学条件等方面提出了统一标准,使学堂教学活动制度化,确保了教学的常规管理。

为了确保教育政策的顺利实施,清政府采取了许多重大举措。

首先,改革教育行政机构。京师专设总理学务处,由总理学务大臣统辖全国学务,地方学务处在自身的权力范围内,进行机构内部人员与职责的调整,如另委提调,专门成立调查研究所,大力倡导学堂的作用。从国家总理学务处到各地方学务处的纷纷设置,虽然机构名称、规章及权责等规定并不清晰,但对于兴学的意义却有一致的认识,各地兴学活动富有自身个性,却切实有效。

其次,废科举。1905 年,清政府发布上谕[2],"著即自丙午科为始,所有乡会试一律停止,各省岁科考试亦即停止。其以前之举贡生员分别量予出路,及其余各条,均著照所请办理",并要求各省督抚"实力通筹,严饬府厅州县赶紧于城乡各处遍设蒙小学堂,慎选师资,广开民智。务期进德修业,体用兼赅,以副朝廷劝学作人之至意"。科举制度的废除转变了人们对知识追求的方向,促使社会对"科学知识"的重视。废科举也动摇了造就旧式士大夫的社会制度,改变了旧式士绅阶层的出路途径,加速了士绅阶层的分化。

最后,建学部。1905 年 12 月 6 日,清政府颁布上谕,认为"应振兴学务,广育人才。现在各省学堂已次第兴办,必须有总汇之区,以资董率而专责成。著即设立学部……该部创设伊始,兴学育才,责任綦重"[3]。学部在组织系统的建制方面进行了调整:一方面有意识地扩大管理的幅度与范围;另一方面也进行明确的

〔1〕 奏定初等小学堂章程(1904 年 1 月 13 日)[M]//璩鑫圭,唐良炎. 中国近代教育史资料汇编·学制演变. 上海:上海教育出版社,1991:293.

〔2〕 光绪上谕(1905 年 9 月 2 日)[M]//朱有瓛. 中国近代学制史料:第 2 辑(上册). 上海:华东师范大学出版社,1987:113-114.

〔3〕 上谕(准设立学部)(1905 年 12 月 6 日)[M]//朱有瓛,戚名琇,钱曼倩,等. 中国近代教育史资料汇编·教育行政机构及教育团体. 上海:上海教育出版社,1993:10.

职责分工,使各个层级的职权和《奏定学堂章程》的实施需求相对应。在地方教育行政方面,学部加大了改造与建设的力度。1906年,学部与政务处经过议奏,一致认为"现在停止科举,专办学堂,一切教育行政及扩张兴学之经费,督饬办学之考成,与地方行政,在在皆有关系。学政位分较尊,当权较为不属,于督抚为敌体,诸事既不便于禀承、于地方为客官,一切更不灵于呼应"。学部在制定中央教育行政官制的时候就想到了这个问题,将来公立、官立、私立学堂一旦增多,"势不能如岁科各试分棚调考之例,而循例按临,更有日不暇给之虑,劳费供张,无裨实事。学政旧制,自宜设法变通"〔1〕。学部上奏政府请求裁撤学政,设立直省提学使司来管辖全省学务。

二、兴学育才

清末《奏定学堂章程》是国家政府层面的教育举措,促成了全国兴学的场面,学堂深造、兴学育才、赴日留学贯穿在清末兴学热浪中。莲池书院学子拥有大致相似的从教经历,兴学育才是他们爱国行动的具体表现,兴学活动也为他们以后的社会活动打下了基础。本书展示部分莲池书院学子兴学育才的场景。

胡景桂在直隶兴学的时间只有两年之久。胡景桂由拔贡生中式同治癸酉科顺天乡试举人,甲戌科考取宗室官学汉教习候选知县,应光绪癸未科会试中式贡士,后历官10年,勤于吏治,曾任京师御史。袁世凯于1895年奉旨在天津小站练兵,初见成效,沾沾自喜。御史胡景桂曾上奏弹劾袁世凯。当袁世凯上任山东巡抚,胡景桂恰好在山东按察使职位,袁世凯引荐其才,建议胡署理山东布政使。1901年,袁世凯接任直隶总督。当时直隶素号瘠区,财政竭蹶,举办新政其他项目,所需浩繁,袁世凯决定从教育这一根基事业做起。1902年,袁世凯奏调胡景桂到直隶。1902年,直隶成立直隶学校司,作为全省学务总汇之区,内分专门、普

---

〔1〕 学部政务处奏请裁学政设提学使司折(1906年)[M]//朱有瓛,戚名琇,钱曼倩,等.中国近代教育史资料汇编·教育行政机构及教育团体.上海:上海教育出版社,1993:39.

通、编译三处,胡景桂任职学校司督办。学校司权限逐渐扩大,各处内又分设各科。袁世凯后来又派胡景桂赴日考察学务,胡景桂在为他人所写的《日游笔记序》中提道:

> 光绪癸卯初秋,予考视学制,至自东瀛,反命于宫保袁公。公曰:此行其得要领矣乎? 予应之曰:明治维新,庶政纠纷,与吾国颇相若。其学校经始,尤与吾北洋不谋而同。厥后自育师资,不复借材异地,三十年来规制数易,精益求精,乃臻完备。要其全神所注,著重国民教育之普及,遂收捷效,惊美全球。今我学校规模粗立,功候尚稽,民智未开,财政困乏,所赖宫保维持……顾欲普及国民,非造就师材不可;欲造就师材,非广派留学不可,公曰:可谓知要矣。归语王燕泉太史,为送师范生二十人赴东,且以所见所闻,藉资考镜。[1]

胡景桂借鉴日本的经验,认为普及国民教育的关键在于造就师材,他的建议促成了直隶的留日活动,胡景桂还于1904年3月专门为日游笔记作序,认为学务考察不虚此行,所编所记"化东西新旧之两界,铸欧化国粹于一炉,郁思幽情,横溢言表。至为唱歌为教育之心,体操为教育之骨,议尤奇警而确"[2]。1904年4月,胡景桂丁忧期满,将赴湖南按察使任,袁世凯在上奏中肯定了他的工作:

> 臣奏请在省城设立学校司,为通省学务总汇之所,檄委在籍前湖南按察使胡景桂督办,事多草创,图始维艰。该司胡景桂尽心筹划,亲往东瀛考察学务,凡有心得,次第施行。省垣各学,开办在先,各属中、小学堂亦设殆遍,两年以来,士气民情,均有鼓舞奋兴,蒸蒸丕变之势。[3]

---

〔1〕 胡景桂. 日游笔记序[M]//璩鑫圭,唐良炎. 中国近代教育史资料汇编·学制演变. 上海:上海教育出版社,1991:134-135.

〔2〕 胡景桂. 日游笔记序[M]//璩鑫圭,唐良炎. 中国近代教育史资料汇编·学制演变. 上海:上海教育出版社,1991:135.

〔3〕 袁世凯. 委五品卿衔翰林院编修严修接办学校司事宜片[M]//天津图书馆,天津社会科学院历史研究所. 袁世凯奏议:中. 天津:天津古籍出版社,1987:921.

齐福丕和刘登瀛拥有一些相似的经历。1901 年至 1903 年，齐福丕先后在邯郸书院、直隶优级师范学堂任教员，大胆探索新的教学方法。刘登瀛于 1888 年为巨鹿县训导。1904 年，由于直隶学务处的查学人员不足，齐福丕、刘登瀛等暂时充任。在直隶省普及教育的成绩背后，也隐含了许多现实的问题。各府查学通过调查各州县城镇的办学情况又看到了种种问题。大名合属"聪颖子弟，往往为村学究所误，读遍四书五经，十六七岁竟不能通一字。故学堂选取学生，多年长而文法不明者"[1]。由于齐福丕、刘登瀛"殷殷开导，为益颇多……愿赴日本游历数月并考察该国学制，以增进学识"[2]，直隶学务处鉴于他们学问优长，向督宪袁世凯呈请《本处拟令查学员刘登瀛齐福丕出洋游历文并批》。1905 年，齐福丕和刘登瀛同去日本进行教育考察，深感中国教育的落后。

齐福丕回国后任省学务处副科长。他提出了许多发展教育的建议，未被采纳，愤然辞职归家，致力于发展南宫县教育事业。他与刘登瀛等共同筹办南宫两等小学堂，亲自为学生创作《勉学歌》，亦即校歌。1909 年，他又开办中学班，为南宫的新式教育奠定了基础。[3]

刘登瀛归国后充任省视学及保定高等学堂优级师范教员。之后历任河北大学、山西大学教授，前后达二三十年之久。余暇致力所学，自音韵、小学政治、地理，无不洞其源流。不求谐俗，不为名利，立身不苟，认真研究教育，为河北学子无不尊敬的耆宿。[4]

高步瀛通贯经史，文名高扬。曾受聘定兴书院山长。1901 年，担任保定高等学堂教习。高步瀛于 1902 年赴日游学，肄业于宏文师范学院，"游学域外，嗜新知识，尤多要眇之思"[5]。按照《学务纲要》的要求，袁世凯将直隶学校司改为学务处，原设专门、普通及编译三处改为局，专司通省学校事务，径归总督统辖。1904 年

---

〔1〕 大名查学齐福丕查视南乐等州县高等小学堂情形禀（1904 年）[M]//朱有瓛. 中国近代学制史料：第 2 辑（上册）. 上海：华东师范大学出版社，1987：275.
〔2〕 本处拟令查学员刘登瀛齐福丕出洋游历文并批[J]. 教育杂志，1905(7).
〔3〕 赵福寿. 邢台通史：下卷[M]. 石家庄：河北人民出版社，2003：650.
〔4〕 马保超，李梅，徐立群，等. 河北古今编著人物小传续[M]. 石家庄：河北人民出版社，1994：128.
〔5〕 王森然. 高步瀛先生评传[J]. 北华月刊，1941,1(5)：71.

9月19日,袁世凯钦奉谕旨,饬裁冗员,经过"悉心确核,以学额之多寡,定学官正副之去留。其学额在十五名以外者,裁训导,留教授、学正、教谕一缺。十五名以内者,裁学正、教谕,留训导一缺。统计请裁学政一缺、教谕四十四缺、训导八十四缺,共一百二十九缺"[1]。1904年12月,直隶学务处将全省划为十三区域,并派定查学职员十六人。[2] 例如,高步瀛负责顺天府,陈恩荣负责正定府,贺培桐负责宣化府,李金藻负责冀州直隶州。[3] 高步瀛担任查学职员,正值严修主持直隶学务,任命他为省视学委员。1906年,高步瀛随之调任学部图书局编纂,不久奏补学部主事。工作期间,他参与审定中小学教科书。1908年,高步瀛编著的《高等师范伦理讲义》出版发行。

傅增湘于1897年为杭州求实书院教习,1898年中二甲第六名进士,选翰林院庶吉士。1902年应袁世凯之聘,先后入保定新军幕府和直隶总督幕府。傅增湘是袁世凯幕府的重要人物,曾直接参与袁世凯的北洋练兵活动。袁世凯于1902年在保定设立军政司,作为编练新军总部,袁世凯兼任督办,傅增湘被任命为文案。[4] 1904年,袁世凯指令开办天津公立女学堂,傅增湘任监督。1906年,为了促进女学的普及和培养初等及高等小学堂的师资,傅增湘继续创建北洋女子师范学堂,亲任监督。关于办学过程和办学的社会作用及影响力,傅增湘在《藏园居士六十自述》中做如下回忆:

> 癸卯,考试散馆,以一等第一名授职编修。七月,充顺天乡试同考官。出闱,请咨赴北洋学习。凡居幕府五年……先是,旅津遇旌德吕碧城女士,喜其才赡学博,高轶时辈。因约英敛之、卢木斋、姚石泉等,倡设女学……余南行教月,异论滋纷,周君缉之又别设高等女学……项城以为欲大兴女学,非广储师资不为功,更以筹立女子师范学校见属。适余大病,匝月强起治事,草定规

---

〔1〕 酌裁教职官缺折(1904年9月19日)[M]//天津图书馆,天津社会科学院历史研究所.袁世凯奏议:中.天津:天津古籍出版社,1987:1006.

〔2〕 江铭.中国教育督导史[M].北京:人民教育出版社,1994:203.

〔3〕 直隶学务处派定各属查学职员衔名录(1904年)[M]//江铭.中国教育督导史.北京:人民教育出版社,1994:277-278.

〔4〕 杜春和,林斌生,丘权政.北洋军阀史料选辑:上[M].北京:中国社会科学出版社,1981:31.

制,先开简易班以薪速成,嗣分文、理科,用资深造。学术调和新旧,而训育则力趋严格。由是近而畿辅,远及江海岭峤,闻风负笈,不远千里而至,闽英百辈,萃于一堂……余亦从兹舍幕职而专营学事矣。[1]

1905年,袁世凯等人在《奏请废科举折》中,坚决指出:"欲补救时艰,必自推广学校始。而欲推广学校,必自先停科举始。"[2]科举制度于1905年被废除,各省督抚实力通筹,严饬府厅州县于城乡各处遍设小学堂,慎选师资,广开民智。随着学部的建立,各省改设提学使司,并设提学使一员,统辖全省学务,归督抚节制。傅增湘"赴日考察学务归,袁世凯颇倚以兴学,后遂授直隶提学使。增湘治事详慎,颇调停新旧学"[3]。傅增湘的办学成绩颇佳,由此获得了朝廷的召对机会。他在《戊申十月勤政殿召对恭记》中记录了当时对于兴学的召对过程,其中提到了兴学业绩:

> 太后问曰:"汝曾办女学堂,究竟如何?闻成绩颇好。"对曰:"在天津创办女学三处,又办女小学八处,一切管理,规矩从严,尚无流弊。学生亦多知向学,成绩颇佳。"[4]

傅增湘获得此次召对机遇,先后奏对百余言,甚为嘉勉。"东朝殷殷命推广近畿教育,而归重于整饬学风,精选教员,更以女学初萌,首善之地,四方所瞻,管理规则宜严。"[5]直隶是傅增湘祖父服官之地,他必定竭尽所能,不负使命。1909年,傅增湘兼署直隶提学使,为了普及教化,大力推行小学教育。他在《藏园居士六十自述》中回忆道:"余以为欲教化之普行,惟小学实为先务。而小学之推展,

〔1〕 傅增湘.藏园居士六十自述[M]//卞孝萱,唐文权.辛亥人物碑传集.北京:团结出版社,1991:430.

〔2〕 袁世凯等奏请废科举折(1905年9月2日)[M]//朱有瓛.中国近代学制史料:第2辑(上册).上海:华东师范大学出版社,1987:111.

〔3〕 沃丘仲子.当代名人小传[M].台北:文海出版社,1986:56.

〔4〕 傅增湘.藏园笔记二篇[M]//中国社会科学院近代史研究所近代史资料编辑部.近代史资料:总80号.北京:知识产权出版社,2006:113.

〔5〕 傅增湘.藏园居士六十自述[M]//卞孝萱,唐文权.辛亥人物碑传集.北京:团结出版社,1991:431.

则乡僻尤为要图。"为了推行小学教育,他亲赴各地视学,亲自指授,"三年之中,减骑从,冒寒暑,走穷村古寺,目验而口喻之,所至集官绅,评优劣,而申以奖惩,风习得以周知,士气为之奋发。盖提学巡视之举,全国莫先焉。复筹设初级师范四校,分布保定、天津、滦州、邢台各地,为全省小学,广储教师"[1]。

冯国璋参与新式教育实从天津武备学堂开始。19 世纪 60—90 年代,直隶省是北方洋务运动的中心。1870 年后,李鸿章时任直隶总督兼北洋通商大臣,办理有关直隶、山东、奉天三省外交、通商、关税及军事工业等方面的事务。李鸿章于1885 年奏设天津武备学堂,《清史稿》卷一百七称:"规制略仿西国陆军学堂。挑选营中精健聪颖、略通文艺之弁目,入堂肄业。文员愿习武事者,一并录取。其课程一面研究西洋行军新法,如后膛各种枪炮、土木营垒及布阵分合攻守各术。一面赴营实习,演试枪炮阵势及造筑台垒。惟学生系挑选弁目,虽聘用德国教员,不能直接听讲,仍用翻译,展转教授,与水师学堂注重外国文者不同。初制,学习一年后,考试及格学生,发回各营,由统领量材授事。其后逐渐延长年限,选募良家年幼子弟肄业。"[2]

冯国璋"习举子业,年弱冠入庠,而非其所愿。盖将军见国势日微,知试帖一物,纵学成亦不能救国也。天津武备学堂成立,招考学生。中国读书之士,多目为洋学,不欲投考,而将军独欣然前往,自是遂入武备学堂步兵班肄业"[3],毕业后留学堂充任教官。袁世凯练兵天津小站,求知新学之才,冯国璋任督练营务处总办。有研究认为,冯国璋到达小站,大大加强了小站班底的力量,他与王士珍、段祺瑞尽其所学,倾心辅佐袁世凯,使新建陆军气象一新,为中外所赞扬。[4] 从1901 年开始,袁世凯在保定创办一系列陆军武备学堂,冯国璋为教练处总办,从1902 年至 1906 年督理北洋武备学堂。袁世凯在 1907 年 4 月 3 日的奏折中进行了如下评价:"受事之始,大乱初平,旧时学堂,鞠为茂草,几至无以着手,该署副

〔1〕 傅增湘.藏园居士六十自述[M]//卞孝萱,唐文权.辛亥人物碑传集.北京:团结出版社,1991:431.

〔2〕 赵尔巽,等.清史稿:第 12 册[M].北京:中华书局,1976:3123-3124.

〔3〕 真言.副总统冯国璋[J].妇女杂志,1916,2(12).

〔4〕 张华腾.北洋集团崛起研究(1895—1911)[M].北京:中华书局,2009:78.

都统,统筹全局,躬任其难,督饬员司,同心协力,课程亲加厘订,教术务戒分歧,规则维严、陶熔甚广……时逾四载,功效彰明。其前已告竣者如练官营、将弁学堂,成就不下千员……由堂遣送赴东西各国留学人数,尚不在内。成材之众,近所罕见。"[1]1907年4月7日,奏折获批,冯国璋获三代正一品封典。

杜之堂于1902年跟随吴汝纶赴日考察学制,随之进入日本早稻田大学习法政。1905年回国,在本地创办小学。吴汝纶在1902年10月12日的《答大学堂执事诸君饯别时条陈应查事宜》中曾指出:"地质矿化原质图,由地质局持赠,动植物标本图,前经购买,一并由敝门徒杜之堂赍呈大学,亮可供览。"[2]此语证明,杜之堂在日本亲见各种先进的教学设备。他买来全套小学教育用品,如国文课本、算术教本、格致教本、音乐教材、多种标本和挂图以及风琴、石笔、石板等。凡此种种,在当时的广宗属前所未见,所以引来许多乡亲围观。他教的体操课有哑铃、皮球、球杆等,并训练他弟弟杜之诚为速成各课教员。[3]

杜之堂还是广宗县率先引入西方文化人士。他主张解放妇女,提倡男女平等,创办新式小学堂,男女合校。他反对女子缠足,让女儿带头抵制缠足,入学读书。他在夏秋之夜,利用村民喜欢听评书的契机,为村民讲解天文地理,破除鬼神迷信。为了彻底铲除封建陋习,他特意作了《戒缠足歌》:

> 五龄女子吞声哭,哭向床前问慈母。
>
> 母亲爱儿自孩提,为何缚儿如缚鸡?
>
> 儿足固折儿心碎,昼不能行夜不寐。
>
> 缠足女子何太愚,书不能读字不识。
>
> 邻家有女已放足,走向学堂去读书。[4]

1907年,清政府正式颁布女子教育政策,女子教育才得到正式的制度保障。

---

〔1〕 天津图书馆,天津社会科学院历史研究所.袁世凯奏议:下[M].天津:天津古籍出版社,1987:1464.

〔2〕 陈景磐,陈学恂.清代后期教育论著选:上[M].北京:人民教育出版社,1997:490.

〔3〕 阎伯群,李瑞林.国术之魂:天津中华武士会健者传[M].天津:天津古籍出版社,2018:119.

〔4〕 阎伯群,李瑞林.国术之魂:天津中华武士会健者传[M].天津:天津古籍出版社,2018:120.

杜之堂对于女子教育的认识具有前瞻性,他的《戒缠足歌》将学堂教育和社会教育相结合,相得益彰。

刘吟皋重视民众教育对于提高民族文化素质的作用,他募捐教育资金,并向省府申请拨款。1906 年,他筹建了威县第一所区立高等小学堂。他摆脱旧的教育窠臼,自选教材,自聘教师,以革新务实和全面发展为指针,以品学兼优和真才实学为培养目标,独立自主地培养有用人才。这所学校创办 33 年经久不衰,小学堂具有校舍百间、器什千件、藏书万卷,为国家培养不少栋梁之材。[1] 1907 年,清政府为了富国强民并寻求发展良策,由严修选拔部分学者赴日本深造,刘吟皋遂被派往日本公费留学两年。回国后在直隶保定第二女子师范和育德中学任教多年。

刘春霖于 1904 年得第状元后,授翰林院修撰。3 年后(1907 年),正值清政府预备立宪时期,刘春霖被派往日本留学法政,同往的有谭延闿、沈钧儒、王揖唐等人。当时清政府国库空虚、经济凋敝,出国留学费用不多,留学生活清苦,但刘春霖学习勤奋,成绩优秀。他常常与日本学者探讨问题,问难推论至极,能够提出自己的见解,"诸儒竞说朱云辩,一语能回季布危"[2]。刘春霖于 1909 年归国后,出任保定直隶高等学堂监督。他在直隶高等学堂,网罗社会名流到校执教,一时学校以治学严谨,学术昌明,文明教化,陶铸人才闻名于世。[3] 直隶总督陈夔龙根据提学司奏陈详情,遵照《奏定学堂章程》的办学举措,在《奏修撰刘春霖捐助学费请奖片》中呈现刘春霖的办学业绩:

> 在籍办学绅士翰林院修撰刘春霖于光绪三十四年举充直隶省城女学堂校长,任事以来,擘化经营,不遗余力,复以该堂经费支绌慨捐银元一千六百元,合银一千一百余两。[4]

〔1〕　政协威县委员会.威县文史概览:威县文史资料第 1 辑[M].北京:社会科学文献出版社,2004:57.

〔2〕　王凯贤.中国历代状元诗:清朝卷[M].北京:昆仑出版社,2007:403.

〔3〕　郑新芳.月旦名流[M].北京:中国戏剧出版社,2008:249.

〔4〕　奏设政治官报(36)[M].台北:文海出版社,1965:272.

刘若曾于光绪二十八年（1902年）到沅陵出任辰州府知府，为政清廉，为沅陵等县做了大量的利民工作，"所至皆有政绩，民至今思之不忘"[1]。光绪二十九年（1903年），适逢清政府改革科举，大力兴学，刘若曾于督学府招考湘西各县学生，创办了辰州官立中学堂，兼任总办。此中学堂与北京和湖北的知名中学堂齐名，成为全国兴办较早的新式中学堂。

邓毓怡于1903年东渡日本，就学于东京早稻田大学，受到留日学生民主革命思想的影响，抱有暗杀救国的幻想。1904年归国，回到家乡开办学堂。1907年，河北译书社出版了由日本学者胁水铁五郎所著、邓毓怡所编译的《矿物界教科书》。此书为中学用教科书，条理清晰，取材精要，附图富赡。原著矿物产地以日本为主，译本改以中国为主。全书3编30章：第1编矿物凡19章；第2编岩石土壤凡8章；第3编结论，包括自然界及矿物界、矿物界与生物界之关系和矿物与人生之关系3章。附插图65幅。[2]邓毓怡从翻译外文到编译外文，加速了日本矿物学科中国化的过程，促进了中国矿物学科的发展。

贾恩绂出生于书香世家，受过系统的儒家教育。1890年入保定莲池书院。1893年考中举人，1897年应丰润县令聘请，主讲浭阳书院。义和团运动爆发后，他对1900年的义和拳事件持反对态度，致使义和拳视其为仇敌，避难定州，才幸免于难。后应邀赴定县创办"定武中学"，先生自任主讲，开著《定武学记》一书，后又应聘转赴保定"崇实学堂"讲学。新政改革后，改书院为学堂，1903年，盐山香鱼书院改建为高等学堂，贾恩绂任董事长。先生所到之处，均以诲人不倦的精神奖掖后进，故一时英才出于先生之门者颇多。此后，京师成立"贵胄学堂"，冯国璋为总办，聘先生为教习，先生拟尽心力以开悟诸王公子弟，冀有裨于时政，然贵胄皆多为纨绔子弟，先生大失所望，于宣统元年（1909年），辞职而去。[3]贾恩绂著《定武学记》一书，阐述了自己对教育和其他社会问题的看法。他对当时所谓儒家

〔1〕 王树楠. 清大理院正卿刘公及配刘夫人合葬墓志铭[M]//卞孝萱，唐文权. 辛亥人物碑传集. 北京：团结出版社，1991：764.

〔2〕 艾素珍. 清代出版的地质学译著及特点[J]. 中国科技史料，1998，19(1)：16.

〔3〕 邓焕然，等. 国学研究家贾恩绂[M]//河北省政协文史资料委员会. 河北历史名人传：科技教育卷. 石家庄：河北人民出版社，1997：338-339.

两个派别汉学和宋学都持反对态度，认为儒家学说的真谛是"济世救民"，在具体实行时，应"大处着想，小处落墨"。[1]

马其昶的办学经历起始于吴汝纶的赴日考察。1902 年，吴汝纶出任京师大学堂总教习，5 月赴日考察学制，11 月回安庆，"约马其昶会商桐城兴学事"[2]。吴汝纶回国后，日本教习早川到了安徽，马其昶从早川那里吸收了很多现代思想。1902 年 10 月，吴汝纶创办桐城学堂，马其昶曾咏颂学堂的时代价值：

> 龙眠推皖北山水名区，其间气所钟，今岂异于古
>
> 虎视有欧西富强诸国，唯学风大竞，亡可使之存[3]

1903 年，日本教习早川要返回日本。马其昶在《送教习早川东明君还日本序》中提到了对西学的看法：

> 泰西诸国，自古不与中国通。其盛强乃尤在近今之世。挟其机轮火器以睥睨区宇，彼其所为天算、格致、创物之学，虽孔子复生，吾又知其必有取也。而吾孔子精微广大之蕴，泰西诸国既书文不同，无能骤喻，又愈益轻吾国势之孱，疑儒不足持世变。[4]

1909 年，安徽巡抚举荐马其昶，马其昶不赴部。1910 年，马其昶应学部召赴京师编礼经教材，吏部考验续到人才，不得已诣部，奉旨以学部主事用。时朝廷颁九年立宪之谕，厉行新政。官民交困，马其昶忧之，乃上万言书。一月至三月任京师大学堂经文科教员。[5] 1910 年，清廷召纂礼经读本，授学部主事，充京师大学堂教习。

姚永朴和姚永概于 1903 年同时就职于安徽高等学堂。1903 年，姚永朴教授

〔1〕　孙继民，吴宝晓，等. 燕赵历史文化名人[M]. 北京：当代中国出版社，2002：229.

〔2〕　潘务正. 晚清民国桐城文派年表简编[M]//南京大学古典文献研究所. 古典文献研究：第 9 辑. 南京：凤凰出版社，2006：320.

〔3〕　操鹏. 文都揽胜：桐城市旅游实用手册[M]. 海拉尔：内蒙古文化出版社，2000：255-256.

〔4〕　任访秋. 中国近代文学大系·散文集四[M]. 上海：上海书店出版社，1993：92-93.

〔5〕　潘务正. 晚清民国桐城文派年表简编[M]//南京大学古典文献研究所. 古典文献研究：第 9 辑. 南京：凤凰出版社，2006：323.

安徽高等学堂,为伦理学教习,编著《小学广》为教材。[1] 姚永概任职教务长,参皖学政,每以兴学育才为己任。"各行省皆兴学,以永概充安徽高等学堂教务长,改师范学堂监督。永概为人孝友笃至,其教士必根本道德,以文艺科学为户牖;与人友,披沥肝腑无不尽;广坐高谈,音响震越。安徽数更大吏,咸钦才望。"[2]1906年,姚永朴执教皖之高等学堂。安庆开办师范学堂,姚永概为监督[3]。1906年,姚永朴编辑、廉泉校阅的《中等伦理学》在文明书局出版发行。1910年,姚永朴任京师大学堂经文科教员。10月,《国文学》于京师法政学堂刊印,意在"导国人知有国者"。1911年,姚永朴仍在京师大学堂。[4]

姚永朴担任伦理学教习时与吴汝纶的思想一致。吴汝纶在学务考察中,特别欣赏教育学学科的作用。吴汝纶通过日本的教育考察和自己的反思,认为教育学是教师进行教学必备的理论基础。他看到当时日本师范学校的学生不但要学习普通学,而且要研习教育学,这样才能担任教师工作,因为教师"必应真知学徒性质,此事甚难,须教师讲求教育学、心理学,乃能体会"[5]。吴汝纶从日本考察返回到安徽桐城,是否见到姚氏兄弟,尚无从得知,但姚永朴讲授伦理学的事实证明了吴汝纶对其的教育影响。

韩德铭等187人于1910年以直隶保定官话拼音教育会名义陈请资政院另办官话简字学堂,颁行官话简字。针对简易识字学塾,保定官话拼音教育会会员的这个提案攻击学部仍用汉字而不用切音字作为普及教育的工具。在陈请的187人中,韩德铭为会长。

李景濂于1904年中进士,授内阁中书,历任直隶学校司编译处编纂、直隶高

〔1〕 潘务正.晚清民国桐城文派年表简编[M]//南京大学古典文献研究所.古典文献研究:第9辑.南京:凤凰出版社,2006:321.

〔2〕 刘梦溪.中国现代学术经典·钱基博卷[M].石家庄:河北教育出版社,1996:204.

〔3〕 潘务正.晚清民国桐城文派年表简编[M]//南京大学古典文献研究所.古典文献研究:第9辑.南京:凤凰出版社,2006:322.

〔4〕 潘务正.晚清民国桐城文派年表简编[M]//南京大学古典文献研究所.古典文献研究:第9辑.南京:凤凰出版社,2006:324.

〔5〕 吴汝纶.东游丛录卷一[M]//吴汝纶撰,施培毅、徐寿凯校点.吴汝纶全集:三集(安徽古籍丛书).合肥:黄山书社,2002:686.

等学堂汉文教务长、直隶文学馆副馆长、北京法政学堂和北洋五省优级师范学堂国文教员。

　　吴闿生于 1901 年随其父日籍门人中岛裁之游学日本，1903 年正月以父丧归国，兼习新知，从事译述，斐然有成，曾任职直隶学校司。1904 年，文明书局出版吴闿生所著的《桐城吴氏文法教科书》。1905 年，华北书局出版吴闿生编著的《桐城吴氏法律学教科书 2 卷》。

　　邢赞亭于清末留学日本。关于邢赞亭的留日情况和个人基本信息，严修在 1902 年的《严修东游日记》中说："挚师之弟子也。幼曾读全经通鉴，阅一周，十九岁始从挚师学于莲池书院，用力于古文之学。去年同吴解置来游学，入同文学院。年才二十二，甚开敏。"〔1〕邢赞亭从日本东京帝国大学法科毕业，曾任直隶优级师范学堂监督等职。

　　王仪型曾为山东师范学堂教习、监学员，又任直隶女学堂教员。著有《吴门白马丛书》，切韵之学。〔2〕

　　尚秉和当年"既至莲池，颇为吴先生所觉拔，乃六应乡举，每高荐而不第。最后二科主司拟中者再，仍不第。后乙酉科取中拔贡生，非所好也。乃绝意进取，祇秉和一人，在外游学"〔3〕。1902 年，尚秉和取优贡第四名。1904 年入进士馆，学习法政，后任巡警部主事、员外郎。1909 年入京师大学堂为教习。

　　常堉璋曾在北洋师范学堂任国文教员。袁世凯莅职以来，曾于保定创设直隶师范学堂，使毕业诸生充当教员。"比年科举停罢，多士承流负笈东瀛者接踵于道，然言文既异，旅费尤多，而世习浮嚣，整顿綦难。若内地多设完备学堂，则各省可减赀遣之繁。"〔4〕1906 年，袁世凯奏请设立北洋师范学堂以广教育，就当时情形，划为三科：完全科、专修科、简易科。专修科是根据奏定章程优级师范学堂办

　　〔1〕　严修撰，武安隆、刘玉敏点注.严修东游日记［M］.天津：天津人民出版社，1995：63.

　　〔2〕　马保超，李梅，徐立群，等.河北古今编著人物小传续［M］.石家庄：河北人民出版社，1994：125-126.

　　〔3〕　滋溪老人传［M］//尚秉和.周易尚氏学.郑州：中州古籍出版社，1994：446.

　　〔4〕　袁世凯.奏为设立北洋师范学堂以广教育折［光绪三十二年（1906 年）］［M］//璩鑫圭，等.中国近代教育史资料汇编：实业教育　师范教育.上海：上海教育出版社，2007：685.

法而设,培养各地中等学堂最缺乏某种学科之教员,分为五门科目:历史地理、博物、手工图画、数学理化、文学教育,以心理学、教育学、教授法、管理法、国文、体操为必修之科。国文是当时的必修科,常堉璋曾受古文法,能文章,由他担任国文教员的教育意义甚大。

廉泉主张开民智,提倡开办新式学堂,废科举后曾捐出住宅,协助创办竞志女学。廉泉的主要业绩在于出版业。廉泉于 1902 年创办文明书局,基于以下背景。

第一,八国联军入侵和条约签订后,关于版权条款的问题逐渐引起时人的关注,中国的文化出版事业亟须解决图书盗版问题,保护著作者和出版者的权益。

第二,新政时期国家大力兴办新式学堂,旧有教材远远不能适应新的需要,编译新式学堂所需教科书和学术著作为主要出版业务。旧时的"四书""五经"已经不能满足新式学堂的教学需求,新式教科书的编译和出版必定成为时代的需要。

第三,清政府当时未能出台版权保护法,只能利用版权保护公告或图书上的"版权所有,翻版必究"字样形式,对于盗版者只能起到震慑作用而不能根本解决问题。

廉泉创办上海文明书局的首要目标就是维护版权。1903 年,严复在京师大学堂编译局总办任上,面对上海等地将私家著述翻版盗卖的现实,上书管学大臣张百熙,陈述保护版权的重要性。廉泉创办上海文明书局的行为正好与严复相呼应。廉泉为了防止上海文明书局印书被盗印,上书申请版权保护。关于廉泉维护版权的史实,在《〈严复集〉补编》中收录了四封廉泉的《与严复书》。[1] 他在 1903 年 9 月 2 日的信函中说:

　几道先生侍右:

　　泉来保定,本拟将局务付托得人即行赴浙,查究史学斋翻印《群学》之事。

---

〔1〕 孙应祥,皮后锋.严复集(补编)[M].福州:福建人民出版社,2004:373-379.(时间分别为:1903年 7 月 25 日,1903 年 9 月 2 日,1903 年 12 月 18 日,1904 年 1 月 16 日。)

乃来此为各学堂运书事于风雨中奔驰数日,时疾大作,饮食不进者已三日。自料恐遽不起,访求西医不得,昨日得一中人而西医者,急往延治服药,已有转机,心中亦甚明了矣。浙行不果,迟则恐误事。闻《原富》亦被史学斋同时翻版,盛公已咨请浙抚提办。吾局事同一律,已发一电请盛转托浙抚同保版权,擅将大名列入……要之先生此书为吾国空前绝后之作,不得不出全力与争也。

1903 年,严复的译书《群学肄言》在文明书局出版,并在当时的《大公报》上声明了版权,严禁翻印,但对盗版者丝毫不起效力。廉泉为防止印书被盗印,曾上书管学大臣张百熙,申请版权保护,并得到管学大臣的批示。廉泉为维护版权,曾与北洋官报局发生了纠纷,通过《大公报》媒体宣传作用,激发了人们的版权保护意识,促进了政府在版权方面的立法,文明书局也成为清末最重要的出版社之一。

廉泉在开办文明书局时期,刊印新式学堂所需的教材,其中包括部分莲池书院学子的教材,如表 2-1 所示。

表 2-1　莲池书院学子与文明书局

出版时间	参编著作的基本情况
1904 年	吴闿生著《桐城吴氏文法教科书》
1906 年	姚永朴编辑、廉泉校阅《中等伦理学》
1906 年	廉泉编校《国粹教科书》(前、后编)

籍忠寅适逢"庚子国变,既定科举改试策论,应岁科试,皆列榜首。以优行贡太学,为学使陆宝忠所特赏,尝延至其家,教子弟"[1]。籍忠寅感知科举即将被废,徒以空文不足应世,遂参加直隶咨送学生赴日留学之选举,以官费往。留学日本 5 年,最后入日本早稻田大学政治经济科,因病回国。关于籍忠寅从事教育的经历及教育和管理方面的业绩,常堉璋在《籍公行状》中说:

---

〔1〕　常堉璋.籍公行状[M]//卞孝萱,唐文权.辛亥人物碑传集.北京:团结出版社,1991:550.

时当光绪三十四年,国家新政繁兴,需人才亟,凡游学归国之士,皆连茹以进。其誉望夙著者,则尤倒屣争迎。公在津养疴,直隶大吏闻公贤,时遣人致殷勤。逾年,疾平,遂任北洋法政学校教务长……先是东游之前,尝与兄筹设本村蒙养学堂。复纠合县绅,创设任邱高等小学堂。又联合同志,创立知耻学社,于京师设分社。于直隶各县教育事业,夙所究心。及任职法校,甄拔优秀,广延名师,故成才独多,至今有声于时者,犹多当时学子也。[1]

从职业角度来看,莲池书院学子在教育职业中也有不同的分工。他们或者专门从事教育教学,或者专门从事教育管理,或者两者兼而有之。但是,他们拥有共同的爱国情怀,开启民智、教育救国是他们共同的教育理想,他们用不同的社会参与方式来表达自己的救国心声。

第三节　参议政事

参议政事是历代知识分子学以致用、兼济天下的重要途径。莲池书院学子在莲池书院已经接受了一定的政治观教育,具有一定的社会政治民主化意识和能力。新政改革时期,他们开始渗入社会管理层面,维护公民权利,参政议政,参与社会生活管理。

一、投入学堂风潮

学堂风潮是清末新式学堂反抗封建社会的一个缩影。自从洋务运动以来,新式学堂的数量不断增长,及至清末新政改革时期,新式学堂的数量出现了大幅增长,学堂种类不断增加,学堂学生逐渐成为社会变迁的重要力量。新式学堂学生接受了西方民主平等的思想,开始表达自己的政治诉求,掀起学堂风潮是他们爱国救国的另一种表达方式。莲池书院学子与新式学堂具有直接或间接的关系,自然与学堂风潮也有一定的关系。下面以谷钟秀和张继为代表,叙述他们投入学堂风潮的历史事实。

---

〔1〕　常堉璋.籍公行状[M]//卞孝萱,唐文权.辛亥人物碑传集.北京:团结出版社,1991:551.

（一）谷钟秀与拒俄运动

清末新政时期,清政府的上谕提出要切实整顿京师大学堂,1902 年 12 月 17 日,京师大学堂重新开办,张百熙担任管学大臣。张百熙接手京师大学堂的时候,建议设置预科和速成科,预科作为日后升入本科的准备,而速成科分仕学馆和师范馆两馆,开办师范馆的目的是先造就一批教师人才,以储师资。张百熙认为设立速成一科,所有仕学、师范两馆学生,都是为造就人才为国家效用。但是由于学生人数较多,如无规矩以绳之,将必至纷乱而少秩序。张百熙制定了京师大学堂堂谕,对两馆办学进行严格的管理。管理条例包括堂舍规条、教习注意条规、讲堂条规、讲堂事务员职务条规、提调职务规条等。由于莲池书院的"政治学科,日召诸子。尤有进者,天演哲理"[1],谷钟秀具有一定的知识储备,顺利考入京师大学堂师范馆。

清末新政时期的新式学堂学生开始自觉担当救亡革新的重任,以南洋公学退学为个案的学潮运动,揭开了近代知识分子反封建反专制的序幕。1902 年 11 月 14 日,上海南洋公学学生发生学潮,200 余人退学,抗议学校当局禁止学生阅读新书新报、议论时政。[2] 拒俄运动又将学潮运动的视角转向了反帝潮流。当时俄国占据东三省,清政府被迫恭赠主权,国家处于危急存亡之秋,1903 年 4 月 29 日,留日学生 500 人在东京举行拒俄大会,成立拒俄义勇队,声讨沙俄侵占东北。1903 年 4 月 30 日,上海 1 200 人再次集合,成立上海拒俄义勇队。[3] 忠君爱国思想使以谷钟秀为代表的新式学堂学生不忍坐视瓜分之惨,1903 年 5 月 7 日的《大公报》刊载了由谷钟秀拟稿的《京师大学堂师范、仕学两馆学生上书管学大臣请代奏拒俄书》[4],内容包括几个方面。

首先,直接指出学生所关注的焦点问题。"天下事有欲言而不得,不言而不能,言之则不免有越职之嫌,不言则坐视瓜分之惨而不忍,如今日之东省问题是

〔1〕　吴汝纶撰,施培毅、徐寿凯校点. 吴汝纶全集:四集(安徽古籍丛书)[M]. 合肥:黄山书社,2002:1164.

〔2〕　张海鹏. 中国近代通史:第 1 卷[M]. 南京:江苏人民出版社,2009:280.

〔3〕　张海鹏. 中国近代通史:第 1 卷[M]. 南京:江苏人民出版社,2009:281.

〔4〕　杨天石,王学庄. 拒俄运动(1901—1905)[M]. 北京:中国社会科学出版社,1979:146-148.

也",表达了学生对东三省问题所具有的"忧愤而切齿"的态度。其次,学生们分析了国际局势,指出中国不仅将"自亡其国,而又牵掣全球平和之局,则亡亦不义"。最后,学生们祈奏"皇上迅速乾断,联英、日以拒俄,措天下于安也"。

然而,学生的爱国热忱却遭遇清政府的百般阻挠,在正义的爱国行动得不到保障的情况下,各地学生用激进的行为予以反抗。京师大学堂学生打毁了禁止拒俄运动的牌示。安庆的大学、武备、桐城和上海南洋公学、湖南师范馆、河南高等学堂的学生掀起退学风潮。[1] 到 1903 年底,京师大学堂学生因反对校方的阻挠而掀起了退学风潮,"结秘密社,与海内外志士联络,希图革命"[2]。京师大学堂的学界风潮与全国各地遥相呼应,爱国和革命的思想共同将反帝反封建和追求民主的誓言写在了学生爱国运动的旗帜上,谷钟秀从京师大学堂毕业后,赴日留学,后毕业于日本早稻田大学,从此,作为新式学堂学生,谷钟秀开始更加理性地探索救亡图存的道路。

(二) 张继与国民革命

近代知识分子在救国探索的实践中,思想意识发生了分化,从新政改革时期,随着民族资本主义的发展,资产阶级革命派的力量开始增长。从 1901 年至 1904 年,革命思潮汹涌澎湃。史学界未曾联系这些历史事件,谷钟秀本人亦未曾想到,京师大学堂风潮竟然得到了另一位莲池书院学子张继的声援。

张继的父亲张以南当时在莲池书院任职。张继在遗著《零星回忆》中说:"余随父到保阳读书,每年正月出门,岁暮回家。途中经过高阳城外,父盖指孙承宗嗣堂,讲明末高阳守城事。"[3]张继在此过程中产生了反清思想。张继在莲池书院时结识了日本学者中岛裁之,在其帮助下,于 1899 年赴日求学,结识了梁启超、曹汝霖、章宗祥等人。辛亥革命前,与陈独秀、邹容、章太炎、章士钊等人投入留日学生的革命活动中。他在日本早稻田专门学校政治经济系读书,"除照例上课外,专

---

〔1〕 桑兵. 晚清学堂学生与社会变迁[M]. 桂林:广西师范大学出版社,2007:80.

〔2〕 张枬,王忍之. 辛亥革命前十年间时论选集:第 1 卷(下)[M]. 北京:生活·读书·新知三联书店,1960:682.

〔3〕 张继. 零星回忆[J]. 中央日报周刊,1948(1).

在图书馆翻阅该国维新时所译之法兰西大革命、民约论等书。革命思想,沛然日滋"[1]。

1903 年 4 月,张继与邹容从日本返国,寄居爱国学社。爱国学社和中国教育会集结了一批呼唤革命的激进知识分子。为了扩大销路,《苏报》已增辟"学界风潮"专栏,报道各地学潮,以引起读者注意。[2] 1903 年,《苏报》流露出了反清的倾向。中国近代资产阶级革命派用激进的语调来阐释"国民"的含义。1903 年 5 月 27 日,邹容在《苏报》的《革命军》一文中指出了国民和奴隶的区别:

> 奴隶者,与国民相对待,而不耻于人类之贱称也。国民者,有自治之才力,有独立之性质,有参政之公权,有自由之幸福,无论所执何业,而皆得为完全无缺之人。[3]

自治、独立、参政、自由是革命派对中国国民内涵的阐释,和改良派的国民形象相比较,更为强调个人的主体性和权利意识。在革命派思想的影响下,张继这位深究经史的莲池书院学子在京师大学堂风潮爆发时,毅然拿起笔杆,声援学界风潮。张继在 1903 年 6 月 6 日的《苏报》上以"自然生"的笔名发表《祝北京大学堂学生》,指出京都学生是中央革命的原动力,鼓励学生参与革命,"望诸君自重,诸君胆壮……莫被政府威吓而敛其动,莫惜诸君之自由血而失全国人之希望"[4]。1903 年 6 月 10 日和 11 日,张继又在《苏报》连续刊载《读"严拿留学生密论"有愤》,愤怒地揭露清政府对人民的打压和媚外行径,反对清王朝对爱国运动与革命者的镇压。随着 1903 年 7 月"苏报案"的发生,《苏报》被封。由于张继在《苏报》上发表文章均未使用真实姓名,所以他在这起案件中能够幸免于难。但

---

[1] 张继. 张溥泉先生回忆录·日记[M]. 台北:文海出版社,1982:5.

[2] 王敏. 苏报案研究[M]. 上海:上海人民出版社,2010:15.

[3] 张枬,王忍之. 辛亥革命前十年间时论选集:第 1 卷(下)[M]. 北京:生活·读书·新知三联书店,1960:671.

[4] 张枬,王忍之. 辛亥革命前十年间时论选集:第 1 卷(下)[M]. 北京:生活·读书·新知三联书店,1960:683.

是,张继当年陪同邹容投案自首,"威丹慷慨赴义,余亦不能留,且愿成兄弟之美"[1]。邹容的义举深深地鼓舞了张继,1903 年 8 月,张继又继续参与创办《国民日报》,出版仅数月即停刊,但该报刊在攻击清政府、宣传革命方面也发挥了很大的言论自由作用,对于当时的革命活动具有重大的社会影响力。

张继从小接纳了老庄的自然无为思想,到日本留学又接触了无政府主义思想,他在《苏报》上发表战斗文章都冠以"自然生"笔名。从 1904 年至 1906 年,张继积极参加华兴会和同盟会的创立。1906 年回到日本时,恰遇日本社会党分裂事件和无政府主义思潮的兴起,张继等人在同盟会内部产生了分歧,并狂热地开展无政府主义活动,继续参加反对清政府和立宪派的斗争。1907 年 8 月 31 日,留日学生张继、刘师培在东京发起"社会主义讲习会"。[2]立宪派以政党号召于国内外,引起了革命派的反感。当梁启超组政闻社时,被认为是摇唇鼓舌。1907 年 10 月,梁启超在东京主持召开政闻社成立大会,被张继等捣散。1907 年 11 月和 12 月间,国内发生江浙铁路路权风潮,张继与章太炎等人采取激进方法,冲击会场,鼓吹"罢市"与"抗税",彻底反清。后来,张继又游历欧洲,无政府主义热情逐渐冷淡,随着辛亥革命的爆发,张继离开欧洲返回中国,重新投入民主革命的潮流中。

二、参与立宪运动

19 世纪末 20 世纪初,以农民群众为主体的广大民众反对清朝统治,反对帝国主义侵略,以抗捐暴动、反教会等斗争形式来瓦解统治基础,人民大众与清政府之间形成了日益尖锐的矛盾。与此同时,民族资本主义得到了发展,革命形势逐步逼近。新兴资产阶级革命派以新兴的资本主义民族工商业和民族资产阶级作为经济基础与阶级基础而渐渐崛起。1905 年,中国同盟会成立,中国资产阶级革命派作为一支新兴独立的政治力量,出现在中国的政治舞台。

---

〔1〕 张继.张溥泉先生回忆录·日记[M].台北:文海出版社,1982:6.

〔2〕 张海鹏.中国近代通史:第 1 卷[M].南京:江苏人民出版社,2009:295.

与资产阶级革命派相对应,中国在同一时期出现了一个资产阶级立宪派,立宪派分为海外立宪派和国内立宪派。海外立宪派由原来的维新派和改良派转化而来。新政改革期间,清政府承认"法令"更张的必要性,允许"国故朝章"都可"参酌中西政要",于是原来的一部分维新派人士从研究外国宪政问题发展到提出完整的"君主立宪"的政治主张,并逐渐形成自己的纲领和组织。1904 年以后,日胜俄败成为立宪战胜专制的最好证明,也成为立宪派鼓吹君主立宪的有力证据。国内主张立宪人士组成了一支不可忽视的政治力量,对于当时掌握实权的督抚和清政府都产生了重要的影响。一些驻外使臣和封疆大吏也纷纷上奏,共同呼吁立宪。

当时的中国正处于时局艰难、百端待理之际,战争赔款以及大量的军费开支使国家陷入了国困民乏、财政艰窘的境地。清末新政时期,清政府锐意社会改革,振兴商务,奖励实业,编练新军、警察,兴办学堂,广派留学,但是新政耗费颇巨,"各省举行新政,需款浩繁,虽竭罗掘之能,仍患度支之窘"〔1〕。清政府为了缓和目前的危机,认为立宪为救亡之方,有选择地采用一些立宪主张。清政府派遣五大臣出洋考察宪政,根据他们对西方政治制度的考察,清政府于 1906 年 9 月 1 日正式下诏,宣布预备仿行宪政,认为"廓清积弊,明定责成,必从官制入手,亟应先将官制分别议定,次第更张,并将各项法律详慎厘订,而又广兴教育,清理财务,整饬武备,普设巡警,使绅民明悉国政,以预备立宪基础"〔2〕。所有关于宪法之各项法令及一切机关,应责成主管衙门切实办理:民政部调查户口、筹设巡警等项;度支部清理财政、厘定税法;法部筹设各级审批厅;学部筹设教育普及等。宪政改革将新政改革推向了时代高潮。

清末国家新政繁兴,急需人才,凡游学归国之士,皆连茹以进。由于莲池书院学子大多拥有出国留学经历,加上他们在办学中能够接触管理层面,历史为他们

---

〔1〕　暂署黑龙江巡抚程德全奏举行新政需款浩繁请饬各省严禁虚耗片(光绪三十三年八月十一日)[M]//故宫博物院明清档案部.清末筹备立宪档案史料:下.北京:中华书局,1979:1015.
〔2〕　韦庆远,高放,刘文源.清末宪政史[M].北京:中国人民大学出版社,1993:148.

提供了机遇,他们在立宪运动中也能够参与设计国家政事,促进社会各个领域的发展。下面展示部分莲池书院学子参政议政的从业情状。

(一) 入职公府

梁建章于 1903 年举于乡,1904 年考入陆军学堂。后参加集训,作为第一批官费留学生被送往日本,就读于日本法政大学。留学期间,受到维新思想和实业救国思想的影响,编译了《日本地方法制通览》,具有改革中国政治的参考价值。同时探讨伦理学和水利。1907 年回国,袁世凯拟奏请委任内阁中书,他却无意居官,只愿将所学用来救世。曾先后在直隶省警务局、浙江抚衙警务局任参事。

尚秉和于 1902 年应试,以优贡第四名中举,翌年中二甲进士。又从日本人习法政两年,入清廷巡警部,任主事、员外郎。

王树楠于 1886 年中进士,后授户部主事,历任四川省铜梁、中卫、青阳、资阳等地县令和甘肃等地道台,曾入幕于张之洞。尚秉和在为其所写的行状中说:"公材力精强,自入仕,终日案牍,仍终日著书。既巡历穷边,凡山川风俗草木鸟兽之奇形诡状,恣为歌咏,发为文章。"[1]王树楠于 1906 年代理新疆布政使。新疆经济与文化落后,加上清朝国势日下,王树楠到任后,通过调查百姓的生活情况,得知不法官吏横征暴敛,税卡遍布,民众怨声载道,于是他采取了多项有力措施进行治理:创立新章,限制地方官征税;由布政司署自制库秤,统一官制度衡,设铸币局,铸造饷银、印官票;创设农业试验站,提倡种植蚕桑。[2]王树楠看到"全疆之地,皆宜耕牧,而牧之利尤大且厚"[3],在此期间,撰写《说园联》:

萃天山南北异果奇花,重编塞国群芳谱;

---

〔1〕 尚秉和. 故新疆布政使王公行状[M]//卞孝萱,唐文权. 辛亥人物碑传集. 北京:团结出版社,1991:711.

〔2〕 郭晨峰. 近代著名方志编纂学家王树楠[M]//柴汝新. 莲池书院研究. 保定:河北大学出版社,2012:240-241.

〔3〕 钱基博. 现代中国文学史[M]. 南京:江苏文艺出版社,2008:144.

教绝域人民男耕女编，三复幽风七月诗。[1]

说园原为新疆园林胜地，王树楠任职后于 1907 年倡建为农林实验场。实验场对天山南北的自然资源进行了调查，通过重编群芳谱突出了实验场在扩大再生产中的作用，"教"字反映了实验场在提高当地人民生产技术中的科学引领作用。王树楠在上联用群芳谱做比拟，下联用七月诗来描绘，突出了新疆人民兴起的耕织风气，映衬了王树楠开发边疆的理想。

（二）赴西考察

中国经自甲午、庚子之变，清政府鉴于列强政治，非立宪不足以图存，出国考察、设立宪政编查馆等成为清政府进行宪政改革的重要途径和举措。

刘若曾曾被调随五大臣赴泰西考察政治。后来，清政府设立宪政编查馆，刘若曾兼充提调。王树楠的《清大理院正卿刘公及配刘夫人合葬墓志铭》记录了刘若曾在清末宪政改革的任职以及对政治法律制度创建的作用和贡献：

> 未几，调随五大臣赴泰西考察政治，甫登轮，遇变，改随端忠敏、戴文诚两公偕往，历英、法、美、奥、匈、俄六国，又奉命游历丹麦、瑞典、那威、和兰等国，获二、三等勋章之赠者，凡八国云。公在美时，奉擢授江苏常镇通海道之命。寻以三品京堂候补，充考察政治馆提调。丙午六月，旋京，授太常寺卿。九月，改授大理院少卿，商同正卿，创兴院制，延登俊良，审画挈令，以垂式天下。司法独立，自此始。
>
> 中国自经甲午、庚子之变，朝廷鉴于列强政治，非立宪不足以图存。于是设宪政编查馆，以公兼充提调。诞章瑣目，多关决于公。寻复命为法律大臣，兼权法制院院长。宣统辛亥，升大理院正卿。公屡典要政，勤敏精详，圣眷优隆，浸浸将大用矣。[2]

---

〔1〕　国家旅游局人事劳动教育司.汉语言文学知识[M].北京：中国旅游出版社，2004：335.

〔2〕　王树楠.清大理院正卿刘公及配刘夫人合葬墓志铭[M]//卞孝萱，唐文权.辛亥人物碑传集.北京：团结出版社，1991：764.

吴闿生的赴西考察却未能如愿。清政府预备立宪,派五大臣出国考察,吴闿生被绍英选作随从。绍英对吴汝纶倍加尊崇,为大学堂提调,吴汝纶赴日考察时,他以副为行。吴汝纶从日本安全回国,得益于绍英之力。1908 年,吴闿生时在直隶总督杨士骧幕中。[1] 关于出国考察遭遇变故,险遭株连,幸免于难,吴闿生在《马佳君传》中说:

> 君由商部丞擢度支部侍郎,诏遣载泽等五人西行考察宪政,君以商部丞与在使中,约闿生与偕,登车而炸弹暴发,死伤者数人。君与徐尚书世昌皆被创,而君尤甚。于是二人皆罢使,以端方、戴鸿慈代往。已而吴樾事觉,议者疑与闿生为兄弟,法当株连,赖君力救得免。西行既阻,闿生乃从杨文敬公辟于山东。及君擢度支,复疏荐闿生为财务处总办,擢参议上行走,未几而鼎革矣。[2]

(三) 国会请愿

国会请愿是清末资产阶级立宪派针对清政府敷衍立宪而发起的要求清政府实行君主立宪政体的政治运动,1910 年发起的三次大规模国会请愿运动将清末立宪运动推向了高潮。这里介绍一部分莲池书院学子参与国会请愿的场景。

清政府在筹备立宪过程中,全国各省相应成立了省级立法机构咨议局。据近代烈士王虎臣的记述,王虎臣曾于 1907 年 11 月间,随韩德铭、梁建章等人倡办省咨议局筹备处。[3] 直隶省于 1909 年 10 月 14 日成立了直隶咨议局,1910 年 10 月取得了对直隶境内顺天府和热河都统辖区的行政审议权后,被称为顺直咨

〔1〕 潘务正. 晚清民国桐城文派年表简编[M]//南京大学古典文献研究所. 古典文献研究:第 9 辑. 南京:凤凰出版社,2006:323.
〔2〕 吴闿生. 马佳君传[M]//卞孝萱,唐文权. 辛亥人物碑传集. 北京:团结出版社,1991:681-682.
〔3〕 中国人民政治协商会议北京市委员会文史资料委员会. 文史资料选编:第 11 辑[M]. 北京:北京出版社,1981:90.

议局。顺直咨议局第一次常年会于 1909 年 10 月 14 日至 12 月 3 日在天津举行，直隶选出了 9 名咨议局议员。9 名议员中包括刘春霖、籍忠寅。1909 年 12 月，为了加速清政府实行君主立宪，十六省的咨议局各派代表三人，在上海组织国会请愿同志会。1910 年 1 月、6 月、10 月，各省咨议局代表又齐集北京进行了三次大请愿。王虎臣在 1910 年的日记中描述了韩德铭、刘培极参与其间的事实：

> 阳历四月十二日　直隶请开国会代表，举韩织古、刘宗尧诸君，集多人流涕演说，爱国热诚，发为血泪。南北辉映，足窥志士之一斑。[1]

顺直咨议局在清末国会请愿活动中起着重要的作用。在第一次请愿失败、部署第二次请愿活动过程中，1910 年 4 月 15 日，顺直绅商再次召开大会，讨论继续请求速开国会的问题。大会选举出请愿代表，包括贾恩绂、韩德铭、刘培极。第二次请愿失败后，1910 年 9 月 12 日，各省咨议局联合会在北京召开第一次会议，顺直咨议局议长阎凤阁、副议长王振尧赴京参加会议。第三次请愿失败后，顺直咨议局议长阎凤阁首先带头表示继续坚持请愿。1910 年 12 月 16 日，贾恩绂被顺直咨议局选定为第四次请愿代表。国会请愿活动的失败却促成了清末立宪派的政治团体。1911 年雷奋、籍忠寅、孙洪伊将国会请愿同志会改组为宪友会。[2] 籍忠寅、刘春霖等人被推举为直隶支部的发起人。1911 年 10 月 4 日，召开成立大会，讨论了支部章程草案，籍忠寅被选为副干事，王振尧、刘春霖被选为候补干事。

国会请愿活动不仅推动了当时宪政改革的进程，而且直接催生了中国近代政党。籍忠寅联合同志，发起宪友会，以为政党基础。1912 年 2 月，籍忠寅与范源濂等人发起了国民协进会。部分党员为清末宪友会成员，基本立场是拥袁拒孙，

---

[1]　附录：王虎臣烈士一九一〇年日记摘抄[M]//中国人民政治协商会议北京市委员会文史资料委员会. 文史资料选编：第 11 辑. 北京：北京出版社，1981：103.
[2]　《中国近代史稿》编写组. 简明中国近代史知识手册[M]. 北京：北京师范大学出版社，1974：105.

后来和其他政团合并为共和党。

西方政党制度输入中国,始于清末。当时国家准备实行宪政,移植政党制度具有一定的可能性。当时的立宪派和革命派对政党制度具有强烈的分歧。立宪派一面承戊戌时代结党立会的传统,立保皇会、帝国宪政会、政闻社等团体,一面藉言论机关传布政党观念。[1] 当时国家立宪尚在准备期,对于政党的组织问题只能徒托空言。但是,当时咨议局和资政院先后成立,立宪运动和国会请愿活动烘托了宪政改革的主题,后来又出现了由士绅阶层组建的商会、教育会、宪友会、帝国宪政实进会等。日本学者宗方小太郎在《中国的政党结社》中说:

> 至光绪末年,政治性会党日见其多,尤经甲午之战、戊戌政变,政府纲纪弛废之状暴露,国人言政事得失者渐众,以致形成政治性会党组织。特别是日俄战争之后,宪政预备上谕颁发,继而两宫崩御、宣统即位而设咨议局、资政院,及组织公开政党,遂开官民交争之端。[2]

宪政改革促进了政团组织的发展,各种政团组织的组织管理制度可以称作政党制度的萌芽。

帝国宪政实进会由资政院议员提倡发起,调和资政院内外意见。其作为政党出现,制定了政纲行动:尊重君主立宪政体,关注上下之情,保持宪政精神。发展地方自治能力,增进人民事业,巩固宪政基础。斟酌现状、筹划政治社会之改良。根据事业,以图机构法律之完善。注重普通教育,确定教育方针。整理财政,以图经济前途之稳固。振兴实业,以图人民生计之发达。研究外交政策,加强国际交涉之权力。充实军备。梁建章、刘培极、刘春霖作为该会顺直成员。[3]

宪友会是在第二届全国咨议局联合会开会期间,由各省代表中的有力人士发起组织的。该会以发展民权、完成宪政为目的。政纲包括尊重君主立宪政体,督

〔1〕 张玉法.民国初年的政党[M].长沙:岳麓书社,2004:10.

〔2〕 汤志钧.乘桴新获——从戊戌到辛亥[M].南京:江苏古籍出版社,1990:219.

〔3〕 汤志钧.乘桴新获——从戊戌到辛亥[M].南京:江苏古籍出版社,1990:225-226.

促责任内阁,整理各省政务,开发社会经济,讲究国民外交,提倡尚武教育。当时重要成员包括籍忠寅、刘春霖。[1]

以籍忠寅为代表的莲池书院学子参与国会请愿活动,推动了清末宪政改革,为政团政党制度建设奠定了基础。例如,籍忠寅在任职法校期间,当选为直隶咨议局议员,后又当选为资政院议员,完全投身政界。常堉璋在《籍公行状》中说:

> 在法校三年,以其间当选为直隶咨议局议员,旋由局互选为资政院议员。自是投身政界,与海内贤豪,以是非相切磋,而政争始矣。资政院者,清廷预备立宪所设之立法机关也。议员钦选民选参半。民选即各省咨议局所选,皆海内知名之士,实左右院议。公乃联合同志,发起宪友会,以为政党基础。其大议,则劾军机大臣庆王奕劻,劾邮传大臣盛宣怀,审查预算,颁定新刑律,颁布十九信条,公皆主议者也。[2]

(四)论宪政

宪政改革是清末社会改革的核心内容。从 1906 年至 1910 年,清政府从预备仿行宪政阶段进入了实施阶段,议定官制,厘定法律,所有关于宪法之各项法令责成主管衙门切实办理。但是,宪政改革的成效也引起了时人的质疑,马其昶当时直笔宪政。

1910 年,马其昶委以学部主事。"学部聘之编辑《礼经课本》,遂入都。会吏部奏请考验续到人才,随同报到;特旨以学部主事补用;观政两月,即实授。其昶睹当国之操切,哀民生之况瘁,《上皇帝疏》不啻痛哭言之。"[3]当时清政府颁布九年立宪之谕,马其昶目睹民生状况,在《上皇帝疏》中指出:

> 方今朝廷发愤图治,罢科举,兴学堂,奖游学,设巡警,广征兵,劝工业,启

---

〔1〕 汤志钧. 乘桴新获——从戊戌到辛亥[M]. 南京:江苏古籍出版社,1990:229.

〔2〕 常堉璋. 籍公行状[M]//卞孝萱,唐文权. 辛亥人物碑传集. 北京:团结出版社,1991:551.

〔3〕 刘梦溪. 中国现代学术经典·钱基博卷[M]. 石家庄:河北教育出版社,1996:197.

商会,变刑律,改官制,开咨议局,许地方自治,甚至损独裁威福之柄,定九年立宪之期,宜若富强之效可睹矣。而天下乃反岌岌不终日,此何故也? 则以凡事务其虚名,而百姓受其实祸也。盖天下之穷甚矣。[1]

马其昶开始直指新政弊病,然后从甲午、庚子赔款到新政加捐,描述了物价腾踊、贫者不能生存的现状,深刻揭露了朝廷上下的敷衍之心。马其昶接着对朝廷提出了建议,要以养民为重,更要重视民意:

> 臣愿陛下施行新政,首戒搜刮民财……开源之道在兴实业,搜刮民财非开源也。政无论新旧,要以养民为主……今四方之士奔走呼号,一再请开国会而不止者,亦痛所行之无实效,欲借国会以监督之也。夫朝廷既以立宪为可行矣,何不与民更始坦然听之乎? 而又不即许,是于宪政犹有疑也……既以立宪启其机,又欲专制遏其气,是授之口实而速之乱也。[2]

马其昶认为,国家的根本之计在于厚民生。"今天下民穷至此,盗多如此,唯兴办实业,庶游民可以渐少,生计可以渐饶。然实业费巨非国力维持,决无能办之理。国帑耗于海军,又决无能办实业之期"[3],养兵耗财,生财需要实业,他希望清政府能够"速罢不切之务而课实,以责新政之行,节省海军经费,以兴办实业"[4]。

马其昶的《上皇帝疏》可谓一份对宪政改革的总结与评价,也提出了许多具体的建议。他从学者的视角,将自己对宪政的理解融入了当时全国兴起的国会请愿潮流中。

莲池书院学子虽然具有相同的教育背景,但由于各人所处的社会环境不同,个体的体悟和人生抉择具有一定的自主性,从而使他们的思想、社会活动方式具有一定的差异性和个性,逐步促成了职业的社会分化,这种社会分化恰好反映了他们丰富的情感和不同的爱国举措。

---

[1] 任访秋.中国近代文学大系·散文集四[M].上海:上海书店出版社,1993:95.
[2] 任访秋.中国近代文学大系·散文集四[M].上海:上海书店出版社,1993:97-98.
[3] 任访秋.中国近代文学大系·散文集四[M].上海:上海书店出版社,1993:102.
[4] 任访秋.中国近代文学大系·散文集四[M].上海:上海书店出版社,1993:104.

　　莲池书院学子经历了清末维新运动和新政改革。作为中国近代知识分子的代表,他们在社会变迁过程中也扮演了二重角色。一方面,他们善于吸纳时代文化和新型价值观,直面现实,逐渐由传统的帝师王佐角色向创造文化的近代型知识分子转化。另一方面,他们以新式学堂为主阵地,在传输近代文化的过程中进行了自我选择和扬弃。莲池书院学子的思想和社会活动领域越过了教育的藩篱,开始向社会经济、政治领域扩展,随着民国的建立,他们在国体变更和社会纷争中再次进行职业的选择与人生定位。

第三章

莲池书院学子民国从业状况

第一节　在创建民国中的身影

中华民国(1912—1949 年)是辛亥革命以后建立的民主共和国,简称民国。辛亥革命推翻了清王朝,建立了资产阶级民主共和国,赋予民众一定的权利和自由,提高了民族资产阶级的政治地位。但是,共和与专制成为贯穿民国前期政局的两大主线,本节在此描述部分莲池书院学子在共和与专制氛围中的心路历程与创建民国的场景。

一、参与南北议和

1911 年 10 月 10 日,武昌起义的枪声打破了清朝政府皇权专制统治的格局。10 月 11 日,中华国民军政府(后改名为中华民国军政府)在武汉成立,颁布法令,宣告中华民国的成立;发布檄文,号召各省起义,推翻清王朝的统治。截至 1911 年 12 月,独立各省云集南京,南京临时政府正式成立。中华民国初建时期经历了武昌起义、南北议和、临时政府成立等重大历史事件,冯国璋、谷钟秀、傅增湘、刘若曾参与其间,并在民国初期南北议和中扮演了重要的社会角色。

冯国璋在民国初建时的作用在于促成了南北议和活动。1911 年 10 月 14 日,清政府编组军队,冯国璋督率第二军。他对袁世凯的旨意心领神会,迟滞不进。"十七日,接各方报告如左:袁世凯、冯国璋明南下之清军,于黄河以南所有铁道铁桥车站及电局,均派重兵把守,但袁世凯之大本营在孝感,冯国璋之司令部在汉口。"[1]10 月 27 日,清政府委任袁世凯为钦差大臣,冯国璋为第一军督率,担任前方作战任务。有传记曰:"辛亥武昌事起,授第一军军统,初战不利,未几,民军败。遂复夏口,纵火焚之,乘胜复汉阳,大败黄兴等军。"[2]袁世凯进驻湖北孝感,亲自督战,冯国璋受命猛攻汉口。袁世凯命令冯国璋率领北洋军攻克汉口、汉阳,又以炮火攻击武昌,从而促成了南北议和活动。正当冯国璋意欲过江攻克武昌而建功立业时,却被袁世凯调离第一线,冯国璋为此心生不满。

---

〔1〕 张国淦.辛亥革命史料[M].香港:大东图书公司,1980:153.
〔2〕 沃丘仲子.当代名人小传[M].台北:文海出版社,1986:17.

谷钟秀当时是以直隶省代表身份参加"各省都督府代表联合会"会议，亲历了鄂、沪争当权力中心的纠纷。在刘星楠的《辛亥各省代表会议日志》中，清晰地记载了这些历史事实（以下时间均为阴历）[1]：

在上海

清宣统三年辛亥，阴历九月二十二日　请各省派遣代表来沪，会商组织临时政府。

九月二十五日　在上海江苏总会开会，议决本会定名各省都督府代表联合会。

十月初七日　直隶咨议局代表谷钟秀、张铭勋，河南咨议局代表黄可权到会。

十月初八日 林长民、汤尔和、陈时夏、谷钟秀、张铭勋到会。

议决：电武昌黎都督，报告赴鄂代表，本日启行。

议决：通电各省都督府咨议局，报告各省代表赴鄂议组织临时政府，沪设通信机关于西门江苏教育总会。

在武昌

十月初十日　议决：答复清军统冯国璋停战条款。

十月十二日　雷奋、袁希洛、马君武、谷钟秀、黄可权、汤尔和、陈时夏到会。

议决：先规定临时政府组织大纲。

十月十三日 谷钟秀到会。

议决：中华民国临时政府组织大纲。

在南京

十月二十二日　直隶代表谷钟秀……齐集南京，在江苏咨议局开会。

从十月二十四日至十一月十二日，全体代表到会。

代理参议院

〔1〕　刘星楠. 辛亥各省代表会议日志[M]//中国人民政治协商会议全国委员会文史资料研究委员会. 辛亥革命回忆录：第 6 册. 北京：中华书局，1963：241-260.

中华民国元年一月一日(辛亥十一月十三日),全体代表到会。临时大总统孙中山行受职礼。

一月二日,全体代表到会。

一月三日,谷钟秀参议临时副总统选举会。

一月十七日,十三省参议员,出席二十二人,谷钟秀出席。

一月十八日,十三省参议员,出席十五人,谷钟秀出席。

一月十九日,十一省参议员,出席十三人,谷钟秀出席。

一月二十日,出席十五人,谷钟秀出席。

一月二十二日,出席二十人,谷钟秀出席。

一月二十三日,出席二十人,谷钟秀出席。

一月二十四日,出席二十一人,谷钟秀出席。

一月二十五日,出席二十一人,谷钟秀出席。

一月二十六日,出席二十三人,谷钟秀出席。

一月二十七日,出席二十二人,谷钟秀出席。

一月二十八日,南京临时参议院正式成立。

以上史料显示,谷钟秀参与了民国初建的整个过程。1911 年 11 月 7 日,鄂军都督府发出通电,电请各省派员至武昌组建临时政府。黎元洪的电报由于芜湖至九江间电缆损坏,江、浙、沪未曾收到。[1] 1911 年 11 月 9 日,湖北都督黎元洪通电各省,请派代表赴武昌,组建临时政府。11 月 11 日,浙江都督汤寿潜、江苏都督程德全致电沪军都督陈其美,提议在上海设立临时议事机构。13 日,陈其美致电各省代表赴沪开会。各省对于两种创议都表示响应。上海交通便利,武昌当时正面对清军冯国璋部的进攻,各省代表于 11 月 15 日赴沪,在上海召开了第一次会议,议决定名为各省都督府代表联合会。后来,黎元洪频频发函,督促各省代表赴鄂开会。这场纠纷的实质是立宪派与革命派的较量。程德全、汤寿潜等立宪派既对清政府丧失信心,又想在各省扩充势力,他们试图取消沪军都督府,操纵政局,但受到沪军都督陈其美的阻挠。程德全、汤寿潜首先发报于陈其美,被迫承认

---

〔1〕 徐矛. 中华民国政治制度史[M]. 上海:上海人民出版社,1992:23.

沪军都督的存在,陈其美的响应是为了摆脱旧势力的控制,为了争夺组建中央政府的权力,江浙集团和沪军都督自然暂时联结。

1911年12月2日,江浙联军攻克南京。4日,留在上海的代表开会并议决以南京为临时政府所在地。在武昌的代表得知南京克复后,也于4日议决以南京为临时政府所在地,要求各代表齐集南京,召开临时大总统选举会。武昌方面以黎元洪的名义致电上海,要求取消前议。在武昌的各省代表到达南京后,就临时大总统的人选又开始争执不休。从11月29日至12月3日,11省及沪军都督府代表共23人,先后到达武汉,于11月30日召开第一次会议,从11月30日至12月7日,会议议决了一些事项。例如,12月2日,选举雷奋等人起草《临时政府组织大纲》,并议决:如果袁世凯反正,当公举为临时大总统。12月3日,代表会议又通过了《中华民国临时政府组织大纲》。按照会议规则,直隶省属于未独立省,未独立各省由旧咨议局所派的代表有出席议事权,但无投票权。代表直隶省的谷钟秀和代表河南省的黄可权无资格签名。[1]

傅增湘和刘若曾也随着民国初建的政治形势而参与其间,在南北议和中作为北方代表。1911年12月7日,清政府任命袁世凯为议和全权大臣。袁世凯奉谕后,即委托唐绍仪为全权大臣总代表,严修、杨士琦为代表(严修未行),以汪兆铭、魏宸组、杨度为参赞,又以在京每省一人为各省代表[2],齐赴南方讨论大局。唐绍仪主张"共和",杨士琦维持"君主"。据赵秉钧所言:

> 其实唐主共和,就其辞气间,可以断定。杨士琦则以袁之意旨为意旨,曾未露出一字。汪、魏、杨度,分野显然。袁派此三人,当亦有深意。各省代表,直隶刘若曾、山东周自齐……四川傅增湘等均以全权大臣名义,用照会分致各代表。次日,袁约各代表谈话,到者十余人,袁就座,发表意见,谓:"君主制度,万万不可变更,本人世受国恩,不幸局势如此,更当捐躯图报,只有维持君宪到底,不知其它。"反复推论至数十分钟,语极沈痛,各代表退后,如刘若曾等,喜形于色,以为君主绝无问题。[3]

---

〔1〕 廖大伟. 辛亥革命与民初政治转型[M]. 北京:中国社会科学出版社,2008:99.
〔2〕 张国淦. 辛亥革命史料[M]. 香港:大东图书公司,1980:288.
〔3〕 张国淦. 辛亥革命史料[M]. 香港:大东图书公司,1980:289.

傅增湘在《藏园居士六十自述》中回忆道："辛亥十月,唐君少川奉命南行议和,余以参议偕往。"[1]

1911 年 12 月 9 日,11 省革命军政府公推伍廷芳与唐绍仪谈判。同日,唐绍仪抵达汉口,到武昌会晤黎元洪,商定在上海开会。17 日,唐绍仪到达上海。截至 12 月底,双方进行了五次会议(18、20 日、29 日、30 日、31 日)。第一次讨论停战问题,第二次讨论"国体"问题,后三次讨论要召开"国民会议"来议决"国体"问题。12 月 29 日,17 省代表齐集南京,正式选举临时大总统。据会议代表谷钟秀 1914 年的回忆,当日到会者共 17 省 43 人。[2] 孙中山当选为中华民国临时大总统,1912 年 1 月 1 日,孙中山在南京宣誓就职,宣告中华民国成立。

南北议和所争论的焦点在于君主立宪和民主共和,实质还是在于权力的归属层面。袁世凯假借革命党的共和名义胁迫清帝退位,1912 年 2 月 12 日,宣统帝下诏退位,袁世凯第二天就通电声明赞成共和。孙中山向南京参议院提出辞职,南京参议院选举袁世凯为临时大总统。1912 年 3 月,袁世凯在北京就任中华民国临时大总统。

二、组建政团

民国初年,共和初建,清末立宪派、革命派和清朝官僚阶层经过了战争的洗礼与思想的分化集结过程,形成了数百个党、会、社等群体组织,竭力尝试西方的民主制度,其中,政党制度和行政建设是社会制度建设的核心,呈现了政党政治繁荣的景象。政党制度起于英国,风行于世界,英、美、法、德、日等国的两党制或多党制的政纲成为国人组建政党的理论来源。但由于西方各国政党制度尚处于发展过程,为民国初期所借鉴的政党制度自然处于纷争和摸索中。

在清末政团基础上,民初政党政治繁荣,政团数量逐渐扩大,有人将民初政团简介如下[3]。1911 年成立的政团:文学社、宪友会、辛亥俱乐部、帝国宪政实进

[1] 傅增湘. 藏园居士六十自述[M]//卞孝萱,唐文权. 辛亥人物碑传集.北京:团结出版社,1991:431.

[2] 廖大伟. 辛亥革命与民初政治转型[M]. 北京:中国社会科学出版社,2008:107.

[3] 民初政团简表[M]//朱汉国,杨群. 中华民国史:第 10 册.成都:四川人民出版社,2006:69-70.

会、北方共和会、中国社会党、共和建设会、商界共和团。1912 年成立的政团：民社、中华民国工党、统一党、宗社党、国民协会、自由党、共和实进会、国民党、中华共和促进会、宪政党、国民共进会、国民协进会、国民公党、民国新政社、共和统一会、中华进步党、统一共和党、民国公会、洗城会、公民急进党、共和党、国民党、民主党、孔教会、共和建设讨论会。1913 年成立的政团：进步党、公民党、民宪党。1914 年成立的政团：国民竞进党、中华革命党。1919 年成立的政团：中国国民党。从 1911 年至 1919 年,在上面所列举的 39 个政团中,1912 年所占的比例极大,占 64％。还有学者统计,武昌革命爆发后,迄于 1913 年底,新兴的公开党会,据初步统计,凡 682 个。计政治类 312 个。[1] 士、农、工、商,各依其主义,组织会党,致使大小党社林立各省。[2] 各个政团的目标愈益明确,动机强烈。在 312 个政治性党会中,有些具备政党性质,有些仅系为达成某一种目的的压力团体,有些则是社会运动者。[3] 政团林立和政团种类繁多的现象体现了中国近代资产阶级对参议政事的热情和向往,推进了共和观念的渗透。

　　莲池书院学子经历了民初的政治动荡,但他们在清末组建政团的基础上,继续组建政团,参与政治活动。

　　1912 年 3 月,籍忠寅和范源濂在天津成立国民协进会。1912 年 4 月 11 日,谷钟秀和张耀曾在南京组建统一共和党,后迁北京,谷钟秀成为党内的实际领袖。各个政党逐渐走向联合。1912 年 5 月 9 日,统一党、民社、民国公会、国民共进会、国民协进会、国民党联合组成共和党,黎元洪为理事长。[4] 同年,由共和统一会、共和建设讨论会、国民协会、中华共和促进会、共和俱进会、民国新政社六团体合并改组民主党,涣小群而成大群,以普及政治教育、调和政团党见为宗旨。民主党在直隶设立了民主党直隶支部,贾恩绂、步其诰、崔谨、韩德铭为常务干事。[5]
1913 年 10 月,谷钟秀和张耀曾在北京组建民宪党。由于改组或跨党,上述政治团

〔1〕　张玉法.民国初年的政党[M].长沙：岳麓书社,2004：32.

〔2〕　汤志钧.乘桴新获——从戊戌到辛亥[M].南京：江苏古籍出版社,1990：218.

〔3〕　张玉法.民国初年的政党[M].长沙：岳麓书社,2004：35.

〔4〕　张海鹏.中国近代通史：第 1 卷[M].南京：江苏人民出版社,2009：314.

〔5〕　中国第二历史档案馆.中华民国史档案资料汇编：第 3 辑　政治[M].南京：江苏古籍出版社,1991：642-643.

体常常拥有共同的党员。谷钟秀有 6 党籍。[1]

王树楠在《清大理院正卿刘公及配刘夫人合葬墓志铭》中写到刘若曾："国变顿作,公痛王室沦亡,闭门谢客。而当道者以桑梓涂炭,强公出而拯救之,遂任直隶布政,兼内务、财政两司长。改直隶民政长,非其志也。寻充政治会议委员,参政院参政,公府高等顾问,公始脱然无累,优游林下者十余年。"[2]1913 年 12 月 9 日,身为直隶民政长的刘若曾呈请《关于政友会直隶支部成立情形呈》,呈请于 12 月 16 日正式成立政友会直隶支部,并附《政友会规约》30 条。第一条:本党以巩固共和、发展国力、实行世界的国家主义为政纲。第二条:本党依据政纲,应时与事之要求,发展政见,以期实行。[3]

民初政党的勃兴也意味着政党的冲突。由于对待政府的态度不一,政纲精神不统一,以及社会影响力的方向和程度不同,有研究认为,民初就国会中对立的党派而言,大体不出激进与保守两派。[4]

激进派政党经历了同盟会、共和统一会、国民党和民宪党的发展过程。中国同盟会是清末的秘密革命组织,本部设于东京,支分部设于海内外各地。1911 年 11 月,上海光复后,本部移至上海。1912 年 1 月 20 日,同盟会员在南京开会,改选总理。1912 年 3 月 3 日,同盟会在南京开会,改同盟会为政党,并公布会纲、选举职员,张继被选为干事。1912 年 5 月初,同盟会本部移北京,张继任交际部职员。统一共和党于 1912 年 4 月 11 日成立于南京。该党由谷钟秀等的共和统一会、国民共进会、政治谈话会合并而成。共和统一会脱胎于宪友会,成立于北京,由谷钟秀等人组建,谷钟秀当时被选为南京临时参议院议员。由于上述政党的组建人员和谷钟秀,同为南京临时参议院议员,统一共和党就由他们列名发起。关于部分莲池书院学子在共和党内部的任职情况和参与民国第一届国会的情况,如表 3-1 和表 3-2 所示。

---

〔1〕 张玉法. 民国初年的政党[M]. 长沙:岳麓书社,2004:35.

〔2〕 王树楠. 清大理院正卿刘公及配刘夫人合葬墓志铭[M]//卞孝萱,唐文权. 辛亥人物碑传集. 北京:团结出版社,1991:764.

〔3〕 刘若曾. 关于政友会直隶支部成立情形呈[M]//中国第二历史档案馆. 北洋军阀统治时期的党派. 北京:档案出版社,1994:267-268.

〔4〕 此部分参考了张玉法. 民国初年的政党[M]. 长沙:岳麓书社,2004:30-135.

表 3-1　部分莲池书院学子在共和党内部的任职情况

内　部　任　职	莲池书院学子姓名
共和党参议员	籍忠寅
共和党交际员	梁建章、常堉璋、刘培极、邓毓怡、刘吟皋
共和党政务研究部研究委员	籍忠寅、常堉璋
共和党政务研究部调查委员	邓毓怡

表 3-2　部分莲池书院学子参与民国第一届国会的情况

参议院议长	张继
参议院议员	籍忠寅、张继
众议院议员	邓毓怡、常堉璋、谷钟秀、李景濂

　　1912 年 8 月 25 日,国民党在北京召开成立大会,六党包括同盟会、统一共和党、国民共进会、共和实进会、国民公党、全国联合进行会,统一共和党由谷钟秀代表。会议选举张继为临时主席,报告开会宗旨。谷钟秀被选为政事部主任干事,其下主管干事及干事共 148 人。后来,随着国民党发动二次革命,国民党内部发生了分化,如谷钟秀等原属统一共和党的国民党员也密议退出。1913 年 8 月 7 日,以谷钟秀等为代表的国民党本部负责人邀集国民党两院议员在本部开会,宣言不变更组织。1913 年 10 月 21 日,民宪党由国民党、进步党、新共和党等重新组成。由于各人对本党感到失意,袁世凯正式当选大总统后,恣意破坏宪法的制定,对宪政抱有热望的各党人士重新组党,谷钟秀代表了国民党。

　　临时参议院时期的保守派政党包括统一党、共和党、民主党。正式国会时期的保守派政党有进步党、公民党和大中党。1912 年 5 月 9 日,由民社、统一党、国民协进会、民国公会、国民共进会等组成的共和党在上海成立。国民协进会脱胎于清末宪友会,与梁启超有关,由籍忠寅等人倡组,于 1912 年 3 月 18 日成立于北京。国民协进会是袁世凯的外围组织,当时籍忠寅担任北洋法政学堂监督,顺应袁世凯的旨意,籍忠寅在国民协进会中任常务干事。共和党成立时,籍忠寅又任干事。

南京临时政府是以资产阶级革命派为主体的革命政府,借鉴了西方资产阶级三权分立的原则,行政、立法、司法各自独立,由临时大总统和行政部门行使行政权,临时参议院行使立法权,中央审判所行使司法权。1912 年 5 月 7 日,临时参议院议决,国会采两院制,定名为参议院和众议院。[1] 从 1912 年 8 月至 1913 年 4 月,全国各省区进行了第一届国会的选举工作。邓毓怡作为顺天府代表,杜之堂作为顺德府代表,参加了临时省议会的选举工作。[2]

1913 年 2 月 4 日,北京参议院、众议院复选,国民党得 392 席,占绝对多数。共和党、统一党、民主党三党总计仅获 223 席,其他党籍不明者占 255 席。[3] 3 月 20 日,宋教仁遇刺。1913 年 4 月 8 日,中华民国第一届国会在京开幕,到会议员 682 人,其中参议员 179 名,众议员 503 名。分设参、众两院。[3] 国民、共和、统一、民主四大政党对立。国民党势力最大,于众议院 596 席中占 269 席,于参议院 274 席中占 123 席。[4]

民国初年各个政团的政治目标愈益明确,政治动机强烈,突出了政党需求,并以政党形式进行公开竞争。政党和国会是民国初年资产阶级政治权力的代表,国会是政党实现政治理想的活动中心,民国初年政党在国会选举中产生了相当大的作用,政党竞选体现了当时政治角逐的局面。

根据上述莲池书院学子参与民国初年政治活动的场景,下面以籍忠寅和张继为例,展示莲池书院学子在民国初年政治活动中的风采。

籍忠寅对于国会和选举制度的建立具有重大的作用与影响。常堉璋在《籍公行状》中对当时籍忠寅在民初政党政治活动中的地位和作用进行了中肯的描述与评价:

> 清廷逊政,国体更始,临时参议院成立,公(籍忠寅)复被选为议员。当是时,海内想望太平,以为新国家宜革官僚政治,而崇政党政治。于是政客蜂

〔1〕 张海鹏. 中国近代通史:第 1 卷[M]. 南京:江苏人民出版社,2009:314.

〔2〕 中国第二历史档案馆. 中华民国史档案资料汇编:第 3 辑　政治[M]. 南京:江苏古籍出版社,1991:379.

〔3〕 张海鹏. 中国近代通史:第 1 卷[M]. 南京:江苏人民出版社,2009:317.

〔4〕 张玉法:民国初年的政党[M]. 长沙:岳麓书社,2004:71.

起，团体林立，同盟会亦以革命团体改组为政党，号曰国民党，声势奕赫。公以为先进国成例，宜有急进缓进两党，相抵而后相成。先已与同志发起国民协进会，至是复历走江湖，联络民国公会、统一党、民社，合并为共和党，公任本部干事。参议院既开，惟共和、国民两党对峙，而民主党以少数与共和党相提携。公遇事与国民党员讨论折冲，其言论风采，著在国人耳目，而成绩则国会组织法、参众院议员选举法、省议会暂行法、省会议员选举法，其最著也。国会者，国人心目中宪政之权舆，而尤公意想中政党政治之所发源也。当选举之际，公以党部干事，悉心规画。其时选举初行，犹以人才为标准，非若后来之金钱可以运动也，故结果本党得人为盛。及开会，复并合民主党、统一党为进步党，居然两大党对峙之形势矣。国会议宪法，两党争议最多，公常当其冲。[1]

张继于 1911 年 12 月回到上海，立即投入革命斗争中，他聚众讲演，募集革命经费。1913 年 3 月当选为参议员。国会成立后，首先进行参议院和众议院的选举。1913 年 4 月，参议院卒用记名投票选出国民党籍议员张继为议长。张继也积极履行国会的职责，行使国会的政治权力。国民党虽然在参议院获胜，但在众议院则归于失败。宋教仁遇刺事件激起国民党发起讨袁行为，就在国会选举议长的同时，"善后大借款"事件更为国民党火上浇油。国民党担心袁世凯利用借款来扩充实力，破坏民主共和建设，遂于 1913 年 4 月 28 日参议院开会决议，要求政府派员出席会议并说明借款事项。张继作为当时北京国会国民党籍的参议院议长，设法阻止善后大借款的签字行为。由于袁世凯拒不接见，张继和副议长王正廷通电全国，指出借款危害者三：一，不交正式国会通过，蹂躏立法机关；二，许外人为总办，丧失主权；三，政府擅借大宗借款，反谓前参议院已经通过，祸国殃民。[2]张继又联合国民党籍议员向袁世凯提出质问书，国会反对"善后大借款"的斗争竟然持续一个多月，张继感受到了国会和宪法的无奈，遂于 1913 年 6 月初南下上海与孙中山会合，参加"二次革命"。后由于革命失败，追随孙中山赴日，直到 1916

〔1〕 常堉璋.籍公行状[M]//卞孝萱,唐文权.辛亥人物碑传集.北京：团结出版社,1991：551-552.
〔2〕 张华腾.洪宪帝制：袁氏帝梦破灭记[M].北京：中华书局,2007：20.

年回国,并为西南护国军筹措军费。

三、参与护国运动

(一)民初的政治斗争

辛亥革命胜利后,革命党人对于共和的盲目乐观促成了对袁世凯及新政府的一种妥协局面,忽略了革命基础的加固和力量建设,削弱了民主共和的群众基础。"宋案"随之发生,国民党的政治理想受挫。1913 年 10 月 6 日,国会投票选举总统,两院议员出席者共 703 人。会议开始后,"公民团"包围国会,胁迫议员选袁世凯为总统。连选三次,袁以 507 票当选。次日选举黎元洪为副总统。[1] 1913 年 10 月 10 日,袁世凯正式就任中华民国大总统。袁世凯对于国会制定宪法持抵制态度,当国民党籍议员张继南下参加"二次革命"时,绝大多数议员留在北京,袁世凯对议员能保持客气。一旦获选,袁世凯的态度却随之改变。1913 年 10 月 31 日,《天坛宪法草案》通过。"宪法起草委员会"成立后即着手宪法草案的拟订,于 1913 年 10 月定名为《中华民国宪法草案》。它规定采用内阁制,遭到了袁世凯的指责和通电反对。1913 年 11 月 4 日,袁世凯下令解散国民党,追缴该党国会议员证书、徽章等,被剥夺议员资格者达 400 余人,致使两院人数不足半数,陷于停顿。1913 年 11 月 12 日,袁世凯下令取消各省国民党议员资格。1913 年 11 月 13 日,参、众两院院长发表声明,国民党议员被取消资格,国会不足法定人数,不能开会,于 14 日起停发议事日程。[1]

袁世凯曾电告各省都督,表明了决不恢复帝制的决心,情见乎辞。但是,随着政态的发展,国务院和总统府的权限关系开始发生变化,谷钟秀在《袁世凯与民初的政治斗争》中写道:

> 陆内阁时代,事无大小,皆总统府决之。赵内阁时代,则直移国务会议于总统府,国务院无所谓国务会议,形式上虽有会议,然仅裁决较为微细之事务。后各部派遣参事司长等,为入值国务院之专员,组织一委员会,凡国务院所有事务,率先下委员会审议,似形式上之国务会议,又转寄于委员会,国务

---

[1] 张海鹏. 中国近代通史:第 1 卷[M]. 南京:江苏人民出版社,2009:320.

员上承总统之指挥，下受委员会之成议，国务院组织之精神，已全然不存在，此可谓总统制之预备时代。至熊内阁成立，国务总理熊希龄忽倡负责任之议，识者已知其捍格而不入，然一时国务院之权限，似又渐趋于膨胀。未几总统制之说盛行，熊内阁失败以去。寻新《约法》公布，正总统制之名义，而国务院遂废。[1]

1914 年 1 月 10 日，袁世凯宣布停止参、众两院议员职务，一律资遣回籍。同年 2 月 28 日，袁世凯下令解散各省省议会。[2] 1914 年 5 月 1 日，《中华民国约法》公布，放弃内阁制，实行总统制。设参政院为咨询机关，代行立法院职权；大总统可以不经立法机关同意，行使官吏任免、宣战媾和等权力。大总统可以解散立法机关，而立法机关无弹劾大总统的权力。袁世凯废国务院，于总统府内设政事堂，任命徐世昌为国务卿。5 月 26 日，根据袁世凯颁布的《参政院组织法》，组成参政院，以黎元洪为议长，停止其他政治会议。[3] 袁世凯镇压了革命党人的反抗，利用国会当选为正式大总统后，随即抛弃他所利用的党派。这些党派人士识破了袁世凯的专制面目后，成为日后反袁的重要力量。

（二）莲池书院学子与护国运动

护国运动是辛亥革命后发起的反对袁世凯复辟帝制的运动。由于袁世凯在 1915 年 12 月于北京宣布接受帝制，南方将领唐继尧、蔡锷、李烈钧等在云南宣布独立，并且出兵讨袁。政治力量与各种反袁势力集结起来，发起护国运动，并发起了以西南地区为主的护国战争。在声势浩大的护国运动中，莲池书院学子展现了爱国热忱和历史使命感，他们在不同的情境中，通过各种途径参加护国运动，并作出了自己正确的人生抉择。

籍忠寅在袁世凯解散国会后，暂时避而远之，后任天津中国银行副经理和云南财政厅厅长。当云南举义讨袁时，籍忠寅奔赴云南，在云南都督府任财政

---

〔1〕　谷钟秀.袁世凯与民初的政治斗争[M]//戴逸,汪润元.中国近代史通鉴:民国初年.北京:红旗出版社,1997:379.

〔2〕　张海鹏.中国近代通史:第1卷[M].南京:江苏人民出版社,2009:321.

〔3〕　张海鹏.中国近代通史:第1卷[M].南京:江苏人民出版社,2009:322.

厅厅长。籍忠寅任云南护国军参议。[1] 常堉璋在《籍公行状》中作出如下详述：

> 项城袁氏当国，以其所议草案，不便己私也，操纵而倾轧之，遂有癸丑二
> 次革命之举。因下令逐国民党议员，国会无形解散，乃别设政治会议、约法会
> 议，皆罗致公为议员，公力拒而避远之。初任天津中国银行副经理，旋以云南
> 巡按使任可澄之援，被政府命为云南财政厅长。既至云南，袁氏帝制议兴，进
> 步党人反抗最力。蔡锷自京潜出，以云、贵二省起义师，分出川、湘，号护国
> 军。新会梁启超复说两广军帅响应，汤化龙则招其弟芗铭以湖南反正，皆进
> 步党人也。公以为此皆边省，非中坚，乃间关赴江宁，说河间冯公，合力反对。
> 冯为北洋诸将领袖，举足轻重，于是袁氏事败身死，洪宪之乱定矣。[2]

1915 年 11 月 18 日，梁启超致函云南财政厅厅长籍忠寅，告以一月以来，对讨袁军事"既有所决"，蔡锷等已"联翩南迈"，鼓励诸公赞之，"吾侪所欲为之事，虽为举天下人人所欢舞以迎，而亦为举天下人人所莫敢倡导，故必须自动以待景从"[3]。1916 年 6 月 10 日，梁启超致电南京将军署籍忠寅等人，"请告华帅，主规复旧约法，速集国会，制新宪，否则经年不能开国会，将生奇变，切宜注意，勿生枝节"[4]。

谷钟秀在袁世凯解散国会后，利用政治宣传途径抨击袁世凯。谷钟秀于1914 年初在上海创办《正谊》杂志，担任主编。此杂志重视道德对于近代民主政治的积极作用，阐释了道德救亡思想和重塑政治理想人格的途径方法。谷钟秀等欧事研究会成员在上海发起成立共和维持会，1915 年 8 月 25 日的《共和维持会宣言》指出，"基础初建，即为野心家所乘，共和政治，迄未实施，正式政府成立，即

---

〔1〕 李希泌，曾业英，徐辉琪. 护国运动资料选编[M]. 北京：中华书局，1984：135.

〔2〕 常堉璋. 籍公行状[M]//卞孝萱，唐文权. 辛亥人物碑传集. 北京：团结出版社，1991：552.

〔3〕 梁启超致籍忠寅等函（1915 年 11 月 18 日）[M]//李希泌，曾业英，徐辉琪. 护国运动资料选编. 北京：中华书局，1984：80.

〔4〕 梁启超致籍忠寅胡源汇电（1916 年 6 月 10 日）[M]//李希泌，曾业英，徐辉琪. 护国运动资料选编. 北京：中华书局，1984：676.

悍然以暴乱蹂躏国会,撤销自治,改约法,弃国务院……人民之颠沛流离,官吏之贪黩残暴,为古今中外之罕见"[1],共和维持会"重念缔造共和之艰难,誓发鸿愿,力予维持"[2]。1915 年 10 月 10 日,谷钟秀等欧事研究会成员在上海创办《中华新报》,谷钟秀始为总编辑。该报为国家着想,为人民立言。有研究认为,谷钟秀"入民国为众议员,初隶共和党,每会议反对国民党人甚力,后改组遂为统一党重要人物。异党报纸咸丑诋谷钟秀,谓其逢迎政府,然袁氏数以观察使关监督饵之,殊不为动……帝制议起,乃南下议倒袁。后冯国璋沟通南北主恢复旧国会者,钟秀赞助之力为多"[3]。

张继明确进行反对帝制活动,与吴稚辉、蔡元培等创办《公论晚报》于上海,声讨袁世凯。宁、粤、赣等地纷起讨袁。先后失败。张继至日、美、英等国宣传、鼓动,联络华侨声讨袁世凯。[4]

马其昶在辛亥革命后,担任安徽高等学堂监督。1912 年,邑人举马其昶为县议会议长。1914 年,马其昶为教务主任,兼任参政院参政。[5] 1915 年,袁世凯命其党徒倡议筹安会,议更国体,拥袁为帝。马其昶为书止之。袁称帝,遂弃官归。时章太炎被袁世凯软禁,马叙伦托马其昶为其说项。[6] 马其昶面见袁世凯,"痛陈其迫害章、马之过错,明以大义,晓以利害"[7]。1915 年,袁世凯为复辟帝制而纠结并组织了"全国请愿联合会",马其昶拒绝了上大夫的职务,发表声明,揭露袁世凯恢复帝制的阴谋,携家眷返回桐城。1915 年,马其昶作《上大总统书》,反对袁世凯称帝:

〔1〕 共和维持会宣言(1915 年 8 月 25 日)[M]//李希泌,曾业英,徐辉琪.护国运动资料选编.北京:中华书局,1984:64.

〔2〕 共和维持会宣言(1915 年 8 月 25 日)[M]//李希泌,曾业英,徐辉琪.护国运动资料选编.北京:中华书局,1984:66.

〔3〕 沃丘仲子.当代名人小传[M].台北:文海出版社,1986:151.

〔4〕 张继传略[M]//柴汝新.莲池书院研究.保定:河北大学出版社,2012:261.

〔5〕 潘务正.晚清民国桐城文派年表简编[M]//南京大学古典文献研究所.古典文献研究:第 9 辑.南京:凤凰出版社,2006:325.

〔6〕 潘务正.晚清民国桐城文派年表简编[M]//南京大学古典文献研究所.古典文献研究:第 9 辑.南京:凤凰出版社,2006:326.

〔7〕 杨怀志,潘忠荣.清代文坛盟主桐城派[M].合肥:安徽人民出版社,2002:136.

天下非一家之天下，大总统既取而公之，则虽累代相承之共主，亦不得私其位。

当民国成立之初，大总统对众宣誓，决不使帝制复生，此诚善审名实之间，而为子孙无穷之虑也。[1]

在王揖唐所著的《今传是楼诗话》收录有近代人士为马其昶写的挽联："愿制毒龙参贝叶，不随饥凤食琅玕。"[2]近代人士林纾对此事评价为："通伯文方重饫衍，析理毫芒之间，而咸撷其精。为人亦清靖，不尚矫介之行，诚恳发于至性。所上皇帝书，若魁帅提挈百万之众，进止号令，皆中兵法。"[3]

冯国璋与袁世凯的私人关系密切，但最后冯国璋的公然叛袁行为，对各省产生了重大的影响。当年唐绍仪的思想认识在南北议和中发生了转变，逐渐倾向于共和。1912年6月15日，针对王芝祥督直的事件，袁世凯与唐绍仪互不相让，但袁世凯将直隶都督授予了冯国璋，冯国璋任直隶都督兼禁卫军总司令，稳定京津地区的社会秩序。在"二次革命"中，冯国璋率军南下，战后被任命为江苏都督，坐镇东南。

冯国璋与袁世凯的私人关系随着袁世凯复辟帝制的行为发生了转变。当帝制议起，冯国璋早有耳闻。1915年6月，梁启超从广东返京路过江苏，冯国璋约请梁启超一同进京劝说袁世凯。关于冯国璋和梁启超北上觐见袁世凯的经过，可以从梁启超与学生的交谈来追述：

袁项城拒谏饰非，作伪术之巧妙，登峰造极，古今无可伦比。时帝制论已尘嚣全国，冯华甫（国璋）自南京来津，邀余同往作最后之谏诤。华甫曰："我之辩说远不如子，子之实力亦不如我。必我与子同往，子反复予以开导，而我隐示以力为子后盾，庶几千钧一发危机可挽。"……及二人联翩至新华宫，项城闻吾等至，喜动颜色，酒酣，余正欲起立陈述，项城先笑曰："二公此来，吾

〔1〕 孙维城. 桐城派后期文章的现代演变[J]. 中国现代文学研究丛刊，2006(6)：213.
〔2〕 王揖唐著，张金耀校点. 今传是楼诗话[M]. 沈阳：辽宁教育出版社，2003：383.
〔3〕 林纾. 赠马通伯先生序[M]//薛绥之，张俊才. 林纾研究资料. 福州：福建人民出版社，1983：78.

知之甚稔,乃欲谏我不做皇帝也。我反问二公,袁某欲做皇帝者,究思作一代皇帝而绝种乎? 抑思作万代皇帝而无穷乎? 余与冯愕然未答,袁又笑曰:"除非痴人,自然欲作万代天子!"……余与冯四目相视,嗒然如伤,怀中万言书,竟一字不出。[1]

冯国璋邀请梁启超进京劝说,抱着挽救时局的念想,而袁世凯擅长作伪之术,登峰造极,在古今历史上无可伦比。面对袁世凯的言甚恳切,他们竟信以为真,各自返回。直到筹安会发起,帝制运动公开化,1915 年 12 月 12 日,袁世凯宣布复辟帝制,冯国璋才知道上当受骗了。

1916 年 1 月 1 日,袁世凯称帝,洪宪纪元开始。云南将军唐继尧宣布云南独立,改将军行署为护国军政府都督府,任都督。护国军政府都督唐继尧、护国军第一军总司令蔡锷、第二军总司令李烈钧联名发表护国军政府讨袁檄文,誓师讨袁。[2] 1916 年 1 月 4 日,督理江苏军务冯国璋领衔联络各省军政长官电请袁世凯"早正大位","颁发明令,令将出征",讨伐唐继尧等。1 月 5 日,袁世凯明令讨伐唐继尧、蔡锷等,并申令各省长晓谕人民以帝制之利。蔡锷通电讨伐袁世凯。1916 年 1 月 6 日,广东共和军在惠州起事讨袁。1 月 8 日,江苏中华革命党人策划讨袁起义失败。1 月 9 日,进步党东京分部通电反对帝制。1 月 22 日,中华革命党主办的《民国日报》创刊,发起反对袁世凯复辟帝制宣传。1 月 27 日,贵州护军使刘显世宣布独立。2 月 1 日,川军第二师长刘存厚于纳溪宣布独立,改称护国川军总司令。[3]

冯国璋在帝制运动中采取了多种策略和手段。他表面上拥护帝制,却又与进步党和南方势力保持联系,由保持中立转变为抵制帝制。1915 年 12 月,唐继尧致电冯国璋等将军,"切盼我公力与提挈,共定倾危,为登高之呼,成偃风之势。并

---

[1] 梁启超.进京劝说[M]//崔志海.梁启超自述.郑州:河南人民出版社,2004:79-80.

[2] 张海鹏.中国近代通史:第 1 卷[M].南京:江苏人民出版社,2009:328.

[3] 张海鹏.中国近代通史:第 1 卷[M].南京:江苏人民出版社,2009:329.

盼指示一切,无任翘企"[1]。1916 年 1 月,唐继尧致电冯国璋,"请代四亿国民九叩以请,临电屏营,翘企待命"[2]。1916 年 2 月 10 日,四川将军陈宦派胡锷公赴湖南、江苏,联络汤芗铭、冯国璋,密谋反袁。1916 年 2 月 17 日,护国军司令唐继尧之代表李宗黄在南京密晤冯国璋,盼其保持中立。[3] 1916 年 3 月 19 日,江苏将军冯国璋、江西将军李纯、长江巡阅使张勋、山东将军靳云鹏、浙江将军朱瑞密电袁世凯,要求取消帝制。3 月 22 日,袁世凯接受五将军要求,申令撤销帝制。次日宣布撤销"洪宪年号"。4 月 17 日,冯国璋等为操纵南北政局,宣布调停时局办法大纲 8 点。4 月 26 日,冯国璋电京,主张袁世凯退位。[4] 1916 年 4 月 26 日,唐绍仪等人致函冯国璋,指出"国家存亡关系,能勿归咎贤者否? 惶悚之至,密陈左右。大局安危,惟将军图之"[5]。当时袁世凯蓄意称帝,内外骚乱,刘成禺等就所闻所见,随笔记录,遂成《洪宪纪事诗三种》,其中写到冯国璋背叛袁世凯:"军前斩奏命川东,礼受银刀遏必隆。不料冯家收国器,当年辜负索清宫。"[6]随着北洋派内部的分歧,冯国璋开始坐镇南京,拥兵自重,五将军密电着实让袁世凯震惊和沮丧。袁世凯在与王士珍的谈话中,指出了自己对于冯国璋背叛的失计,"冯乃我手下最有力量之人,彼竟公然宣布叛言,遂使各省皆为摇动,大事益为棘手"[7]。

四、涉入内阁政治斗争

民国护国运动于 1916 年进行了历史性的终结,而军阀混战却拉开了历史序

---

〔1〕 唐继尧致冯国璋等电(1915 年 12 月)[M]//李希泌,曾业英,徐辉琪. 护国运动资料选编. 北京:中华书局,1984:137.

〔2〕 唐继尧致冯国璋电(1916 年 1 月)[M]//李希泌,普业英,徐辉琪. 护国运动资料选编. 北京:中华书局,1984:148.

〔3〕 张海鹏. 中国近代通史:第 1 卷[M]. 南京:江苏人民出版社,2009:329.

〔4〕 张海鹏. 中国近代通史:第 1 卷[M]. 南京:江苏人民出版社,2009:330-331.

〔5〕 唐绍仪、赵凤昌致冯国璋函(1916 年 4 月 26 日)[M]//李希泌,曾业英,徐辉琪. 护国运动资料选编. 北京:中华书局,1984:207.

〔6〕 刘成禺,张伯驹. 洪宪纪事诗三种[M]. 上海:上海古籍出版社,1983:30.

〔7〕 李希泌,曾业英,徐辉琪. 护国运动资料选编[M]. 北京:中华书局,1984:661.

幕。1916 年至 1928 年,以皖、直、奉为首的北洋军阀集团和以滇、桂两系为首的西南军阀集团将中国拽入军阀统治时期。皖系军阀以段祺瑞为首,直系军阀以冯国璋为首,奉系军阀以张作霖为首,对外投靠帝国主义国家,对内压榨劳动人民,北洋军阀集团的分裂割据构成了中国近代军阀割据的总体局面。北洋军阀各个派系的政治角逐和纷争使中国遭受了战乱与政权更迭的社会窘境,莲池书院学子身处乱世,不免涉入内阁政争。

冯国璋在中国近代陷入军阀割据时代,居于直系军阀首领地位。1916 年北洋军阀集团分裂,冯国璋为直系军阀首领,1916 年当选副总统,1917 年任代理总统,1918 年被段祺瑞胁迫下台,1919 年在北京病死。处于当时政治纷争的局面,皖系军阀扩充实力,排斥异己,直系军阀与皖系军阀各据南北,左右政局,并不断与段发生矛盾和斗争。1916 年 10 月 30 日,国会选举冯国璋为副总统,逐渐形成以冯国璋为首的直系军阀集团。[1] 1917 年 7 月 6 日,冯国璋在南京宣布就任代理总统职务。7 月 10 日,张勋通电斥徐世昌、冯国璋、段祺瑞及各督军背信卖友,并据北京南池子备战。[2] 1917 年 9 月 29 日,冯国璋令各省选派参议员重组参议院。[3] 与冯国璋曾经共事的冯耿光在《谈冯国璋二三事》中评价了冯国璋的政治活动方式:

> 冯之为人,性情温和,外貌朴素,政治野心不大。他在直隶、江苏都督任内,不干预当地的行政和财政,不扩充军队,不组织小集团,不安插私人为之四出搜刮钱财,由于缺乏经济来源,政治力量也比较单薄。当时北洋派中坚人物中,他是比较稳健、谨饬的一个。可是他的政治实力虽不如人,却也有一套政治手腕。他应付袁世凯的方法是处处谨慎小心,对待段祺瑞则往往逆来顺受。[4]

〔1〕 张海鹏. 中国近代通史:第 1 卷[M]. 南京:江苏人民出版社,2009:334.
〔2〕 张海鹏. 中国近代通史:第 1 卷[M]. 南京:江苏人民出版社,2009:338.
〔3〕 张海鹏. 中国近代通史:第 1 卷[M]. 南京:江苏人民出版社,2009:339.
〔4〕 冯耿光. 谈冯国璋二三事[M]//中国人民政治协商会议全国委员会文史资料研究委员会. 辛亥革命回忆录:第 6 册. 北京:中华书局,1963:461.

　　冯玉祥以另一个视角来评价冯国璋。他说，在主和与主战论争方面，冯国璋"从对内主和一变而为主战，完全做了段先生的尾巴。从这事可以看出冯国璋真是毫无主见的人"[1]。

　　籍忠寅在涉入内阁政争后，革新政治的勇气开始减退。1916 年 8 月 1 日，国会在北京众议院复会，讨论宪法问题。9 月 8 日，国会宪法会议续开，旧国民党议员主于宪法中规定省制大纲、省长民选。旧进步党议员反对，大起争执。[2] 常堉璋的《籍公行状》对当时的政治纷争进行了一定的叙述，描述了籍忠寅在当时内阁纷争中的处境：

　　　　黄陂黎公继任为总统，合肥段公为内阁总理，国会复开，公复入为议员。是时，党人避组党之名，进步、国民两党，各散为数团体。公则与本党干部中人，改组宪法研究会。及至开会，党争愈烈……复辟难平，冯公以副总统继任，段内阁复兴国会，反对者藉口解散令非法，别开非常会于广东；政府因而废旧法，定新法，召集新国会。公因本党要人，介在内阁，势不能独异，遂任筹备国会事务委员长……公虽亦当选，而研究会议员寥寥数十人，如剥极之硕果，莫与颉颃。故公于新国会，往往岁月始一至焉。盖至是而公革新政治之勇气，稍稍杀矣。是后直皖之战、直奉之战、湘鄂之战，愈失政争之常轨。[3]

　　籍忠寅经历了民初政争，颇为失意。姚华时为 1913 年参议院议员，专门撰写《和籍亮侪五十自寿诗二首》：

其一

贾生不得志，"鹏赋"何牢骚。

才人少旷达，十缺九嶢嶢。

念君亮侪字，意欲凌云霄。

时乖便言死，卧久心为焦。

请视长沙傅，寿矣已堪豪。

---

〔1〕　冯玉祥.我的生活[M].长沙：岳麓书社，1999：248.

〔2〕　张海鹏.中国近代通史：第 1 卷[M].南京：江苏人民出版社，2009：333.

〔3〕　常堉璋.籍公行状[M]//卞孝萱，唐文权.辛亥人物碑传集.北京：团结出版社，1991：552-553.

其二

相如病亦假，政为时命伤。

"昌谷"何所见，文君鬓影香。

今日文园客，独与春风忘。

自怜五十身，憔悴吟诗章。

请视《封禅文》，此寿殊未央。[1]

以上两首诗作于 1926 年。姚华运用贾谊、司马相如、李贺等文学家的生平经历，以他们生前未被重用而辞赋、诗作却被后人传诵的史实，劝慰籍忠寅要致力于文学创作。

五、兴办实业

民国时期也是世界社会格局发生巨变的时期。由于第一次世界大战的爆发，许多国家都被卷入战争，对世界各国造成了极大的破坏，造成了直接的经济损失。第一次世界大战后，各国需要在政治、经济、教育方面加以兴革与整顿，开发实业、普及教育成为物质、精神提升的基础和重要途径。

受战争的影响，经济和教育是各国大加兴革的内容。战争中新兵器的应用，实业凋残，战后新产业的开发，以及随着专制政治的消沉而继起的平民政治，各个领域都是战后各国需要整顿的内容。"惟有开发实业，充足多数国民之经济，普及教育，培养多数国民之知德，使其精神物质两方面之生活，均能日渐向上。"[2]

虽然第一次世界大战对中国产生了一定的影响，却在无意中起到了一定的促进作用。由于战争，英国、法国等交战国不得不暂时放松对中国经济的控制，各国对华商品的输出量下降，各国对商品的需求量却有所增加，在一定程度上缓解了中国民族工业的市场压力，为中国民族工业提供了一定的发展契机，促进了纺织

---

〔1〕 姚华著，邓见宽选注. 姚华诗选[M]. 贵阳：贵州人民出版社，2000：168-169.

〔2〕 徐世昌. 欧战后之中国[M]//〔日〕多贺秋五郎. 近代中国教育史资料：民国编（中）. 台北：文海出版社，1976：683.

业、面粉业等民族工业的进一步发展。

在民族工业发展的背景下,振兴实业是民国经济振兴的重要抓手。兴办实业是莲池书院学子在民国前期的重要活动。他们关注世界发展形势,思考经济与国家发展的关系,投身实业,为振兴近代实业作出了一定的贡献。

邢赞亭从日本回国后任北京国民政府司法部参事督办、天津市政府秘书长等职。正值军阀混战、政局不稳,为了回避政治活动,他致力于研究法律及文史,并发展实业经济。邢赞亭以为振兴中华,当先富民,而后推广教育,提高文化。所以在民国初年,他即以振兴实业相号召。卢沟桥事变后,先在天津开了生生工厂和生生银号,后在唐山投资创办了德顺陶瓷厂,聘请共产党员何正新、谷静波分别担任生生工厂厂长、德顺陶瓷厂总经理。[1]

谷钟秀 1916 年至 1917 年任段祺瑞内阁农商总长兼全国水利总裁。他于就职之初莅临农商部,并于 1916 年 8 月 4 日做了就职演说:

谷总长就职演说辞

民国成立业已五年,扰攘纷纭,迄无宁日,实业之不能发达亦无足怪。现在大局粗平,自应力谋建设,惟实业之能否发达,与财政之盈缩关系最为密切。余意如能于实业上切实经营,吾国人口众多,欲期弥补积亏,增加国富,似亦尚非难事。试就本部职掌所在约略商榷之。一、农业。夫以现在农器之粗陋,农民智识之短浅,其成绩且若此,若更从事改良,此后农产物输出必能渐次增加。二、林业。吾国童山满目,货弃于地,良属可惜。今宜厉行造林条例,将所有官荒山地准人民承领造林,即民荒亦一律强制令其仿造,数十年后,全国林木日茂,即全国之利源亦自然日充。三、渔牧。渔牧为天然大利,就渔业言,如能组织公司于捕捞、腌制、储藏各项逐一讲求新法,以迎合外人之嗜好,东南各省必能增大宗之输出。四、矿业。夫外人之垂涎我矿产者,徒以原料缺乏耳,今我国原料丰富如此,若一方以之供给工业,一方更专营铁

---

〔1〕 中共河北省委党史研究室. 中国共产党河北历史大辞典[M]. 北京：中共党史出版社,2002：629.

厂，仿克虏伯之注重军械，则富国强兵骨于是乎哉？五、工业。工业要件有三：一曰资本，二曰原料，三曰人工。总以上三者观之，吾国工业前途实有无穷之希望也。六、商业。华商往往笃于守旧，长此蹈常袭故，断难竞生存于世界中。今日免厘之议尚难遽望实行，但能荡涤烦苛，轻其担负，亦足略纾商力。总之，办理实业较其他各项行政为有兴味，盖尽一分之心力，即能获一分之效果。如诸君能各于主管范围随事力求发展，得尺则尺，得寸则寸，持之以渐，必有可观也。[1]

上述语录包括几个方面的含义。

第一，兴办实业的社会意义。民国成立达 5 年，但由于政治扰攘纷纭，迄无宁日，实业未能发达。现在大局既平，自应力谋建设，经营实业能够增加国富。

第二，兴办各类实业。兴办实业包括农业、林业、渔牧、矿业、工业、商业，每一部分都介绍了中国实业现状、与世界的关系以及解决策略。

第三，兴办实业需要教育的力量。谷钟秀在工业的第三要件中指出："吾国人口号称四万万，现在穷民遍野，生计维艰，工资之廉尤为世界所仅见，此等人民稍加教育，莫非良工。"[2]谷钟秀对当时全国实业情况进行了总结，并针对时弊提出了对策。

谷钟秀的实业情结终结于其政治抉择。1916 年 9 月 9 日，财政总长陈锦涛、农商总长谷钟秀，向日本兴业公司借款 500 万元，以中日合办安徽太平山、湖南水口山两矿做抵押。[3] 1916 年 11 月 19 日，李根源、谷钟秀、张耀曾、钮永健等组织的政学会成立。[4] 1917 年 6 月，谷钟秀反对参战案而辞去政界职务。1922 年国会重开，仍为议员，为政学系首领之一。

刘春霖在辛亥革命后，一度寓居北京家中，以书法、诗词等自娱。1914 年，刘春霖任大总统府内史秘书，日抄"君日览"，每天编录一篇历代皇帝的言行录供袁

---

〔1〕　华辰.北洋政府农商总长谷钟秀就职演说辞[J].民国档案，2005(2)：3-4.

〔2〕　华辰.北洋政府农商总长谷钟秀就职演说辞[J].民国档案，2005(2)：4.

〔3〕　张海鹏.中国近代通史：第 1 卷[M].南京：江苏人民出版社，2009：333.

〔4〕　张海鹏.中国近代通史：第 1 卷[M].南京：江苏人民出版社，2009：334.

世凯赏读。刘春霖参与劝进复帝制,曾参与"筹安会"活动,代表直隶省向袁"劝进"。刘春霖在《六十自述诗》中的诗句"农场观稼层楼迥,御苑簪毫大镜圆"[1]证明了当时的事实。刘成禺等在《洪宪纪事诗三种》中描写刘春霖在总统内务府的情状:

> 春藕斋根重写春,素笺题咏讽皇仁。郑刘书画当时笔,奉敕齐名内史臣。[2]

> 逊朝门第尽通家,穷措何缘护翠华。东阁树栽丞相柳,南房笔进状元花。[3]

袁世凯只是为了用"状元"的光环来装点门面,刘春霖并未受到重用,那些诗赋辞章、定邦安国之术都百无一用。刘春霖面对民国时势的变化,最终幡然醒悟。

刘春霖在后来几任大总统府任内史,深感报国无门。1914 年,袁世凯派刘春霖到农事试验场兼任场长。及至 1922 年,刘春霖在试验场整顿场务、添购动物、修饰场内建筑、开设学堂、规范管理。当时的《群强报》登载《农事试验场场长刘春霖重整场中》一文曰:

> 西直门外农事试验场场长刘春霖为整顿场务起见,现将动物园添购孔雀、翠鸟、狮、猊、鳄鱼各种动物百余种。并将场内楼阁亭榭修饰一新。以助游人兴趣。[4]

农事试验场内开设有学堂,课程有特用作物课、果木课、蔬菜课、花卉课、丝织课、土壤课、农产课、肥料课、病理课、虫害课、剥制课、家畜渔艺课、文牍课、统计课,共计 14 门。1915 年又租定北京西山之麓健锐营八旗校场,同年秋季招工开垦,治其荒芜。1916 年,农事试验场的管理范围扩大到场外,增设西山果园。在西山果园内开始栽植果树。场内增设树艺科,负责果树及其他场内树木;由普通

〔1〕 王凯贤.中国历代状元诗:清朝卷[M].北京:昆仑出版社,2007:403.
〔2〕 刘成禺,张伯驹.洪宪纪事诗三种[M].上海:上海古籍出版社,1983:5.
〔3〕 刘成禺,张伯驹.洪宪纪事诗三种[M].上海:上海古籍出版社,1983:8.
〔4〕 北京市档案馆.北京档案史料:2003.3[M].北京:新华出版社,2003:334.

作物科负责农作物;园艺科负责蔬菜、花卉的试验种植;蚕丝科负责养育蚕及蚕丝的试验;化验科负责农产品及肥料、土质的化验;病虫害科负责病理及虫害的试验;编辑科负责图书、文牍、统计;动物科增加了剥制内容。由此,开始动物标本的制作。同时,主办气象和农业两个讲习所。[1]

然而,事与愿违,由于军阀混战、经济不振,学员们所学无所用。在徐世昌、曹锟任大总统期间,刘春霖曾任总统府秘书帮办兼代秘书厅厅长,后又任直隶省教育厅厅长、自治筹备处处长等职。在各派军阀明争暗斗的官场上,刘春霖只能苟且偷生,渐起厌倦官场之意。他于1928年愤然辞官,彻底脱离政界。

叶崇质于清末曾官至清河道道台,目睹了清朝败落以及民国军阀混战下中国社会的动荡不安,遂于民国弃官去天津举办实业。他先后参与开办了三家实业:华新纱厂、启新洋灰公司、华新银行。

华新纱厂,即现今天津三环纺织印染集团公司的前身。华新纱厂创办于1916年,1918年建成投产,资本242万元,20世纪20年代末有工人2 200余人,童工300余人。1936年,华新纱厂因受日商纱厂经济压迫,被日本钟渊纺织株式会社收买,改名"公大七厂",后为日军生产军用绿布、药用纱布等。[2]周学熙的后人评价其实业成就:

> 吾祖所建设实业既多,固非一手一足之劳,而援引倚畀者皆端士。以吾所知者⋯⋯经营华北棉业时期则有:杨寿枏(味云)、李士熙(季芝)、叶崇质(文樵),各以才智显。大匠之造屋,固集众长,而成其轮奂之美也。[3]

启新洋灰公司是国人自办的第一个近代水泥生产企业,工厂位于唐山,总部在天津,1954年8月开始公私合营,现为唐山启新水泥有限公司。创办启新洋灰公司已成为河北省影响近代中国的一百件大事之一,被誉为民族工业发展的旗帜。[4]

叶崇质还曾担任华新银行总经理。1922年8月18日,叶崇质时任直隶省银

〔1〕　北京市档案馆.北京档案史料:2003.3[M].北京:新华出版社,2003:334.
〔2〕　王舒.风云人生——叶笃正传[M].南京:江苏人民出版社,2009:2.
〔3〕　周小鹃.周学熙传记汇编[M].兰州:甘肃文化出版社,1997:276-277.
〔4〕　燕赵都市报[N].2012-08-29.

行监理官,他在《直隶省银行监理官叶崇质陈报发行流通纸目数目致币制局代电》中,陈报直隶省银行钱票流通情况:

直隶省银行监理官叶崇质陈报发行流通纸目数目致币制局代电

币制局钧鉴:寒电奉悉。直隶省银行所发纸币截至本年六月底止,计原发行银两票四十五万四千五百两,除收回销毁外,净流通二百八十九两,折合银元四百十六元五角五分。原陆续发行银元票三百零九万二千元,除收回销毁并存储外,净流通七十二万六千三百元。原发行制钱票六万四千七百九十七吊,除收回销毁外,净流通二十三吊,合银元七元一角七分。封存准备现金二十万元,库存现款五十万元。

直隶省银行监理官叶崇质

中华民国十一年八月十八日[1]

梁建章于 1912 年任陆军部秘书,深得陆军总长段祺瑞的赏识。1913年,梁建章调任直隶省实业司司长,在天津首创内河行轮,并借鉴日本经验,创办了恒源纺纱厂和天津炼钢厂。梁建章创办工厂,振兴工业,为直隶省经济发展奠定了基础。对此,曾在莲池讲学院就读的学生任启圣进行了详细的评价:

民国肇建,公任临时总统府秘书,又出任直隶实业司司长,于是兴实业,办模范纱厂,改良棉种,推广销路。直隶政费岁亏甚巨,本无资以兴实业,公乃夺法国人海河行轮权,又索收临城煤矿比利时人积年所欠租金 35 万元,开内地行轮之路。拟先办津沽、津保、蓟运、滦沽、津磁各路,以通百货,再用五河赢余购火轮,以通南洋群岛,规模宏阔。适公调任浙江会稽道尹,乃罢。然河北之有纱厂、棉田,有良种及内河之行走小轮,皆自公始也。[2]

1916 年,袁世凯病死,黎元洪就任大总统,段祺瑞任国务院总理兼陆军总

---

〔1〕 中国第二历史档案馆.中华民国史档案资料汇编:第 3 辑 金融[M].南京:江苏古籍出版社,1991:617-618.

〔2〕 任启圣.河北莲池讲学院始末[M]//中国人民政治协商会议全国委员会文史资料委员会.文史资料存稿选编:教育.北京:中国文史出版社,2002:243.

长,很快,梁建章就被段祺瑞调回北京,先后任陆军部顾问、国务院顾问等职。翌年,内务总长孙洪伊被免,段祺瑞想请梁建章继任,但梁建章看到了当时黎、段失和和"府院之争",婉言拒绝。后来,梁建章任筹备国会事务局局长,国会恢复后任选举委员会委员长,在次年大选中拒绝了曹锟的贿赂。曹锟贿选成功后,梁建章不满其统治,辞职,在北京赋闲,并研究经史和水利。冯玉祥发动"北京政变",推翻了曹锟统治,聘梁建章为高等顾问。冯玉祥遭到段祺瑞、张作霖的排挤,离开北京,就任西北边防督办,梁建章随冯到张家口,任督办署顾问,组织内地无业人员,鼓励到西北垦荒。冯玉祥在《我的生活》中提到此事:

> 又有朋友梁式堂、谷九峰、王鸿一诸位先生等提倡在此开垦,从内地运了许多农民前来。因为此间土地极多,只是缺乏人力,结果倒有相当成绩。[1]

梁建章和谷钟秀受聘于冯玉祥,协助冯玉祥策划有关农林垦殖、移民等工作。梁建章亲手拟定"垦务大纲"作为开发大西北的指南,并在张家口、河套等地搞试点,树立榜样,让其他地区参观效法,普遍推广。他的垦殖和移民等系列措施,不仅稳定了当时社会秩序,还对西北土地资源进行了开发利用,取得了成绩。1927年,梁建章随冯玉祥到河南,任河南省顾问,受冯命兴办水利工作,凿泉修渠引水抗旱,提炼出了一套水利建设的办法,著《凿泉》,创办"凿泉训练班",将经验传播到河南、河北、山东等地。后来成立了"黄河水利委员会",冯玉祥任委员长,梁建章任顾问,在鲁、豫、陕、甘、宁、青等地修建水利设施,促进了当地水利建设。梁建章在《泰山凿泉记》中写道:

> 成大川,资灌溉而富农田,亦未可知也,凡泉既凿,必使长流,勿湮勿塞,涌力日增,此有望于后之善为护惜者。[2]

中原大战失败后,冯玉祥部解体,梁建章回北京,开始治学。1933年5月,冯玉祥成立察哈尔民众抗日同盟军,梁建章任总部顾问。同盟军被解散后,梁建章

[1] 冯玉祥.我的生活[M].长沙:岳麓书社,1999:399.
[2] 梁建章.泰山凿泉记[J].乡村建设,1932,2(2):23.

回到北京。梁建章兴办实业的有关文论摘录如下：

> 本省路线，东出榆关，东北通热河，北达察绥，西至山西，南迄河南、山东。虽路身之优劣不等，然已可谓为"省省通"，此后目标，即在求"县县通"。惟是本省建设经费毫无著落，当此民穷财尽之秋，而公路建设，刻不容缓，无论政治上军事上……均为切要之图……督促各县政府，实行人民服役办法，对于全省公路，积极修筑之整理之，保养之，以期穷乡僻壤，胥得尽量开发也。[1]

谷钟秀、刘春霖在民国后期组织河北移民、垦荒、建村。刘春霖于 1928 年愤然辞官，彻底脱离政界，赋闲在家，以诗书自怡。1933 年黄河泛滥成灾，河南、山东、河北三角地带遭受灾害，人民流离失所。1933 年至 1937 年，谷钟秀、刘春霖等人跟随段绳武将军，发起组织"河北移民协会"，谷钟秀任协会董事，刘春霖任理事，四处奔走，募集物款。后来建立了河北新村，先后移民两次。

河北移民协会办理冀南黄灾移民事宜，在绥西荒原（现包头、五原一带），赴绥垦荒，兴建河北新村，来自河北、山东、河南三角地带的灾民以及一批贫苦农民在这里安家落户。谷钟秀曾经为了解该地实况，分赴包头等地，实地观察，缮具报告书，分送省府民政厅审核。调查报告分别在《开发西北》（1935 年第 6 期）、《农声》（1935 年第 191 期）刊登，被视为宝贵资料。报告介绍了两次移民过程，第一次移民包括改造村舍、挖掘沟渠、分配田苗、施以教育、组织合作社、解决聚居中的困难和问题。例如，在教育方面，由于移民皆系贫家，一向无教育。"故该村编定就绪，不论男女老幼，均施以相当之教育……尤注意知行合一。凡堂内所讲授者，在堂外均使一一实做。"[2]第二次移民由于款项问题，未能实施移民实施办法，但是各移民都能够安居乐业。报告列出了河北移民协会建设河北新村的各项开支数目以及未能完成的工程。

---

〔1〕 梁建章. 河北省之公路运输［J］. 交通杂志，1936（1～2）：227.

〔2〕 绥远河北村现况（附载）［J］. 农声，1935（191）：41.

第二节　著书治学

　　著书治学是个体撰写著作、写作书籍和探究知识、研究学问的过程，也是文化、教育继承与发展的过程。民国时期是中国近代文化教育大发展时期，莲池书院学子通过不同途径进行著书治学，为近代文化教育的传承进行了不懈的努力。

一、修撰史志

　　修撰史志是中国文化传承的一种重要途径。由于莲池书院学子具备扎实的史学功底，专长义理、考据之学，修撰史志也成为他们记事的一种方式。

（一）入馆修史

　　1913 年 11 月 26 日，袁世凯下令厘定尊孔典礼。1914 年 3 月 1 日，袁世凯下令正式设立清史馆。[1]《清史稿》于 1914 年开始编写，至 1927 年大致完稿，共536 卷，历时 14 年，分为纪、志、表、传四个部分，提供了有关清代史事的重要素材。赵尔巽任馆长，总纂、纂修、协修 100 多人。馆中总纂八九人，柯劭忞、马其昶、王树楠、姚永朴、姚永概、吴闿生等曾入馆修史。

　　王树楠在民国肇建时，年已六十，自感不得有为于世，于是弃官走京师。"袁世凯为大总统，而树楠以宿望为参政院参政。既清史馆开，徐世昌方柄用，属取畿辅先正遗集，搜讨而论述之，以备一方文献。"[2]当时贺涛已死，北方学者当推王树楠。1914 年，充清史馆总纂。《清史稿》中咸丰同治两朝列传、《属国列传》、《食货志》、《地理志》、《逸民传》、《叛逆传》大部由他撰写。又代徐世昌纂修《大清畿辅先哲传》41 卷、《畿辅烈女传》6 卷、《将吏法言》8 卷，并参与了徐世昌主编的《晚晴

---

〔1〕 张海鹏．中国近代通史：第 1 卷［M］．南京：江苏人民出版社，2009：321．

〔2〕 刘梦溪．中国现代学术经典·钱基博卷［M］．石家庄：河北教育出版社，1996：174．

籍诗汇》的编纂。[1]

1916 年，马其昶担任清史馆总纂。马其昶"领清史馆总纂，无日不到馆属稿，晨出夕返，风雨寒暑不少间"[2]。曾国藩、左宗棠、李鸿章几篇大传，由总纂王树楠撰写，再经过马通伯的润色，馆中同人对马的润色之处，都一致赞扬。[3] 1921 年，马其昶居史馆，《儒林》《文苑》二传成，序之。王树楠序《抱润轩文集》曰："其思深，其辞婉，其言虽简，而意有余，往往幽怀微旨，感喟低徊，令人读之，有不知涕泗之何自者。"[4] 1925 年，马其昶居史馆。冯玉祥执总统曹锟囚之，段祺瑞复出，聘马其昶为执政府顾问。对《清史稿》多有意见，赵尔巽不乐其言，且将其文多所损益。1926 年，马其昶归里养病。[5]

"清史馆之开也，永朴、永概皆从事为协修焉。永朴故短视，步行趔趄；每适馆，永概则肩随扶持。"[6]《清史稿·食货志》共 6 卷，一卷中的户口，二卷中的仓库，四卷盐法，均由姚永朴撰写。[7]《食货志·盐法》便出自他一人之手，全文虽然不过两万字，而有清一代盐产分布情况、行盐办法、机构设置，条分缕析，不蔓不枝，堪称大家手笔。[8] 姚永朴不赞扬民国，表达了自己耿直的性情。姚永概为清史馆协修，担任撰写《忠义传》。1916 年被正式聘为纂修。

柯劭忞曾在民国三年（1914 年）被选为参政院参政、约法会议议员，均未就。后被清史馆延请为总裁，赵尔巽卒，兼代馆长。柯劭忞的老友张曼石先生曾为他撰写一副长达 214 字的挽联，其中对他入馆修史进行了这样的评价："青史重完人，想奕世直笔褒题，任置忠义儒林文苑遗逸中，纤悉都无愧色。"[9]

---

〔1〕 河北省政协文史资料委员会. 河北历史名人传：科技教育卷[M]. 石家庄：河北人民出版社，1997：76.

〔2〕 刘梦溪. 中国现代学术经典·钱基博卷[M]. 石家庄：河北教育出版社，1996：202.

〔3〕 李诚. 桐城派文人在清史馆[J]. 江淮文史，2008(6)：77.

〔4〕 潘务正. 晚清民国桐城文派年表简编[M]//南京大学古典文献研究所. 古典文献研究：第 9 辑. 南京：凤凰出版社，2006：329.

〔5〕 潘务正. 晚清民国桐城文派年表简编[M]//南京大学古典文献研究所. 古典文献研究：第 9 辑. 南京：凤凰出版社，2006：330.

〔6〕 刘梦溪. 中国现代学术经典·钱基博卷[M]. 石家庄：河北教育出版社，1996：208.

〔7〕 李诚. 桐城派文人在清史馆[J]. 江淮文史. 2008(6)：79.

〔8〕 朱守良. 皖江近现代高等教育人物研究[M]. 合肥：合肥工业大学出版社，2006：81.

〔9〕 徐一士. 关于柯劭忞[J]. 逸经，1937(25)：69.

（二）撰修通志

贾恩绂在清末致力于办学活动,他致力于编纂直隶方志,则始于民国初年。民国初年,贾恩绂开始编纂《直隶通志稿》。据《中国地方志联合目录》著录,仅南开大学图书馆和北京图书馆藏有此志。南开为稿本,北图为抄本。南开藏志无纂修人。《中国地方志联合目录》著录为贾恩绂纂修。[1] 1916 年,他担任直隶通志馆总撰,1918 年完成了《直隶通志稿》。在盐山人的鼓励下,贾恩绂决定重修县志。由于军阀混战,《直隶通志稿》未能得到刊行。贾恩绂主持编撰的方志得以出版的有《盐山新志》《定县志》《南宫县志》。

1928 年 7 月,国民党河北省政府成立。1929 年,内政部奉行政院转奉国民政府命令,准许修志,并发布《修志事例概要》。1931 年 9 月,河北省政府在省会天津组建河北通志馆。王树楠任总纂,亲笔撰写物产、谣俗、水道等内容。谷钟秀、贾恩绂等参与其事。关于此事,王树楠在回忆录中写道:

> 二月廿二日,省政府聘余修河北通志,同聘者为高泽畬、华璧臣世奎、贾佩卿恩绂、张远伯志潭、谷九峰钟秀、张乾若国淦,共七人。[2]

《河北通志稿》(四十七卷附目录一册)由河北省通志馆修,王树楠等纂,民国二十四年(1935 年)河北省通志馆铅印本。本志有目录,一册书目设:地理志;经政志;民事志;食货志;文献志。本志水道篇 6 卷,归志源流 2 卷,艺文 8 卷。本志采用各类统计图表较多。《河北通志稿》尚有手抄稿 62 册,藏于湖北省图书馆。其铅印稿及抄稿已经河北省地方志办公室整理,1992 年正式出版。[3]

贾恩绂最后一次主持大规模的编撰工作是在 1947 年。抗日战争胜利后,河北籍学者组建了河北通志馆。谷钟秀任馆长,贾恩绂任总纂,志、传多出其手笔,尚秉和等任纂修。

志书具有各种研究参考价值。在教育意义上,莲池书院学子在撰修志书方面

---

〔1〕 来新夏主编,许明辉主审. 河北地方志提要[M]. 天津:天津大学出版社,1992:5.

〔2〕 章伯锋,顾亚. 近代稗海:第 12 辑[M]. 成都:四川人民出版社,1988:416.

〔3〕 来新夏主编,许明辉主审. 河北地方志提要[M]. 天津:天津大学出版社,1992:6-7.

作出了重要的成就。灵活多样的沿袭继承,不仅使《河北通志稿》保持了方志的连续性,显示了清末民初的嬗递变革,而且为研究河北社会变迁、地方史的人提供了资料线索。[1]

二、潜心教化

民国时期的教育改革是近代教育改革的重要历史时期。1912 年,中华民国成立,民主共和制度确立,袁世凯曾于 1915 年初发布《颁定教育要旨》,强调"一国之盛衰强弱,视民德、民智、民力之进退为衡;而欲此三者程度日增,则必注重于国民教育"[2]。但是,共和初建,社会复古逆流猖獗,社会动荡纷纭。教育是实现民主、进步的基础性保证,莲池书院学子继续从事教育活动,他们的教学生涯是以书院、学堂、大学为阵地,跨越了中国近代教育的各个教育阶段。他们以不同的教育方式,继续从事学校教育、社会教育等方面的工作,进行学校教育与社会教化。

李刚己于 1898 年在山西任大同知县,后连续 7 年担任代理知县和代理知州,详询民情,相宜施治,如设立学校,并将历年用作官吏私分的"规费"全部提作办学经费。1914 年,受聘于保定高等师范国文部,专授国文。一生笃嗜文学。[3] 李刚己在辛亥革命后,毅然请命治理大同,平息兵变。李刚己为了恢复大同的经济,又设立地方银行,通其有无。辛苦擘划数月,人民的生活才安定下来。[4] 赵衡在《李刚己墓志铭》中说:

> 刚己,南宫李氏,生负异禀……举光绪甲午进士,用知县分发山西,补大同,历署代州、灵邱、繁峙、五台、静乐诸县。风其刚柔,亦母亦父,治与地易。辛亥变起,大同令某,匿不敢出,疆吏数檄人往换,无应者,则饬刚己驰赴本

---

〔1〕 河北省地方志办公室.(民国)河北通志稿[M].北京:北京燕山出版社,1993:8.

〔2〕 袁世凯.颁定教育要旨(1915 年)[M]//陈学恂.中国近代教育史教学参考资料:中册.北京:人民教育出版社,1987:233.

〔3〕 梁淑安.中国文学家大辞典:近代卷[M].北京:中华书局,1997:140.

〔4〕 柴汝新,苏禄煊.力矫俗弊的李刚己[M]//柴汝新.莲池书院研究.保定:河北大学出版社,2012:260.

任。至大同，兼署知府……刚已生不言利，归无与存。清史馆馆长赵尔巽以协修聘之，不就。会其乡人长保定优级师范，有员程专课国文，刚已以人心波荡于异说，吾国古昔圣贤之微言大谊，将于是扫地也，慨然思为千钧一线之延。履事自春徂冬，未尽岁一月日短至前后日，卒保定旅舍。[1]

李刚己在大同经历了社会混乱，迭经忧患，形神交瘁，于 1914 年回到保定，在保定高等师范学校国文部任教，虽施教仅数月，却深受学生欢迎。

1912 年，杜之堂任天津第一女师学校国文、历史、习字教员。除教书外，杜之堂还兼营律师职业，甘愿为含冤被告而无钱请律师者义务当律师，登门者络绎不绝。另外，他还研练毛笔字，召集广宗县前来天津就学的青年至寓所，义务讲字。

邢赞亭于民初担任山东省东阿县知县，1914 年在东城于家街张公祠旧址创建女子高、初等小学，约百人。次年，合建寿阳阿合立高等小学。1915 年，创立通俗图书馆。

1912 年 5 月，京师大学堂改为北京大学，姚永朴在北京大学任经文科教员，姚永概任北京大学文科教务长，吴闿生任北京大学预科教务长。下面叙述姚氏兄弟在民国的从教经历。

姚永概在民国的教学经历具体分为几个阶段。第一阶段，出任文科教务长。袁世凯于 1912 年 3 月继任临时大总统后，教育部于 5 月改京师大学堂为北京大学，严复任校长，严复任命姚永概为文科教务长。严复改革大学堂原有的文科规划，姚永概参与文科改良工作，将大学的经、文两科合并为一，成为完全讲治旧学之区。后来，严复辞职，又出现经费困难等问题，姚永概难行其事，北京大学文科发展不太景气，遂于 1913 年辞职。第二阶段，教授正志中学。1914 年底，陆军部次长徐树铮电召姚永概入京办学。1915 年，姚永概应徐树铮之聘教授正志中学。正志中学是一所军官预备学校，但徐树铮希望所培养的学生都具有传统的儒家思想，亲自择定桐城文学家为教师。姚永概教授《孟子》《左传》和《尺牍选钞》，对孔

---

〔1〕 赵衡. 李刚己墓志铭［M］//卞孝萱，唐文权. 民国人物碑传集. 北京：团结出版社，1995：648.

孟经典颇有研究。1916 年底,姚永概正式被清史馆聘为编纂。1917 年,姚永概作《蜕私轩诗文经说跋》。1918 年,有慨于"文学不存,国云灭矣","近日学校或主张华靡,体尚齐梁,或倡言简易,力趋伧俗",姚永朴与姚永概编《历朝经世文钞》为正志中学教材。该书择秦汉以下文六卷一百七十首。[1] 1919 年,姚永概做《示正志中学校一二班毕业诸生》演说,勉励诸生重视中国国学文化,指出:"读一句,有一句之益。读一经,有一经之益。会而通之,乃大儒矣。切实可行,新奇不腐。"[2] 当时创办正志中学时,"徐树铮方佐段祺瑞用事,尤相礼敬;创正志学校,延为教务长;而永朴及马其昶、林纾为教师,皆一时宿学;士风肃静,出京师诸校上,天下无异词"[3]。1920 年,皖系为奉直联军所败,徐树铮遭遇通缉,总统徐世昌在 1920 年 9 月将正志中学改名为成达中学,并由私立转为公办。姚氏兄弟仍旧,其他教员略有更换。总之,姚永概时逢新文化运动,桐城派当时也受到了新文化运动的冲击,但姚永概没有反对新文化运动的行为。他加入孔教会,但并无争取孔教为国教的政治活动;他与严复等人过从频繁,亦未见与筹安会有关;他参加了孔教会的选举活动,但与张勋的复辟无关;他在正志中学祖述孔孟之道,是属思想、学术的范畴。[4] 对于姚永概的去世,徐树铮甚感悲痛,徐树铮在《上段执政书》中云:"林畏庐与姚叔节两先生先后病殁,至为痛惜。树铮辟地频年,奔走南北。兄姊亲爱,死丧迭仍,皆为私痛,未至过戚。惟两瓮之殁,不能去怀。每一念及,辄复涕零。"[5]

　　姚永朴于 1912 年 5 月在北京大学任经文科教员。1914 年至 1915 年,姚永朴仍执教于北京大学。1915 年,姚永概等人应徐树铮之聘教授正志中学。姚永朴授《论语》、文学、《文选》、修身。1917 年,姚永朴离开北京大学。1920 年,姚永朴教授正志小学,作《论语述义》《正志小学修身教科书》,姚永概为之作序和书后。

〔1〕 潘务正.晚清民国桐城文派年表简编[M]//南京大学古典文献研究所.古典文献研究:第 9 辑.南京:凤凰出版社,2006:328.

〔2〕 附二:姚叔节《示正志中学校一二班毕业诸生》[M]//钱玄同.钱玄同文集:第 1 卷.北京:中国人民大学出版社,1999:323-324.

〔3〕 刘梦溪.中国现代学术经典·钱基博卷[M].石家庄:河北教育出版社,1996:208.

〔4〕 姚永概.慎宜轩日记[M].合肥:黄山书社,2010:19.

〔5〕 谈徐树铮[M]//戴逸,汪润元.中国近代史通鉴:民国初年.北京:红旗出版社,1997:1197.

南归,主江苏东南大学讲席。[1] 1925 年,皖人举姚永朴为安徽大学校长。姚力辞不就,出任教授。1926 年秋,姚永朴至南京,教授于东南大学。

姚永朴不乐仕进,殚精学术,历主广东起凤书院、山东大学、安徽高等学堂、北京大学、法政专门学校讲席。1928 年,姚永朴就安徽大学教授之聘。其时永朴已目盲,每临堂讲授,由侍者扶入教室,坐定后开讲,庄言谐语,妙趣横生,称引诸经,所云某页某行,无一错讹,诸生叹服。[2]

姚永朴"既高闻雅望,应大学聘,学者自远而至,先生危坐诵说,神采照人,听者阗益户牖,其后新学渐萌芽,从学少衰,而先生诵说益恳恳坚确,以为不能得之于今日,犹将期诸于后之人"[3]。平日慕名求业者甚多,能传其衣钵者当属马厚文、吴孟复等人。吴孟复当年考进无锡国专,方知先生主讲安徽大学,"乃邮书请益,且赋诗为贽。先生得书即复,字大盈寸,累十余张,盖先生目力眊,不能作小字,其作书之吃力可以想见;乃对一素不相识之青年,竟不惜耗费时间与精力,言之惟恐不周详"[4]。吴孟复收到先生赠书,几欲泣下,当外地青年来书问业,有问必答,并在晚年仍然能够回忆起当时登堂求教的情景:

> 1935 年 2 月,复至桐城,偕马君茂元同谒先师蜕私先生于里第。先生为讲群经大义、文章义法、先辈轶闻,口说指画,曲尽神情。虽不甚识字者闻之,皆心领神会,先生亦乐而望疲……其后年馀,抗战军兴,复再就先生于桐城,旋侍先生避地宿松,辗转湘汉。先生议论古今,淋漓慷慨,又岂老经师哉![5]

〔1〕 潘务正. 晚清民国桐城文派年表简编[M]//南京大学古典文献研究所. 古典文献研究:第 9 辑. 南京:凤凰出版社,2006:329.

〔2〕 方宁胜. 浅析姚永朴的教育思想与实践活动[M]//程必定,汪青松. 皖江文化与东向发展. 合肥:合肥工业大学出版社,2007:272.

〔3〕 姚永朴撰,许振轩校点. 文学研究法[M]. 合肥:黄山书社,1989:3.

〔4〕 吴孟复. 忆姚仲实先生[M]//杨怀志,潘忠荣. 清代文坛盟主桐城派. 合肥:安徽人民出版社,2002:540.

〔5〕 吴孟复. 书姚仲实《文学研究法》后序[M]//吴孟复. 桐城文派述论. 合肥:安徽教育出版社,1992:217.

贾恩绂、姚永朴、王树楠等人在徐树铮任上还积极参加社会教育活动。徐树铮曾为边防总司令并设编书局,梁建章推荐贾恩绂去担任编辑,后又参加讲演社活动。贾恩绂在《思易草庐年谱》中谈到了莲池书院学子与徐在 1919 年和 1920 年的交往:

> (1919 年)"梁式堂又荐余于徐树铮(徐树铮,字又铮)处,任编书局之编辑,月薪二百四十元。又铮时为边防总司令,设编书局,专以延揽耆宿,实亦无一功课,略同乾修,其中薪水以二百元为例,惟以师资同相持者乃增送四十元,余与姚叔节昆仲及王晋卿、柯凤荪五人而已"。

> (1920 年)"三月间,又铮有经史讲演社之组织,余与姚仲实昆仲及胡玉缙为讲员,余任理学门。将开演,而直、皖战起,段、徐败而曹锟、张作霖胜,又铮亡命日本使馆,编书局、讲演社皆停办"。[1]

三、职掌教育

从 1916 年以后,国内的政治格局发生了变化。由各派军阀组成的内阁具有一定的流动性,削弱了中央行政机构对教育的控制力量,竟也使教育界出现了一定程度的相对自由。五四运动前后,国内思想界出现了追求民主自由的时潮。在军阀混战时期,莲池书院学子不仅卷入历史风云,而且在此期间能够面对现实,积极有为,做了大量的社会工作。莲池书院学子开始寻求教育与政治之间的平衡点,为今后的教育活动奠定了思想基础,本书以傅增湘和高步瀛为例。

傅增湘于辛亥革命后,任唐绍仪顾问,出席南北议和,袁世凯指派傅增湘为北方代表。1914 年,傅增湘被选为全国约法会议议员。后又任袁世凯政府肃政使至 1916 年。傅增湘曾被袁世凯委以重任,与袁世凯保持着密切的私人关系,在直隶新式教育的创办中成绩斐然,但他在袁世凯复辟帝制中却远离了这块是非中

---

〔1〕 吴秀华. 燕地贾恩绂手稿中所见桐城派学者资料[J]. 文献,2003(4):204.

心。1917 年底,傅增湘充王士珍内阁之教育总长,后两届内阁均留任。傅增湘任职教育总长之事与冯国璋也有重要的关系。傅增湘早在袁世凯直隶幕府就与冯国璋相识,与冯国璋有较好的关系。"北洋军官半联乡谊。交冯国璋至密,而段氏亦颇引重之。"〔1〕傅增湘在《藏园居士六十自述》中进行了如下描述:"余于项城,初无雅故也。当幕府初开,闻莲池主讲,连得大师,必有英才,奋起其中……在军幕四月,因得识刘延年、王聘卿、冯华甫、段芝泉诸公。其秋,移节天津,遂邀入幕。"〔2〕民国时期,"冯华甫方摄白宫,亦以旧交敦促,遂入阁任教育总长。在职一年有半,总统一易,总理三易,而余连任如故"〔3〕。

傅增湘任职教育总长期间,一方面落实各类专门性全国教育会议议决案;另一方面积极采取措施来解决一些教育问题。例如,傅增湘呈请大总统,鉴核捐资兴学褒奖条例,教育部于 1918 年 7 月 3 日公布《重修捐资兴学褒奖条例》。〔4〕表 3-3 以《政府公报》为例,列举傅增湘任职的一些基本情况。

表 3-3　教育总长傅增湘呈大总统信息列举

傅增湘呈文	《政府公报》
《教育总长傅增湘呈大总统报明就职日期文》	1917 年第 683 期
《教育总长傅增湘呈大总统修正留日学生监督处简章请鉴核文》	1918 年第 982 期
《教育总长傅增湘呈大总统为鲁省办学人员牟梓田捐资兴学请奖褒辞文》	1918 年第 1022 期
《教育总长傅增湘呈大总统特保本部委任职员才能卓著请以荐任职升用文》	1918 年第 961 期

〔1〕 沃丘仲子. 当代名人小传[M]. 台北:文海出版社,1986:56.

〔2〕 傅增湘. 藏园居士六十自述[M]//卞孝萱,唐文权. 辛亥人物碑传集. 北京:团结出版社,1991:429-430.

〔3〕 傅增湘. 藏园居士六十自述[M]//卞孝萱,唐文权. 辛亥人物碑传集. 北京:团结出版社,1991:432.

〔4〕 中国第二历史档案馆. 中华民国史档案资料汇编:第 3 辑　教育[M]. 南京:江苏古籍出版社,1991:619.

傅增湘呈文	《政府公报》
《教育总长傅增湘呈大总统为李长泰吴炳湘二员赞助教育拟均给予本部一等奖章文》	1919 年第 1167 期
《教育总长傅增湘呈大总统为浙江商民孙鹏捐资兴学请给褒辞文》	1919 年第 1081 期
《教育总长傅增湘呈大总统拟订留欧学生监督处简章并遴员请给予简派文》	1919 年第 1157 期

当代学界对这位三任教育总长进行了研究,并给予高度评价:在 1917 年 12 月至 1919 年 5 月一年半左右的时间里,在混乱的政局中,傅氏秉承蔡元培、范源濂的执政路向,采取稳中求进的人事调整策略,秉承召开教育会议、筹划教育事业的施政路向,集中全国各界智慧,促成相关法令规程的细化和完善,把教育部管理和领导全国教育事业的水平推进到了一个新的阶段,形成了民国前期教育事业发展的第二个高峰。[1] 傅增湘在混乱政局中,临危不乱,在教育规划和制度建设中作出了一定的努力,推进了教育的改革与发展。

傅增湘辞职实与蔡元培有关。1917 年 1 月 4 日,蔡元培就任北京大学校长职。1919 年,由于五四运动的爆发,政府下令严惩爱国学生,北京大学校长蔡元培深信学生的爱国之举,鉴于少数学生被拘禁,蔡元培借助教育总长、警察总监和其他校长的帮助,使得被押学生均经保释。"有人频频来告,谓政府方面之观察,于四日之举,全在于蔡,蔡某不去,难犹未已"[2],焚烧大学、暗杀校长的消息一经传出,为了保全学生,蔡元培随即呈递辞呈,速即离校赴上海。傅增湘在《藏园居士六十自述》中提道:

> 频年政争,干戈屡动,竭国帑以养兵,行省据地自王,而于教育根本之计,咸漠视无睹。自审材力短绌,无裨于时,私计欲和协新旧,使平衡渐进,以俟时会之至,且保持教育之尊严,自画鸿沟,不为政潮所推激,以免摧伤侵轶之

---

〔1〕 田正平,阎登科. 民国三任教育总长傅增湘[J]. 浙江大学学报(人文社会科学版),2012(6):160.

〔2〕 高平叔. 蔡元培全集:第 3 卷[M]. 北京:中华书局,1984:296.

害。耿耿寸心,守之不改。不意五四之役起,调停无术,遂不得不避贤而远引耳。[1]

在五四运动中,傅增湘抵制北洋政府罢免蔡元培的命令,愤而辞职,专心从事图书收藏和版本目录学研究。谢国桢曾为中国社会科学院历史研究所研究员,他对傅增湘在此时期的史实进行了评价:

> 沅老长教育时,兴办女学,创立图书馆,以延揽人才为务。直至五四运动爆发之时,沅老直斥当局,投牒拂袖而去,南游维扬,毅然高蹈。至其晚年优游园林,由炉火纯青而归于平淡,卒以藏书名家,乃其馀事耳。[2]

高步瀛在民国时期的教育活动始于教育部职事,后教授不辍。民国成立后,高步瀛任教育部佥事。他与朋友创设国群铸一社,导化风俗,开启民智。1914年,参与政府官员和国会议员组织的"寒山诗钟社"。1915年,高步瀛任教育部社会教育司司长,任职12年。当时北洋军阀当政,社会动荡不安,斯文颓废,但他积极谋划社会教化改良事宜。"高先生掌社会教育司十余年,虽有改进教育的方针政策,却不能实行,惟倡行阳历,制新戏曲,改良旧制,所以导启民智,改变陋习,皆其事之小焉者。"[3]鲁迅曾与高步瀛在社会教育司共事,对他的学问和人品评价很高。1925年,当章士钊压制女师大学生时,鲁迅倡设校务维持会,违法抗令,受到罢免,高步瀛于当日晚上专程到鲁迅家中致意和安慰,甚至为此事提出辞职并抗议。1927年,张作霖在北京组织军政府,自称大元帅,他不屑为伍,遂辞司长职,专任国立北京师范大学教授。1932年,日寇陷榆关,因国立大学经费无着,三个月未能发放,北平各校教职员大多怠业,高独报学术救亡之旨而教授不辍。[4]"先生教学,勤奋无寒暑,亘数十年如一日,回答学生提出的问题,谆谆日夜不倦。奇词邃义,经宗疑史,幽而不彰,疑而不释,杂然纷如不得其理者,他懋学谆诣,穷

〔1〕 傅增湘. 藏园居士六十自述[M]//卞孝萱,唐文权. 辛亥人物碑传集. 北京:团结出版社,1991:432.

〔2〕 谢国桢. 瓜蒂庵文集[M]. 沈阳:辽宁教育出版社,1996:267.

〔3〕 北京师范大学文学院. 励耘学刊:第5辑[M]. 北京:学苑出版社,2007:261.

〔4〕 张岂之. 民国学案:第4卷[M]. 长沙:湖南教育出版社,2005:24.

探冥索,较然于是非毫厘之辨,使闻者豁然冰释,故深得门人弟子之敬爱,称贤师焉。"[1]1937年春,华北当局恢复保定莲池书院,高步瀛前往授课,主讲"史记举要"及"文章流别"。卢沟桥事变后,日军侵占北平。高步瀛辞去教职,隐居幽巷,闭门谢客,并嘱咐其二女儿辞去艺术学院的教职。伪师范大学成立后,诱迫其任教,被其严词拒绝。[2]

北平沦陷后,高步瀛独居旧京老宅,贫病交加,但气节可表。受到敌伪监视,他由此赋诗明志,以《丁丑杂诗》为例:

> 七十二湾春水生,打潮来去负鸳盟。渡头桃叶风波恶,不愿郎今棹桨迎。
>
> 断无消息问飞鸿,久锢深闺似闭笼。泪尽桃花春去也,看他杏子嫁东风。[3]

高步瀛执教于北师大,为教学科研立下了坚实的基础和风气。他的弟子著名者如小说考据家孙楷第、目录学家王重民、《史记》研究家程金造、诗文笺释家王汝弼。他的重考据重实证的学术态度对北师大今天的古代文学和古典文献学仍有一定的影响力。

四、书院讲学

民国后期,西方教育对中国近代社会产生了强烈的冲击,同时也引起了人们对其的理性反思,中国教育开始呼唤国学教育的精髓,社会又掀起了回归书院的教育活动,有较大影响力的活动当属沈阳萃升书院和河北省莲池讲学院所举办的教育活动。在这些教育活动中,莲池书院学子参与其间,产生了很大的社会作用。

(一)沈阳萃升书院

萃升书院始建于康熙五十八年(1719年),在办学历史上,成绩斐然,名声大

---

〔1〕 北京师范大学文学院.励耘学刊:第5辑[M].北京:学苑出版社,2007:262.

〔2〕 张岂之.民国学案:第4卷[M].长沙:湖南教育出版社,2005:29.

〔3〕 华钟彦.五四以来诗词选[M].开封:河南大学出版社,1987:48.

振。清末政府下令废止书院,改建学堂,萃升书院就逐渐没落。1928 年,张学良主政东北后,十分重视东北的教育事业,尤其重视国学的传承与发展。在听取了一些学者的建议后,决定出资二万大洋,重建沈阳萃升书院。此时的沈阳萃升书院,已是蒿草满地,破烂不堪,经过改建的萃升书院呈现在世人面前。张学良亲任院长,选聘名流学者到书院任教。

东北地方当局修整书院,萃升书院乃复校。专习中国古经史,造就国学人才。王树楠被聘为山长兼经学教师。吴闿生、高步瀛讲授词章(文学)。有记曰:

> 夫发皇国学,以熔冶一世之人才,挽尚嚣竞利之弊,返盛世纯朴之风,此固有志之士所当急起以图,而不容少缓者也。间尝以斯旨言之于张总司令汉卿,以为是。乃捐巨赀,使省吾董其事,创始诸费二万金,岁常费四万金。奉天故有萃升书院,召匠氏即其宇而新之。公举张公汉卿为院长,筹度规制,凡讲肆寝食之所,四部之书,无不备。是时吴向之先生已东辕,而王晋卿、吴北江二先生犹滞都门,乃于孟秋之吉,选聘使,泛溟渤,敦请王晋卿、吴北江二先生于都门。二先生咸避席逊谢。使者曰:"国学存亡惟系于先生,及今不图,殆将颓废,先生其可辞乎?"二先生无可倭,又自揆都门不可久居,乃相与联辔而东。抵奉天,诸公请宴,候问无虚日,乃选髦士。扃门课试,得五十人。肄业焉是为院内生。院外生无定额。而月终内外课殿最,各致奖二百金。[1]

虽然在九一八事变后,萃升书院被迫关闭,但萃升书院一时名师荟萃,求学者纷至沓来。"课暇之际,向名师求教之人是络绎不绝,学员间相互探究争论之声不绝于耳。"[2]

萃升书院为后世留下了一批宝贵的精神财富,其中就有书院的几位主讲编写的讲义,刊印成册,叫作《萃升书院讲义丛刊》,共 15 种 60 册,现存辽宁省图书馆。这批讲义,出自名家,论述精辟,是后世学习古典文学、史学、经学很好的读本。[3]

---

〔1〕 于省吾《奉天萃升书院记》并书后[M]//罗继祖著,王庆祥选编. 罗继祖绝妙小品文. 长春:时代文艺出版社,1998:216-217.

〔2〕 辽宁省档案局(馆). 奉天纪事[M]. 沈阳:辽宁人民出版社,2009:340.

〔3〕 张学良暨东北军史研究会. 张学良暨东北军新论[M]. 北京:中国华文出版社,1993:329.

其中,吴闿生等撰《萃升书院讲义》由辽宁省印刷局出版发行。

(二) 河北省莲池讲学院

河北省莲池讲学院是在保定古莲池内筹设的讲学院。根据《河北省莲池讲学院成立记》,河北省莲池讲学院之创立,发起于冀察政务委员会委员长兼河北省政府主席宋明轩氏,以本省年来政治不稳,文化落后,各种人才亟待培植,遂于保定古莲池内筹设讲学院,以研究国故,沟通新旧学术,造就通才为宗旨。[1]宋哲元(1885—1940),字明轩,当时主冀察之政,振兴华北经济,发展农业,兴修水利。1936年11月6日,宋哲元提议在保定古莲花池内设立"河北省莲池讲学院"。1937年春,河北就保定莲池旧址开设讲学院。《河北省莲池讲学院成立记》记录了整理房舍、接收图书、延聘讲师、招考学生等筹备事宜,还登载了1937年2月公布的《河北省莲池讲学院招生简章》和1937年3月公布的《河北省莲池讲学院考试附学生简章》《河北省莲池讲学院甄别院外月课生简章》《河北省莲池讲学院院外生购领讲义简章》《河北省莲池讲学院夜班听讲暂行办法》。从1937年3月13日开始,依次举行各项新生考试,讲学院预定于4月1日开学。

河北省政府聘请梁建章为院长,邢赞亭为副院长,教授包括吴闿生、高步瀛、尚秉和、贾恩绂、刘培极。当时招生50名,后因卢沟桥事变,学院停办,前后不到4个月。根据《莲池讲学院讲义附课艺、肄业日记》[2],在讲学院开学之初,吴闿生发表开学演词:

莲池讲学院开学演词

吴闿生

现今是科学世界,各国文明进化灿烂光明,都是食科学之赐:电气化学、工业制造以至飞机炸弹种种技术,日新月异而岁不同,所以国家进步一日千里。我国千余年来学士大夫都低头在纸片上研究,文章做得非常之好而于事实上效果甚微。国势落伍,远在人后,及今发愤图强,非在科学上切实振兴不

---

〔1〕 河北省莲池讲学院成立记[J].河北月刊,1937,5(3).

〔2〕 吴闿生,等.莲池讲学院讲义附课艺、肄业日记[M].清光绪、民国年间保定协生印书局及河北省政府秘书处印刷所印本.现藏于保定市图书馆.

可,此一定之理也。……

　　道是精神,艺是物质。有精神没有物质不成,有物质没有精神也不成,必是精神物质两方面平均发展方为有用之学。在学校方面便一是文科一是实科。现在这讲学院自然是文科方面的事,可是我们对于世界的科学要极端崇拜,对于一些新理想新学说要尽量地容纳,意在贯通中西,造成有用之学,决不是迂谬复古,与时势相背趋,以致腐败退化,这是大家所当注意的。有些人说现在学校办法种种不合,所以复兴书院矫正他们的弊病,这话也不对。要知学院宗旨与方今教育宗旨仍是一贯的,不过学校中时间有限,对于国学当然多不暇及,故兴此讲学院以为补助,对于世界新学及方今所行教育,决无丝毫反对之意也。……

　　现今流行风气,喜言国故,而不乐为文学,尤以桐城派为诟病,或讥其浮浅,或议其空疏,不知文学本系普通入门之方法,何得不浅? 由浅自能入深。至于空疏与否,则在学者之自求,勤学好问,广搜博览,自然不至空疏。不勤学问,势必不免空疏,非讲文学者之咎也。……

　　鄙人对于学术可谓毫无所知,不过自幼随侍先君,饱闻庭训,对于学问门径涂辙,较为明悉,所愿与诸君研究者,其要不外乎此。诸君皆大学专门毕业之士,科学已有根柢,果能沈潜用功,二三年中于国学上应有的知识,当可暸然。一方研究作文之方法,练习应用之能力,将来毕业后,成绩必有可观,而于整理国故,庶几亦得要领。出而用世,不愧为有体有用之学者,斯不负当轴裁成造就之苦心,及乡先辈提撕教导之盛意矣。

吴闿生在开学演词中提到了"随侍先君",其实就是指其父吴汝纶。吴闿生用自己的学术经历和学术认识来鼓励诸君,他的开学演词包含几个方面的意义。

第一,国家文明进化和生死存亡与科学具有直接关系,国家要发愤图强,必须要崇拜世界科学,不然就会与时势相背趋。

第二,有用之学必须在精神物质方面平均发展,复兴书院、补助国学对于世界新学和当今教育具有一定的促进作用。

第三，鼓励前来书院就读的学子要成为有体有用之学者，能够聆听书院的教导，出而用世。

在莲池讲学院的讲学管理方面，各位教师分工明确。吴闿生担任《古文》及《尚书》两门。任启圣评价为："吴师每讲古文一篇，皆能寻其义绪脉络，疏密详略，纵横分合，明灭断续。凡盘郁沉厚之气，澹远高妙之韵，瑰丽奇伟之观，无不指点分明，使人心领神会。"〔1〕高步瀛此时期正在北京师范大学授课，应莲池之邀，每逢星期假日就来保定讲学。高步瀛前往授课，主讲"史记举要"及"文章流别"。时值妻子新丧，停棺在家，然不辞劳苦，按时前往，所得俸酬，悉返书院，以为购置书籍之用。〔2〕其所编讲义的博洽程度无与伦比，论史贵有独到之处。"高师所讲，虽万言不能尽盖，皆网罗群书评其臧否，或独抒己见，反复推求，以窥史公行文立意之妙，使后生闻之，如坐春风化雨，心悦诚服。斯得吴氏真传，论文之高手也。"〔3〕尚秉和担任《易经》《诗经》两门。"先生以《易》本用以为筮，故有卦辞，又有爻辞，其所言皆天地间公例公理。"〔4〕贾恩绂担任诸生笔记。"诸生笔记先生皆亲手批改。"〔5〕刘培极担任《左传》《周礼》。

短短数月，莲池讲学院产生了强烈的、持久的社会影响力。任启圣曾在莲池讲学院就读，当时囿于大学资格，他几乎与讲学院擦肩而过。梁建章却对他破格录取。后来梁建章对其待若家人，多语及密事。梁建章认为自己继承莲池事业，得英才而教育之，引以为乐，乐为山长。20多年后，任启圣对梁建章仍念念不忘："老辈怜才逾于骨肉，几使我感激泣下。梁公又特予接见谈话至四小时之久，并垂

---

〔1〕 任启圣.河北莲池讲学院始末［M］//中国人民政治协商会议全国委员会文史资料委员会.文史资料存稿选编：教育.北京：中国文史出版社，2002：239.

〔2〕 张岂之.民国学案：第4卷［M］.长沙：湖南教育出版社，2005：24.

〔3〕 任启圣.河北莲池讲学院始末［M］//中国人民政治协商会议全国委员会文史资料委员会.文史资料存稿选编：教育.北京：中国文史出版社，2002：241.

〔4〕 任启圣.河北莲池讲学院始末［M］//中国人民政治协商会议全国委员会文史资料委员会.文史资料存稿选编：教育.北京：中国文史出版社，2002：241.

〔5〕 任启圣.河北莲池讲学院始末［M］//中国人民政治协商会议全国委员会文史资料委员会.文史资料存稿选编：教育.北京：中国文史出版社，2002：242.

询南海太炎昔日讲学情形甚详。今事隔二十余年,此情此景尤使我念念不忘也。"[1]黄寿祺曾于 1929 年进入北平中国大学文科预科学习,师事尚秉和、高步瀛。当莲池讲学院建成后,他报名为院外研究生。尚秉和为他寄来莲池讲义,黄寿祺遂从 1937 年 4 月开始,三次写信与尚秉和商榷,后来此三书分别载于 1937 年 5 月 3 日、5 月 10 日、6 月 2 日的《北平晨报·艺圃》。尚秉和在《第一书》中说:"震为小子……然非执事,孰能有此疑? 孰能以我之矛刺我之盾哉?"[2]在《第二书》鼓励其"《易经》既深有所入,即当继续用力,成此绝学,甚善甚善"[3],这种培养学生质疑问难的学术精神成就了"老树当风叶有声"[4]的黄寿祺先生。

〔1〕 任启圣.河北莲池讲学院始末[M]//中国人民政治协商会议全国委员会文史资料委员会.文史资料存稿选编:教育.北京:中国文史出版社,2002:236.

〔2〕 尚秉和.答黄之六论易书[M]//黄寿祺,张善文.周易研究论文集:第 2 辑.北京:北京师范大学出版社,1989:20.

〔3〕 尚秉和.答黄之六论易书[M]//黄寿祺,张善文.周易研究论文集:第 2 辑.北京:北京师范大学出版社,1989:21.

〔4〕 俞元桂.晚晴漫步[M].福州:海峡文艺出版社,1991:102.

第四章

莲池书院学子近代从业的『要素』分析

第一节　出而应世，以振危势

晚清保定莲池书院院长吴汝纶曾说过："出而应世，足以振危势而伐敌谋。"[1]他一方面强调莲池书院发展的社会历史背景，另一方面作为对莲池书院学子的警示。莲池书院学子后来的社会活动就在这样的社会历史环境中展开了。

一、守国之道，务自振起

清末教育活动是清末教育与社会关系的真实写照。从洋务运动开始，新式教育成为挽救国家危亡的良方，开办新式学堂、派留学开启了近代中国自强自立的进程。新政改革时期，开学堂之事日以闻，人才成为宏济时艰的第一要义，教育成为开启民智的守国之道。1904 年，清政府颁布了《奏定学堂章程》，后来相继颁布了系列配套措施，为清末兴学提供了制度保障。

齐福丕曾在《渤碣铭》诗中提出"守国之道，务自振起"的思想，反映了中国近代知识分子面对社会裂变发出的教育呼唤。莲池书院学子参与新式教育活动在此背景下展开，从活动内容来分析，他们参与的教育活动大致分为以下几种类型。

第一，留学日本。留学日本是莲池书院学子从事教育活动的基础。由于当年日本留学人士"愤其国为西洋所胁，率其徒百余人，分诣德、法、英诸国，或学政治工商，或学水陆兵法，学成而归，用为将相，政事一变，雄视东方"[2]，中日交流在维新运动期间已经蔚为一股时潮。晚清保定莲池书院学子在莲池书院肄业期间，由于莲池书院接纳外国留学生，通过和日本留学生的交往，以及莲池书院对西学的引入，他们具备了语言习得基础和社会心理准备，对外国尤其是日本具有一定了解。新政时期，留学日本成为一种平常的增加学识的学习方式，莲池书院学子

---

〔1〕　吴汝纶撰，施培毅、徐寿凯校点. 吴汝纶全集：三集[M].合肥：黄山书社，2002：229.
〔2〕　朱有瓛. 中国近代学制史料：第 2 辑(上册)[M].上海：华东师范大学出版社，1987：16.

融入国家留学潮流,留学日本成为他们一生重要的社会阅历。留日是莲池书院学子参与教育活动的基本途径,包括留学和学务考察,如齐福丕、刘登瀛、胡景桂、傅增湘等人赴日进行学务考察,刘春霖、邓毓怡、高步瀛、杜之堂、吴闿生、邢赞亭、籍忠寅等人赴日留学,归国后从事社会工作。他们构成了一个非正式的留日群体,而这个自发的留日群体却具有共同的自觉主动性,他们踏上东瀛的国土,能够虚心求益,吸纳日本先进的思想、理论,为他们归国后进行教育活动乃至社会制度的建构打下了知识、思想方面的基础。

第二,从事教学管理。从事教学管理是莲池书院学子从事教育活动的重要内容。本书根据所查阅的资料,摘录部分莲池书院学子在新政改革时期的教育行事,如表 4-1 所示。

表 4-1 部分莲池书院学子在新政改革时期的教育行事一览表

留　　日	创办新学堂	参与新式学堂		机构名称及任职情况
刘春霖 齐福丕 刘登瀛 胡景桂 傅增湘 冯国璋 高步瀛 杜之堂 刘吟皋 邓毓怡 吴闿生 邢赞亭 籍忠寅	傅增湘 刘吟皋 刘培极 邓毓怡 贾恩绂	教学	韩德铭	保定师范学堂正教员
			崔栋	顺天法政学堂教员
			常堉璋	北洋师范学堂国文教员
			刘吟皋	直隶保定第二女子师范、育德中学教员
			蔡如梁	广东肇庆府府学教授
			尚秉和	京师大学堂教习
			徐德源	北洋大学堂汉文教习
		管理	刘春霖	保定直隶高等学堂监督
			胡景桂	直隶学校司督办
			傅增湘	天津公立女学堂监督
				北洋女子学堂总办
				直隶提学使

续表

留 日	创办新学堂	参与新式学堂		机构名称及任职情况
刘春霖 齐福丕 刘登瀛 胡景桂 傅增湘 冯国璋 高步瀛 杜之堂 刘吟皋 邓毓怡 吴闿生 邢赞亭 籍忠寅	傅增湘 刘吟皋 刘培极 邓毓怡 贾恩绂	管理	冯国璋	北洋武备学堂督办
			吴闿生	直隶学校司
			邢赞亭	直隶优级师范学堂监督
			姚永概	安徽高等学堂教务长
				安徽师范学堂监督
		教学与管理	马其昶	京师大学堂教习
				学部主事
			柯劭忞	京师大学堂教员、监督
				学部主事
			高步瀛	直隶高等学堂教习
				直隶学务处查学员
				学部主事
			齐福丕	直隶优级师范学堂教员
				直隶学务处查学员
				省学务处副科长
			刘登瀛	保定高等学堂优级师范学堂教员
				直隶学务处查学员
				省视学
			王仪型	直隶女学堂教员
				山东师范学堂教习、监学员
			李景濂	直隶学校司编译处编纂
				直隶高等学堂汉文教务长
				北京法政学堂教员
				北洋五省优级师范学堂教员
			姚永朴	安徽高等学堂经学、伦理学教习、教务主任
				京师法政学堂国文教习

　　根据表 4-1,莲池书院学子在清末的教育活动有几个特点:首先,莲池书院学

子在清末兴学的教学管理中扮演着重要的角色,分为三种类型:专门从事教学,专门从事管理,从事教学和管理。例如,齐福丕、刘登瀛、高步瀛于 1904 年担任直隶学务处查学人员;胡景桂于 1902 年任学校司督办,傅增湘后来为直隶提学使;齐福丕、杜之堂、刘吟皋创办小学堂;傅增湘在天津创办北洋女子师范学堂、天津女子公学和高等女学 3 所新式学堂;刘若曾创办了辰州官立中学堂;刘培极创办私立诚慎中学;邓毓怡创办白洋桥镇私立启智学堂和自强女子学堂;冯国璋督理北洋武备学堂;刘春霖出任保定直隶高等学堂监督;姚永概和姚永朴于 1903 年同时就职于安徽高等学堂。其次,莲池书院学子的兴学动力也来自直隶的兴学环境。莲池书院学子在新政改革时期的教育活动部分集中在直隶省,而这个时期直隶省抓住大力兴学的契机。袁世凯督直期间,采取各种经济举措,筹集教育经费,从 1905 年以后实行分区劝学,直隶省分区劝学走在了全国教育前列。袁世凯曾在全省发出《督宪袁兴学告示》,呼吁"国家舍学堂无以取士,士子舍学堂无以进身……一切执业之人,舍学堂无以受普及之教育,无以裕普通之智能,无以养成国民之资格……自示之后,无论城乡村镇均须公同设法,广立蒙、小学堂,逐级递进,多多益善。绅富首当出资倡导,贫寒亦当协力合谋"[1]。袁世凯的兴学告示和领导能力对直隶兴学起到了重大的震撼作用,直隶省"为各行省之冠,文明大启,多士热心向学"[2],莲池书院学子与袁世凯素有交往,自然会聆听他的感召,大力兴学。例如,胡景桂认为,当时直隶省民智未开,财政困乏,所赖宫保维持。傅增湘认为,"直隶学务,自项城锐意恢张,重以严范孙、卢木斋二公前后擘画,成效斐然,殆冠于诸行省"[3],"由是近而畿辅,远及江海岭峤,闻风负笈,不远千里而至,闺英百辈,萃于一堂"[4]。傅增湘在《藏园居士六十自述》中对袁世凯的教育业绩进行了中肯的评价。

〔1〕　督宪袁兴学告示(光绪三十一年九月)[M]//保定市教育局史志办公室.保定教育史料类编.石家庄:河北人民出版社,1990:400.

〔2〕　直隶高等学堂监督王景熙为直隶公立小学堂拟定《简明章程》咨请立案文(光绪三十二年)[M]//保定市教育局史志办公室.保定教育史料类编.石家庄:河北人民出版社,1990:70.

〔3〕　傅增湘.藏园居士六十自述[M]//卞孝萱,唐文权.辛亥人物碑传集.北京:团结出版社,1991:431.

〔4〕　傅增湘.藏园居士六十自述[M]//卞孝萱,唐文权.辛亥人物碑传集.北京:团结出版社,1991:430.

二、耿耿寸心，守之不改

莲池书院学子傅增湘曾提出"耿耿寸心，守之不改"的观点，表达自己在民国前期政治风云里的理智爱国思想和行为，他的爱国思想代表了莲池书院学子在近代的政治理想与道德诉求。

莲池书院学子在近代的社会活动奠基于教育，实现了教育促进社会发展的功能。在政治活动方面，从清末的政治意识到民国的政治活动，莲池书院学子参与了公车上书、学堂风潮、国会请愿、南北议和、组建政团、护国运动等政治活动。他们对国家和社会情势的认识始于国民意识，强调了国家与人民之间的相互责权所在。在经济活动方面，莲池书院学子在国家经济政策的保障下，参与经济建设，促进社会经济的发展。

莲池书院学子的社会活动也来源于他们的社会交往，社会交往为他们参与社会活动搭建了平台，提供了机遇。尤其是他们能够接触社会精英人物和首脑人物，吸纳他们的思想，但也进行自我辨析，提升了他们的社会判断能力。

蔡如梁通过参加公车上书，与康有为交往甚深。贾恩绂尝以思易天下为己任，题其住室"思易草庐"，自号"河北男子"。早年中举后，和当地宿儒名流严复交往甚密，严复曾经题诗对贾恩绂的一生进行了预期评价：

题盐山贾佩卿思易草庐诗存

河北有男子，骧首临八荒。

生时丁阳九，中夜泪浪浪。

志欲扫浮云，磨洗日月光。

忧时抚长剑，欲往河无梁。

结庐扁思易，慨然念羲皇。

所悲五千载，未睹斯民康。

沈吟写孤愤，哀歌和迷阳。

由来贤达士，身世常相妨。

安得插两翼,视下仍苍苍。[1]

吴闿生、谷钟秀、刘春霖、傅增湘等人都与袁世凯素有交往或交往甚密,但他们从拥戴袁世凯而转变为反对袁氏帝制,其间的思想、行为都是趋于爱国情结使然。

籍忠寅与梁启超和蔡锷的交情甚厚,曾赴滇参与举兵讨袁,1929 年梁启超先生逝世,籍忠寅特作挽诗,"情思沉痛,气骨坚苍"[2]。

莲池书院学子徘徊在近代社会改革与革命的历史潮流中,他们有过彷徨,有过迷茫,但是,他们的言论风采与人生规划能够在民初政争和后来的干戈扰动中延续,既不为政潮所推激,又保持了近代知识分子的爱国气节,"守之不改"代表了他们的爱国信念。社会心理和个人心理在曲折的过程中逐渐变得成熟,他们的政治活动走向制度层面,继续追求近代的共和梦想。

第二节　留文章,照后世

"留文章,照后世"[3]是赵衡对李刚己的高度评价。作为近代文人群体,莲池书院学子留下了丰富的著述和思想观点,一起构成了学品人格的内涵,对于近代乃至当代的文学、思想、教育、活动等具有一定的社会影响及作用。

一、著述立说

莲池书院学子的一生也是著述立说的一生,著述立说融合在他们的社会活动中,也是他们近代从业的内容之一。他们在题材走向、艺术手段、风格倾向方面各具特点,但在体现中国文化基本精神方面也能够保持一致。

贺涛在新政时期的育人活动具有社会文化教育的含义。袁世凯任直隶总督期间,有人建议:"新学既兴,宜保存国粹,国粹之大者,莫若词章,取文学已优者,

---

〔1〕　题盐山贾佩卿思易草庐诗存[M]//严复撰.诚成企业集团(中国)有限公司组织编纂.传世藏书·集库·别集 15:严复诗文集.海口:海南国际新闻出版中心,1996:188.

〔2〕　纪念籍忠寅先生[M]//缪钺.缪钺全集:第七·八合卷.石家庄:河北教育出版社,2004:115.

〔3〕　赵衡.李刚己墓志铭[M]//卞孝萱,唐文权.民国人物碑传集.北京:团结出版社,1995:649.

聚之馆中，专讲古文义法……并招致嗜爱文学之学生，令其自动研治，以期优游自得，有所成就。"[1]为了保存国粹，袁世凯在莲池书院旧址创办保定文学馆，聘请清光绪进士、桐城派学者贺涛为之主持，一任其所为。文学馆不限学生名额，只选文学最优者；不设学堂科目，自由读书作文；不以仕进为图，学生待遇优厚。

邢赞亭在《莲池书院回忆录》中写道：

> 光绪三十年，莲池书院改为校士馆，直隶总督袁世凯，聘安平阎志廉鹤泉为馆长。阎为吴先生在深州拔取之士，蚤擢科第，有声于时。在馆岁月无多，旋即逝世。后改为文学馆，袁复聘武强贺涛松坡为馆长。贺亦吴先生在深州所赏识者，收为门下士。其为文章，卓然自立一家，张、吴咸推重之，在职三载有余。时学校已兴，设馆专攻词章，久已不合时宜，世人多非议之。渠亦不安于位，辞馆而去。[2]

贺涛家世曾以文学有声于时，贺涛少承家学，后受学于吴汝纶和张裕钊，"涛既从裕钊游学，益专精于古人之文，六经子史以逮唐宋八家，心维口诵，深有契于姚氏、曾氏义理、考据、词章三者不可偏废之说，尤必以词章贯彻始终"[3]，贺涛之才高，于吴汝纶有出蓝之誉，"涛之所以智过其师，则在雄峭而出以浑厚，沛然出之"[4]。贺涛精于文，认为国之贫弱有赖文学，但他深喜彼国之法，实为吴汝纶之所教也。贺涛推崇吴汝纶对于中西学术的观点，认为是自己的得法所自。那么贺涛又是如何看待中学与西学的关系呢？他在评论吴汝纶的文章中表达了自己的观点：

> 今中国之学，百不逮古，而于古人之书，反淡漠遇之，听其废坠而不为之所，岂不大可悲乎？吾师逆知其将然也，故于士狃旧习时，辄以新学启迪后进，既知变矣，则又急起而持之以防中学之废，大贤悯世之苦衷，固学者所宜

---

[1] 灞山.再谈以往的莲池[J].河北月刊,1937,5(3).

[2] 邢赞亭.莲池书院回忆录[M]//柴汝新.莲池书院研究.保定：河北大学出版社,2012：345.

[3] 刘梦溪.中国现代学术经典·钱基博卷[M].石家庄：河北教育出版社,1996：177.

[4] 刘梦溪.中国现代学术经典·钱基博卷[M].石家庄：河北教育出版社,1996：178.

深体而急图者也……吾学已精,而彼学之奥窔乃得而窥寻,既藉彼以扩充吾学,而竟乎其量,彼学且因以愈显。不能者并营而两失,能者相得而益彰,此吾学有功,新学之尤宜持重,而非狃于故习者比也。[1]

保定文学馆毕竟仅以保存国粹、传授桐城古文为目的,在当时有些不容于时势,更由于贺涛的离去而停办。此时,陈启泰、徐世昌等争相延请其为家庭教师,徐世昌更是对贺涛推崇备至。贺涛师从张裕钊与吴汝纶,也以徐世昌为友,贺涛去世后,徐世昌亲自主持编成《贺先生文集》4卷,并序其首,所以,贺涛文集涉及三人最多。他为张裕钊所作有《送张先生序》《武昌张先生七十寿序》《上张先生书》《祭张廉卿先生文》。吴汝纶去世后,贺涛应深州和冀州人士之意为其写状,也应吴闿生之请,表于墓。他为吴汝纶所作有《上吴先生书》《送吴先生序》《吴先生行状》《吴先生墓表》等。"气体闳远,而独发以高简之笔,则非国藩所能,至《吴先生行状》,则尤气厚色穆,靠实发挥;雄赡而归于朴,绝不张皇。"[2]贺涛刻写人物生平采用直叙手法,但也能做到起伏照应,意境浑融。

贺涛教弟子,"必以博通世务为有用之才"[3]。贺涛自幼至老,卷册不离手。中年以后,病目失明,但仍然讲学不辍。"日令从学者诵说中外群籍,为之解说……而冥思孤往,弥臻神解,足以发作者之奥旨,诏后生以楷式。"[3]贺涛门下箸籍弟子数百人。贺涛主文学馆时,南皮张宗瑛前来受业,成为高第弟子,刊有《雄白集》。后有李刚已、吴闿生亦受业门下。

吴闿生早濡家学,后受学于贺涛。吴闿生"生有异禀,濡染家学,本极渊深,受古文法,其思力过绝于人,能冥挈古人之精微开导后学,其为文雄古简奥,序次有节奏神采"[4]。1896年,吴闿生肺病卧养山中。其时正读《资治通鉴》。父汝纶曰:"汝年未冠,所学已胜吾未冠时。"[5]邢赞亭在《莲池书院回忆录》中评价其

〔1〕　徐世昌.大清畿辅先哲传[M].北京:北京古籍出版社,1993:873-874.

〔2〕　刘梦溪.中国现代学术经典·钱基博卷[M].石家庄:河北教育出版社,1996:183.

〔3〕　刘梦溪.中国现代学术经典·钱基博卷[M].石家庄:河北教育出版社,1996:184.

〔4〕　刘声木撰,徐天祥点校.桐城文学渊源撰述考[M].合肥:黄山书社,1989:295.

〔5〕　潘务正.晚清民国桐城文派年表简编[M]//南京大学古典文献研究所.古典文献研究:第9辑.南京:凤凰出版社,2006:317.

"继承家学,终日手不释卷,著作尤为宏富"[1]。"既以守汝纶遗绪,穷数十年之力,传写父书,尽布于世。"[2]有关吴闿生的诗文对其进行如下评价:"珠玉咳成落九天,一生心力付残编。昌黎坠绪谁能继,赖有斯文障百川。"[3]

中国当代辞书学与笔记小说研究家、著名学者刘叶秋先生(1917—1988)曾任商务印书馆编审和《辞源》主编,他在《吴北江先生说诗》中指出:"桐城吴北江(闿生)先生,为近代古文大家吴挚甫(汝纶)先生哲嗣,继承先德,发扬传统,称北方文坛耆宿者数十年。"[4]吴闿生点勘古籍,发掘先人意蕴,摘其微词奥义,开导后学,并以便后人研求。"论文主奇恣纵横,转变究极笔势,钱基博推崇备至,谓其辞气喷薄而出,以酝酿深醇,头象空邈,而能为沉郁顿挫,其势沛然,其容穆然,震荡错综,是真能得父书之血脉者。"[5]1921 年,吴闿生在《四存月刊》第 1 期发表论文四篇:《次韵吴海山雪诗》《深译王筱泉帛先生墓志铭》《前韵赠子健》《叠韵答子健海山》。1923 年,吴汝纶《周易大义》文学社刻本刊行,《群书点勘》不分卷莲池书社铅印本刊行。1924 年,吴闿生《北江先生文集》刊行。[6] 吴闿生于民国十三年(1924 年)完成了《晚清四十家诗钞》,选录了桐城派关键人物的诗作。吴闿生将选诗视野锁定在师友渊源上,自言效法姚鼐《今体诗抄》的体例,选定名家佳篇。[7]《晚清四十家诗钞》编选了清末诗人 41 家 640 多首诗,以师友渊源为主,其中囊括部分莲池书院学子的诗作。

吴闿生为文,上承吴、贺之学,能够合韩非、司马迁、韩愈、王安石为一体,雄奇峭厉,堪称曾、张、吴、贺之后劲,因而当时海内之治古文辞者,亦多以吴闿生为宗。[8]吉林名士成多禄曾在《招吴北江诸君饮》中评价吴闿生:"置酒于其间,客

〔1〕 邢赞亭.莲池书院回忆录[M]//柴汝新.莲池书院研究.保定:河北大学出版社,2012:347.
〔2〕 刘梦溪.中国现代学术经典·钱基博卷[M].石家庄:河北教育出版社,1996:191.
〔3〕 伦明,等.辛亥以来藏书纪事诗[M].北京:北京燕山出版社,2008:77.
〔4〕 刘叶秋.吴北江先生说诗[M]//刘叶秋.学海纷葩录.郑州:中州古籍出版社,1992:64.
〔5〕 伦明,等.辛亥以来藏书纪事诗[M].北京:北京燕山出版社,2008:77-78.
〔6〕 潘务正.晚清民国桐城文派年表简编[M]//南京大学古典文献研究所.古典文献研究:第 9 辑.南京:凤凰出版社,2006:330.
〔7〕 闵定庆.《晚清四十家诗钞》与桐城诗派的最后历程[J].中国韵文学刊,2008(1):78.
〔8〕 黄季耕.安徽文化名人世家[M].合肥:安徽教育出版社,2004:242.

来亦不速。桐城古文豪,海内惊老宿。清言沁胰肝,有斐音如玉。"[1]1936年,吴
闿生在《艺文杂志》发表论文四篇:《题师望鼎》(第1卷第5期)、《题伯懋父敦》
(第1卷第5期)、《题公违鼎》(第1卷第5期)、《生民有相之道解》(第1卷第
2期)。

刘叶秋曾于1946年向吴闿生请教作诗,吴闿生态度谦和,蔼然长者。"北
老回答的大意是取法乎上,要以大家的经心之作为楷模,不论作诗撰文,皆首
重见识。见识不高,即难有精义,纵使辞采华美,亦属空虚。但言之无文,则精
义无法表达,故必须'文质相副',始足言文。"[2]刘叶秋评价吴闿生的《古今
诗范》:

> 《古今诗范》十六卷,自汉魏至元虞集的诗,共收八十六家,七百三十七首
> 作品……翻阅一过,觉其选择殊精,解说亦详,正如北老自己所云,取其"孤诣
> 独造"者,加以阐发。所讲李贺、韩偓之诗,尤多妙谛。[3]

1946年至1948年,吴闿生为天津《民国日报》副刊《民园》版撰写《北江丛
话》。"隔数日必有一篇,于经史子集四部之书,无不涉及,而以论诗文者为多。其
谈杜甫《客至》一首,有署名'默园'者,表示异议,北老答辩,往复数次,皆在《民园》
版发表,各持己见,互不相下。"[4]

吴闿生著述丰富,主要有《诗义会通》《北江先生文集》《北江先生诗集》《周易
大义》《尚书大义》《孟子文法读本》《左传文法读本》《左传微》《汉碑文范》《古今体
诗约选》《古文范》《国文教范》《晚清四十家诗钞》《吴门弟子集》14部。还有译著
《和文释例》《支那国学论》等10部。

贾恩绂也是莲池书院弟子中擅长文者之一。有人对贾恩绂做了如下
评价:

---

[1] 成多禄. 招吴北江诸君饮[M]//成多禄著,翟立伟、成其昌编注. 成多禄集. 长春:吉林文史出版
社,1988:440.

[2] 吴北江先生说诗[M]//刘叶秋. 学海纷葩录. 郑州:中州古籍出版社,1992:64.

[3] 吴北江先生说诗[M]//刘叶秋. 学海纷葩录. 郑州:中州古籍出版社,1992:65.

[4] 吴北江先生说诗[M]//刘叶秋. 学海纷葩录. 郑州:中州古籍出版社,1992:66-67.

　　吴氏的莲池弟子中,文名最著者,前期推武强贺涛、贺源兄弟(二人均成进士,入翰林院),后期则推贾氏。同学中多人,虽夺巍科、取高位者如刘春霖(末科状元)、尚秉和(进士、《周易》专家)、谷钟秀(曾任农商部总长)及吴氏之子吴闿生(北江)等,莫不尊贾氏为师门传衣钵的学长。

　　桐城派文章,要求以义法、义理为主,要有充实的内容,研求字句、神气、音节、声色,文句达到雅洁。贾氏之文,却是严守师法,其一生著述,以书、序、碑、传为最多,这正是桐城派擅长的体裁。[1]

　　思易草庐是贾恩绂的书斋名,贾恩绂的诗集、文集、年谱、日记分别名《思易草庐诗稿》《思易草庐文稿》《思易草庐年谱》《思易草庐日记》。五四运动后,新思潮蓬勃发展,桐城派旧文体受到冲击。但北京的政、学界及社会上中层人物,均与旧传统有着千丝万缕的联系,碑、铭、序、传之风犹盛。贾氏既负文名,众望所归,凡遇此类文章,仍多出自贾氏之手笔。贾氏书室中,书架上有《谀墓拓存》十数巨册,均贾氏所撰墓铭、墓表的拓片汇集装订成册者,其中不少还是书法名家书写与镌刻的,另有文稿数巨册,足见其撰写之富。[2]

　　贾恩绂尝以思易天下为己任,从事教育和编撰方志是贾恩绂的两大成就。他在体例、纲目的安排上能够别具一格,独辟蹊径。贾恩绂推崇唐代史学家的观点,并应用到方志编撰中。修方志必须做到体例和纲目清楚;记叙事实时要自成文章,言论生动;书中内容要对现实政治有所帮助,有实用价值;对人物评价要公正客观。[3] 贾恩绂主持并参与所有的工作,既主持整个编撰工作,又参与具体的抄录、校勘、印刷等工作。贾恩绂著述甚多,尤以方志为最多。有《盐山新志》《定县县志》《河间县志》《南宫县志》等。《盐山新志》以同治《盐山志》为依据,参照见闻,由贾恩绂编撰。《盐山新志》于1916年付梓,记事至1915年。

　　高步瀛作为学者,治学严谨,渊博精深,注重考据,长于笺证。于经学,专精

---

〔1〕 张昆河.桐城派的最后散文家贾恩绂[M]//山东省文史研究馆.山左鸿爪.上海:上海书店出版社,1994:24-25.

〔2〕 张昆河.桐城派的最后散文家贾恩绂[M]//山东省文史研究馆.山左鸿爪.上海:上海书店出版社,1994:25.

〔3〕 孙继民,吴宝晓,等.燕赵历史文化名人[M].北京:当代中国出版社,2002:233.

"三礼"。著《古礼制研究》若干卷,叙述"三礼"源流及明堂、学校、祭祀等制度,旁征博引,纲目清晰,为集历代礼学大成之作。[1]于史学,博览群书,邃于《史记》《汉书》。于舆地学,通晓天下山川形胜及历代行政治所之沿革。于考据校勘学,精审渊博。对《昭明文选》,致力绝勤。[2]"先生治学,宏通博精,所谓博,是于书无所不读、精通音韵训诂、典章制度,对两千年来之政治得失、学术源流、地理沿革、风俗厚薄,了如指掌。所谓精,是有宏通之见,凡所著书,对前人之学说,善能鉴别其真伪然否,博辨纵横,归于至当。"[3]

柯劭忞的父亲潜心经史,工诗,柯劭忞承家学。1933 年,北京大学研究院决定刊行其遗著,3 年后刊行,包括《春秋榖梁传注》(15 卷)、《新元史考证》(58 卷)、《译史补》(6 卷),由北大出版处发售。当时北大所印行的《榖梁传注》为其定稿。"柯先生经术湛邃,近代殆无伦匹,于《春秋》三传及《尔雅》致力尤深,尝谓《春秋》三传《榖梁》意最高峻。"[4]《新元史考证》为柯劭忞毕生所作。"闻成书时每卷咸附有考证,及付刊时刻者以其繁悉裂去之。"[5]

傅增湘在民国后期专心从事图书收藏和版本目录学研究,以藏书出名。他自称:"余凤性疏简,澹于宦情,独于山水清游,卷帙古芬,乃有殊尚。少时溺于举业,中岁致身仕途,于斯二端,未遑深涉。辛亥谢职,得赋遂初,如羁人获释,游子还乡。"[6]除了游历山水,他更把主要精力放在藏书上。"闲居以来,屏绝世务,因得尽发藏书。凡人世服食声色之娱,百不挂怀,惟此卷帙丹铅相依,殆同性命。二十年中,七千余日,自非凶丧疾苦,官职羁縻,未尝不展卷相对。半生精力,尽耗于斯。顾务求浩博,曾无深造之诣与独见之明。"[7]1927 年任故宫博物院图书馆馆长。总计藏书 20 万卷,多有宋、元、明精刊及名钞本。乐游访名胜古迹,所至即记

〔1〕 张岂之.民国学案:第 4 卷[M].长沙:湖南教育出版社,2005:24.
〔2〕 张岂之.民国学案:第 4 卷[M].长沙:湖南教育出版社,2005:24-25.
〔3〕 北京师范大学文学院.励耘学刊:第 5 辑[M].北京:学苑出版社,2007:262.
〔4〕 牟润孙.海遗丛稿:初编[M].北京:中华书局,2009:270.
〔5〕 牟润孙.海遗丛稿:初编[M].北京:中华书局,2009:271.
〔6〕 傅增湘.藏园居士六十自述[M]//卞孝萱,唐文权.辛亥人物碑传集.北京:团结出版社,1991:432-433.
〔7〕 傅增湘.藏园居士六十自述[M]//卞孝萱,唐文权.辛亥人物碑传集.北京:团结出版社,1991:438.

诗文,为中国文化遗产的整理工作作出了重大贡献。

关于傅增湘藏书的事迹,还有多处证实。

谢国桢在《瓜蒂庵文集》中写诗,并评述、回忆傅增湘与其先祖相处,藏书、校书的过程:

> 海内藏书数江安,燃藜点校志穷源;自从修史追随后,一庭风露忆藏园。

> 江安傅沅叔太世丈曾与先祖共砚席,藏书之富,鉴别之精,海内外皆知,而校书之勤,已逾万卷,曾校书于西山大觉寺,为避嚣也。自归道山后,手校群籍,均归于北京图书馆。予以后进,得受提携。[1]

张元济在校勘、辑印古籍时,曾得到傅增湘的帮助,与之成为挚友。他于1931 年写诗赠予傅增湘:

> 车笠相逢胜会初,调停新旧费踌躇。回思天宝当年盛,坊市琉璃满异书。

> 国事艰难不忍言,蜷居海上且偷闲。小楼一角无嚣杂,静读南华秋水篇。[2]

伦明所著《辛亥以来藏书纪事诗》收藏了傅增湘的两首诗,并补小传:

> 海内外书胥涉目,双鉴已成刍狗陈。取之博者用以约,不滞于物斯至人。

> 篇篇题跋妙钩玄,过目都留副本存。手校宋元八千卷,书魂永不散藏园。

> 江安傅沅叔先生增湘,尝得宋、元《通鉴》两部,因自题“双鉴楼”。比年,南游江浙、东泛日本,海内外公私图籍,靡不涉目,海内外之言目录者,靡不以先生为宗。先生于书随弃随收,毫无滞滞。[3]

傅增湘回忆自己在辛亥革命后的藏书经历时说:

〔1〕 谢国桢. 瓜蒂庵文集[M]. 沈阳:辽宁教育出版社,1996:393.
〔2〕 张元济. 张元济全集:第 4 卷[M]. 北京:商务印书馆,2008:37.
〔3〕 伦明,等. 辛亥以来藏书纪事诗[M]. 北京:北京燕山出版社,2008:50-51.

旋约式之同校百衲本《通鉴》,经年记事,正讹补夺,为字万余,乃悟此学,实有心知,非徒皮傅也。于是有得即校,日竟一、二卷,悬为课程。神慅意酣,渐成癖嗜。箧中不备,或借瓻以谋之,或阅肆以求之。一书必兼采数本,一本或覆勘再三,舟车行役,林墅幽寻,辄载以相伴。数十年来,曾无经旬之辍。旧都门人,海邦学子,时来问业,则恣令移录,或写为校记,旋付雕镌。综计手校群书,为帙盈千,积卷近万。文字繁碎,董理为劳,近顷刊行,未能百一也。[1]

傅增湘致力于版本、目录、校勘之学。傅增湘收有宋、金刊本约150种,4 600余卷,元刊本数十种,3 700余卷。至今归入北京图书馆的善本尚有700余种。此外明清精刻、名抄、名校亦至3万余卷。[2] 傅增湘的藏书思想就是鉴存、校勘、传播,傅增湘自称"余之藏书,手校者十居八、九,传播者十居四、五,职是故也"[3]。

梁建章的治学活动始于中原大战失败后。当时冯玉祥部解体,梁建章回北京,开始治学。1933年5月,冯玉祥成立察哈尔民众抗日同盟军,梁建章任总部顾问。但是,同盟军被蒋介石解散,梁建章回到北京。当时宋哲元任察哈尔省主席,邀请梁建章编修《察哈尔省通志》,历时一年半,成书28卷。书的编纂方法与传统志书不同,也有独到之处,得到学者们的赞誉。

马其昶博闻广识,勤于治学,被称为桐城派的殿军。江西丰城毛庆蕃早在1887年就赞扬他:"桐城文献名邦,号天下第一,得通伯网罗放佚,都为一编。"[4] 马其昶少有志于乡邦文献,广征古籍,荟萃旧闻,经过20多年的积累,于1908年成《桐城耆旧传》。"从浩繁的卷帙中撷取丰富的材料,借鉴迁、固史笔,构成如此

---

〔1〕 傅增湘.藏园居士六十自述[M]//卞孝萱,唐文权.辛亥人物碑传集.北京:团结出版社,1991:436-437.

〔2〕 谭卓垣,伦明,徐绍棨,等.清代藏书楼发展史:续补藏书纪事诗传[M].沈阳:辽宁人民出版社,1988:422.

〔3〕 傅增湘.藏园居士六十自述[M]//卞孝萱,唐文权.辛亥人物碑传集.北京:团结出版社,1991:436.

〔4〕 毛庆蕃.题辞[M]//马其昶著,毛伯舟点注.桐城耆旧传.合肥:黄山书社,1990.

巨制鸿篇：全书十二卷，记叙人物九百余；上起明初，下讫清末，笔触遍及五百年间两代政治、经济、军事、农田、水利、交通、文化、艺术、医学等各个领域。从庙堂都会，到荒野山乡，从王侯卿相，到仆役村民"[1]，展现了社会生活的多样画卷。"桐城派不仅主文，且治经，马氏治易、诗、书，易宗费氏，诗宗毛氏，书宗大传。儒家之外，又精研老庄、屈赋。"[2]马其昶的《三经谊诂》成书于 1922 年，从整体把握先秦儒家思想体系，他将《孝经》《大学》《中庸》合称"三经"，他的文学思想直指当时军阀割据和战争祸烈的社会现状。1930 年 1 月 30 日，有人在其去世后特作挽联：

> 一朝史事付萧至忠，虽子玄难为直笔；
>
> 晚岁文章愧李遐叔，知颖士别有胜怀。[3]

还有一副挽联来悼念马其昶：

> 儒术颓流颇复振，东南一老系扶轮。火传取殿乡先辈，柴立应伤天戮民。忧患逃禅能示疾，文书传道更谁伦？倒肠别语飘江水，余卧匡山梦故人。[4]

姚永概兼长诗文，尤善作传记，诗文时具国势之感。有人评价为："叔节文甚高而诗亦工，得力所在，亦出宛陵，故意境老淡，枯而能腴。""叔节名永概，与兄仲实永朴、姊丈马通伯其昶，均负文名，海内言桐城文体者，必及数君……君生平尝谓诗旨第一，文次之，其自喜可想"。[5] 1915 年，姚永概在正志中学教授《孟子》《左传》和《尺牍选钞》，对孔孟经典颇有研究。林纾当时亦与他同应徐树铮之聘，教授正志学校。

林纾曾与姚永概在北京大学和正志中学共事 8 年，颇为相知，有诗赠之：

> 天下争传姚氏学，八年聚首向长安。文名极盛身何补，世论尝深胆共寒。

〔1〕 马其昶著，毛伯舟点注. 桐城耆旧传[M]. 合肥：黄山书社，1990：471.
〔2〕 马其昶著，孙维城等点校. 马其昶著作三种[M]. 合肥：安徽大学出版社，2009：1.
〔3〕 挽马通伯[M]//景常春. 近现代名人对联辑注. 南京：南京大学出版社，1989：283.
〔4〕 挽马通伯[M]//刘纳. 陈三立. 北京：中国文史出版社，1998：192.
〔5〕 毛庆耆. 近代诗歌鉴赏辞典[M]. 合肥：安徽教育出版社，1997：1147-1148.

永日恋田颇在客,经时修史未成官。较量终胜闽南瘦,江上无家把钓难。[1]

姚永概对此诗写酬答诗,修髯健谈,饶有风趣:

老去情怀思止酒,平生骨相不宜官。须长鬓短俱如此,射虎南山大是难。[2]

姚永概为别人诗文集作序,也都要叙写人物行迹、交游经历,《慎宜轩文集》载有一些序文[3]:《裴伯谦诗序》《兵法新棋说略序》《诸家平点古文辞类纂序》《畏庐文续集序》《陶庐文集序》《马冀平诗序》《与陈伯严书》《送仲兄之湖口序》《送沈乙庵方伯序》《吴先生行状》《西山精舍记》《斗影图记》《竹山城西小潭记》《堵河记》《慎宜轩记》《校史图记》。1921年,姚永概作《辛酉论》八篇,分别为上古、五伦、原孝、从众、谊利、政权、真伪、儒释,宣扬传统的伦理道德。[4]

姚永朴的文风与姚永概不同。"永概交满海内,好议论天下事;而永朴声华寂寞,专志读经三十余年,不立门户,视唐如汉,视宋元明亦如唐,博稽而约取,会通众说。"[5]姚永朴潜心研读,对于诸家经说无不洽熟淹贯,旁及子、史、小学、音韵。桐城县志所记姚先生经历著作较详,摘录如下:

光绪二十七年,客居广东,受聘为起凤书院山长,著《尚书谊略》。光绪廿九年,受聘山东高等学堂教习,旋回安庆,就任安徽高等学堂伦理教习。其间,著《小学广》《诸子考略》《群经考略》《群儒考略》等书。光绪卅三年受聘为安徽高等学堂教务主任,著《十三经述要》《我师录》。宣统元年(1909年)被荐为学部咨议官,同时受聘为京师法政学堂国文教习。著《蜕私轩读经记》

〔1〕 杨怀志,潘忠荣. 清代文坛盟主桐城派[M]. 合肥:安徽人民出版社,2002:143.

〔2〕 王揖唐著,张金耀校点. 今传是楼诗话[M]. 沈阳:辽宁教育出版社,2003:48.

〔3〕 姚永概. 十六篇[M]//任访秋. 中国近代文学大系·散文集四. 上海:上海书店出版社,1993:140-157.

〔4〕 潘务正. 晚清民国桐城文派年表简编[M]//南京大学古典文献研究所. 古典文献研究:第9辑. 南京:凤凰出版社,2006:329.

〔5〕 刘梦溪. 中国现代学术经典·钱基博卷[M]. 石家庄:河北教育出版社,1996:211.

《国文学》。民国三年（1914 年），清史馆开，被聘为纂修，起草《清史稿》四十余卷，同年应聘为北京大学文科教授，先后著《文学研究法》《史学研究法》《史事举要》。民国七年，在正志学校任教，与其弟永概合编《历朝经世文钞》，又成《初学古文读本》《旧闻随笔》《论语解注合编》。〔1〕

姚永朴锐意治经，会通众说，"欲网罗众说而折衷之，使上不失圣贤之意，而下有以餍来世学者之心"〔2〕。有人认为："先生说经，虽以宋儒为宗，而于汉、唐博稽兼采，不立门户，无愧通儒。"〔3〕姚永朴作《文学研究法》25 篇。"先生论文大旨，本之姜坞，惜抱两先哲，然自周秦以迄近代，通人之论，莫不考其全而撷其精。故虽谨守家法，而无门户之见存。往岁主讲国立法政学校，著有国文学四卷，翔赡而简易，典显而精凿。学者便之，玮适以是时亦滥竽讲序，获读其书，亟率诸弟子执贽往受学焉。"〔4〕《史学研究法》分成史原、史义、史法、史文、史料、史评、史翼、结论八篇，分别加以介绍。姚永朴的弟子张玮曾于 1914 年作序，给予高度评价，认为《文学研究法》和《史学研究法》"博综群言，衷以己意，为先生集中最有心得之作"〔5〕。

辛亥革命后，尚秉和在北洋政府民政部、内务部工作。尚秉和从清末到民国初期，沉浮部中 10 余年。"自通籍后，处京师，出入于各座师之门，凡王公贵人，及当世宰相，莫不亲接其颜色，习见其晋接僚属承奉辇毂之劳……其烦劳其情状，自料非孱躯所能堪，而文学者，吾所素习也，始欲以著述自见矣"〔6〕。他于 1914 年到承德避暑山庄清查文物典籍，1920 年因政务抵湖北、河北、山西、内蒙古、河南、山东等地，一面办理政务，一面考察各地风俗民情，详做笔记、写观感。尚秉和自感辛亥国体变更为数千年所未有，在处理政务之余，收集传记，存录报章，以 10 年之力，成《辛壬春秋》，海内外几经付梓，不绝于世。尚秉和著述甚丰，遍涉经史子集。《辛壬春秋》一书创作始于 1911 年，刊行于 1924 年。谷钟秀在该书"序"中

---

〔1〕 姚永朴撰，余国庆点校. 论语解注合编[M]. 合肥：黄山书社，1994：4-5.
〔2〕 姚永朴撰，许振轩校点. 文学研究法[M]. 合肥：黄山书社，1989：2.
〔3〕 姚永朴撰，许振轩校点. 文学研究法[M]. 合肥：黄山书社，1989：3.
〔4〕 姚永朴撰，许振轩校点. 文学研究法[M]. 合肥：黄山书社，1989：序.
〔5〕 姚永朴. 史学研究法[M]. 北京：商务印书馆，1938：序.
〔6〕 滋溪老人传[M]//尚秉和. 周易尚氏学. 郑州：中州古籍出版社，1994：447.

说："民国三年,秀遁沪草《中华民国开国史》,既刊行,而于各省独立始末付诸阙如,方拟补缀未果也。五年归京,晤故人尚节之先生,得悉伊已著《辛壬春秋》,省自为篇,于独立始末特详。"[1]全书分辛壬大政记、各省记事、民党死事记、清臣殉难记、袁大总统事略等 48 篇,详细记录了辛亥、壬子两年间全国各地的重大历史事件和社会变动情势。该著作"出版前言"说："尚秉和以史官自任,以敏锐的历史眼光,记录了中国历史发生重大转折时的历史状况。体例效仿正史,有记、有表、有事略及传记,正文后有叙目,结构精严。《辛壬春秋》是为研究辛亥革命、中华民国成立这一段历史问题不可缺少的文献资料。"[2]

1928 年北洋政府解体,尚秉和先后到沈阳萃升书院、北京中国大学国学系任教,潜心教学与著作,著有《古文讲授谈》《国文讲义》。两书出版,影响很大,河北大儒王树楠、桐城姚永朴、姚永概等名士皆叩门来访,引为同气。另著有《历代社会风俗事物考》《历代社会状况史》。1935 年应吴承仕之邀,讲《易》于中国大学国学系。此后潜心治《易》,发表专著论文多篇,后集为《周易尚氏学》。

中国的书籍皆详于朝代兴亡、政治得失,对于社会情状、风俗变迁的记录少见。1938 年,尚秉和所著的《历代社会风俗事物考》由长沙商务印书馆出版,共 44卷。关于写书的原因,尚秉和说："中国书籍,皆详于国家章制。至社会情状、风俗变迁,无专书记录。兹编因经史百家之言,追想其社会情状,类别区分,捃拾荟萃,凡人所习焉不察者,均择出研究,以期易明。"[3]《历代社会风俗事物考》记述内容上自三代,下讫晚清,内容涉及中国古代的衣食住行、婚丧嫁娶、博弈游戏、岁时祭祀等细小民俗事象,追想其社会情状的风俗变迁。他的弟子杜琨在 1937 年该书出版前作序,评价甚高："社会之推移,风俗之演变,一事一物之沿革,可以考人群之进化,防弊害于未然。其事虽小,其所关则甚大,且历代风俗事物真象不明,一读古书则生扞格……吾师行唐尚节之先生,凡所著述,皆发前人所未发……考订之精详,征引之繁富,及剖驳汉唐古注之讹误,虽起古人质之,亦不得不俯服

---

〔1〕　尚秉和. 辛壬春秋[M].北京：中国书店,2010：3.

〔2〕　尚秉和. 辛壬春秋[M].北京：中国书店,2010：出版前言.

〔3〕　王文宝. 中国民俗研究史[M].哈尔滨：黑龙江人民出版社,2003：143.

也。真读古书者之管钥,祛疑惑者之蓍龟,而究研古社会状况者之渊海也。"[1]该书举凡历代衣、食、住、行的沿革及社会风俗,作了详尽的考证,为民俗学研究提供了有价值的资料。[2]

王树楠被誉为"发其学于才之内"。李刚己、赵衡曾受学于贺涛与王树楠,他们在《王晋卿先生》中描述:"自贺先生殁后,至今北方言文学,必推先生。论者谓贺氏文敛其才于学之中,先生则发其学于才之内,门下著者武宫李刚己刚己,冀州赵衡湘帆,亦并工文。"[3]尚秉和在《故新疆布政使王公行状》中评价为"公之学浩博无涯涘,秉和交公数十年,略窥一二"[4]。王树楠"慨然念前人沐栉之劳,文治武功,历史愈远,愈益湮没坠失,无可征信;乃招集二三博雅同志之士,网罗文献,分纂《新疆图志》,而自以意润色,成书八十册,考之上古,验之当今,殚见洽闻,洵创前古之所未有,而足为后来殖边者之考监;不徒文章之典茂渊懿,独翘然而出其类也"[5]。王树楠在新疆任职期间,创办了新疆通志馆,3 年间编纂成《新疆图志》,亲自撰写了该书的"国界志""山脉志""兵事志""访古录""礼俗志""道路志""土壤志"等章节。该书成为中国史籍和边疆史地学的经典之作,是后世治学修史必备的重要文献。[6]

王树楠于 1915 年后为国史馆协修、编纂处总纂,参与编修《清史稿》。除代清史馆纂修《畿辅通志》《畿辅先哲传》外,还著有《欧洲列国战争本末》《欧洲族类源流略》《彼得兴俄记》《希腊学案》《希腊春秋》《陶庐丛刻》《陶庐文集》《陶庐诗集》和《陶庐续诗集》,此外还有大量经史、小学、方志等著作。他是近代学者、散文家,力攻古文,对桐城宗派不妄加认可,出于桐城而不盲从桐城。他的文章多碑志、墓

〔1〕 王文宝. 中国民俗研究史[M]. 哈尔滨:黑龙江人民出版社,2003:143-144.

〔2〕 王国荣,丁剑勇,曹维劲. 20 世纪中国学术名著精华[M]. 上海:学林出版社,1998:1376.

〔3〕 李崇元著,王云五主编. 清代古文述传[M]. 长沙:商务印书馆,1940:103.

〔4〕 尚秉和. 故新疆布政使王公行状[M]//卞孝萱,唐文权. 辛亥人物碑传集. 北京:团结出版社,1991:713.

〔5〕 刘梦溪. 中国现代学术经典·钱基博卷[M]. 石家庄:河北教育出版社,1996:168.

〔6〕 郭晨峰. 近代著名方志编纂学家王树楠[M]//柴汝新. 莲池书院研究. 保定:河北大学出版社,2012:241.

表、寿序之作,但甚重取义,往往不同世俗。

王树楠被称为海内耆硕,张希鲁慕之已久,遂于 1935 年 3 月 25 日拜谒王树楠,归后撰写《记王晋卿老人语》:"老人今年已八十有五,目尚能看细字,惟耳稍重,而著述如常,其《陶庐丛书》及代徐世昌总统撰辑,已不下数十种。治史地远及欧洲,清史稿大多数为老人手订。其客厅有今年门弟子所上寿联:'大椿八千岁,名世五百年'。国内耆硕,已成硕果,斯言良然。余随先生得登名儒之堂,亲聆伟论,何幸如之。"[1]王树楠编有《新疆图志》,及录其金石文字为《新疆稽古录》,还著有《墨子三家校注》,有诗对其文学成就进行了评价:

姬刘二雅疏笺续,《墨子》三家补正编。

稽古新疆纂图志,《陶庐丛刻》枣梨镌。[2]

李刚己撰《李刚己先生遗集》五卷,附著者传、墓志铭、行述等一卷,共四册,直隶南宫李氏民国六年(1917 年)都门刻本。该书写刻精美,书品阔大。李刚己此书包括诗一卷、文一卷、西教纪略三卷。特别是其中的《西教纪略》,尤详于西教传华史料,更附有清光绪二十六年(1900 年)中国天主教教士、教堂、教民表,为中外关系史上的重要著作,也是研究中国教会史不可或缺的中文著述。[3]

邓毓怡于 1911 年辛亥革命爆发后,联合同志组建国民协进会。1914 年,袁世凯解散国会,他被邀至绥远,创办归绥银行并任经理,但由于地方政府财力有限,他的计划未能实施。1916 年,他又回京复任议员。1917 年,张勋复辟,国会又遭解散。

1921 年夏,中国劳动组合书记部成立,中国共产党早期卓越的领导人、杰出的工人运动领袖邓中夏时任负责人之一。1922 年,国会再复,邓毓怡再度为议员。1922 年 5 月召开第一次全国劳动大会,7 月向众议院发起《中国劳动组合书

---

〔1〕 张希鲁著,平锦主编. 西楼文选[M].昆明:云南美术出版社,2006:51.

〔2〕 伦明,等. 辛亥以来藏书纪事诗[M].北京:北京燕山出版社,2008:149.

〔3〕 详于西教传华史料的《李刚己先生遗集》[M]//白撞雨. 翕居读书录. 北京:石油工业出版社,2009:513.

记部总部邓中夏等的请愿书》，"益觉得劳工法案规诸宪法之重要，用是为全国劳工请命计，为国家立法前途计，理合拟具劳动法案大纲十九条，依法请愿"〔1〕，邓毓怡为当时介绍人之一。

在国会复兴以后，邓毓怡发起"宪法学会"，翻译并编著《欧战后各国新宪法》，作为制定宪法的参考，也使更多的人了解了世界政治形势，推动了当时宪法研究工作。邓毓怡于民国十五年（1926年）四月十日，在炮声隆隆的京师拙园完成了《欧战后各国新宪法》的自序。《欧战后各国新宪法》共三编，邓毓怡从1922年开始译辑，他在自序中说：

> 此编付刊于十四年十二月，而以战事纷纭，迫近畿甸，手民时作时辍，讫今乃得就成。当余之初译各国宪法也，自课之程序，在取各国新宪介绍而比较之，用为供给国人之初步；嗣是当进求国情之特异，考论国宪之所宜。乃四五年于兹，自问所为，犹未出第一步之畴范，而环顾国内人心事象，所需于宪法者，似未尝大异于四五年以前。
>
> 今世立国，不能无宪法，况号共和，顾所谓人心事象者，犹不无梦想专制利赖草昧之薪乡。〔2〕

此译著侧重欧战后宪法之成因与现象，涉及了芬兰共和国、伊沙尼亚共和国、法兰西、比利时等国家，介绍了各国宪法的总纲、人民权利、立法、政府及行政、司法、财政、国防、教育、宗教等内容。在他为民初众议院议员王锡泉所作的挽联《挽王锡泉》中，可以看到他对参与民初政选的评价：

> 众生现饿鬼，相变且愈奇，撒手去万劫，婆娑净土常依，未尝非福
>
> 吾辈学君子，交谈而不坏，屈指数廿年，故旧稀瓜更摘，何以为情〔3〕

刘登瀛和邓毓怡同时在1921年第1期的《四存月刊》上发表文章，表达他们

〔1〕 邓中夏. 邓中夏文集[M].北京：人民出版社,1983：13.

〔2〕 邓毓怡. 欧战后各国新宪法三编[M]. 中华印刷局,1925：1-2.

〔3〕 顾平旦,常江,曾保泉. 中国对联大辞典[M]. 北京：中国友谊出版公司,1991：717.

对近代实业的看法。

刘登瀛发表《农学述要》，阐述并比较中西农学思想：

> 生人所资，曰衣食居处。任土地之，宜树艺植物，牧养动物。以充衣食居处之用，而获其利益者，厥为农业。农业所必需者有三：曰土地，曰资本，曰劳力。而植物何以生长而成熟、动物何以蕃息而茁壮、土地资本劳力何以费少而获利多是不可无学以研究之也。中国农法，多得之试验。西国农法，多得之格致。试验之法，知其当然；格致之法，并知其所以然。且试验者必多历时日，经失败而后有得。格致者先明其理，而后学其事，其失败也少。虽西国农学家有言，格致考求之理，与农夫试验之理无异，而其收效之迟速多少，盖有间矣。今格致日兴，言农事者亦日精，而其尤切要为农家所易知易行者，可约略述之，以为初学入门之资云。[1]

1921年第1期《四存月刊》的"读书漫笔"栏目登载了邓毓怡的《欧哲美学谈片》：

> 人类生命之发动，苟区划而命以名，可得三端：曰智慧，曰本能，曰灵性。而为此三端之目的者，曰真，曰善，曰美。人之于美也，从事乎其技者，曰美术。从事乎其道者，曰美学。十九世纪以前，学者论美，殆犹附庸于哲学。近数十年，美学乃浸浸独立为学科矣。大战以还，欧洲学者益憬然于物质文明，竞战过当，智慧偏用。本能曰偷，非以灵性调剂其冲突，人生之道，行且大毂，于是美术愈盛，美学亦愈昌。言教育者，且汲汲焉以美育济智德体育之不足。吾人治画学，在美术为一部，则美学之研求，更不容忽。[2]

第一次世界大战结束后，中国在巴黎和会上的要求遭到拒绝，引发了中国的五四运动。民主与科学、独立与自由成为中国近代思想启蒙的方向，进一步解放了国人的思想。在思想文化方面，俄国十月革命和马克思主义在中国的传播，引

---

〔1〕 刘登瀛.农学述要[J].四存月刊，1921(1).
〔2〕 邓毓怡.欧哲美学谈片[J].四存月刊，1921(1).

起了部分知识分子理性地反思西方文化,中国的近代化开始有了更加理性的高度。邓毓怡从哲学的高度,反思西方科学"智慧偏用"的弊端,体现了近代知识分子的独立批判意识。

二、有关莲池书院学子的著述汇总

(一) 莲池书院学子文集列举

通过收集和梳理当代学术界对莲池书院学子生平事迹的研究成果,本书展示莲池书院学子的著述信息,涉及讲义、专著、诗集、方志,抛砖引玉,有待于多方今后的查找、查证与补充,如表 4-2 所示。

表 4-2　莲池书院学子文集

学子	文　　集
李刚己	《李刚己先生遗集》(民国刻本)
贺涛	《贺先生文集》《仪礼》
吴闿生	《诗义会通》、《北江先生文集》、《北江先生诗集》、《周易大义》、《尚书大义》、《孟子文法读本》、《左传文法读本》、《左传微》、《古今体诗约选》、《古文范》、《国文教范》、《晚清四十家诗钞》、《吴门弟子集》、《汉碑文范 4 卷,附编一卷》(武强贺氏,1926)、《生民有相之道解　于思泊毛诗新证序》(国立北平图书馆,1935)、《韩集点勘》(莲池印书社,民国)、译著《和文释例》、《支那国学论》
贾恩绂	《盐山新志》《定县县志》《南宫县志》《清苑新志》
谷钟秀	《中华民国开国史》(新善本)(上海:上海泰东图书局,1914)
刘彤儒	《说文异诂笺》
刘春堂	《石林文稿》二卷、《诗文浅说》一卷、《民国高淳县志》
常堉璋	《寄斋文章》八卷、《诗钞》一卷
邢赞亭	《求己斋诗集》
刘培极	《周秦诸子评议》《左传文法读本》《经论新说辨误》《楞严释要新学》
杜之堂	《书法讲义》四卷、《瀚华斋诗文稿》一卷、《广宗文史资料》
韩德铭	《莲运庵文集》
杨金钥	《启周遗稿》1 卷

续表

学子	文　集
邓毓怡	《大城县志十二卷首一卷》(清光绪二十四年(1898)刻本) 《欧战后各国新宪法》(1～3编)(北京宪法学会,1922年9月—1926年4月初版)
吴汝绳	《吴诒甫诗集》
王仪型	《吴门白马丛书》
张坪	民国《沧县志》十六卷首一卷
梁建章	《察哈尔省通志》
王树楠	《新疆图志》《新城县志》,参与编修《清史稿》,还著有《欧洲列国战争本末》《欧洲族类源流略》《彼得兴俄记》《希腊学案》《希腊春秋》《陶庐丛刻》《陶庐文集》《陶庐诗集》《陶庐续诗集》《故旧文存》(民国16)、《汉魏六朝砖文》(北京:商务印书馆,1935)、《陶庐老人随年录》
尚秉和	《古文讲授谈》《国文讲义》《历代社会风俗事物考》《辛壬春秋》《周易尚氏学》
李景濂	《学部条议存稿》
刘登瀛	《伦理讲义》1卷、《诗文集》4卷
崔栋	《周易大义》3册、《尚书今文》28篇、《诗大义》2册、《周礼讲义》1册、《周官日记草》、《仪礼汉读考》1卷、《仪礼日记草》、《五经大义》1册、《经说随录》2册、《立义坚确稿》
廉泉	《南湖东游草》《南湖集古诗》《南湖居士拈花集》《潭柘纪游诗》《南湖集》
蔡如梁	《曲波簃诗文集》16卷、《外集》8卷、《中外大事表》8卷、《四元通例》5卷,现在仅存有《曲波簃诗文集》3卷
柯劭忞	《春秋榖梁传注》15卷、《新元史考证》58卷、《译史补》6卷
马其昶	《诗毛氏学》《尚书谊诂》《抱润轩文一卷》《英夷入寇记》《定本庄子故》《三经谊诂》《老子故》《庄子故》《屈赋微》《抱润轩遗集》《抱润轩文集》《桐城耆旧传》
张继	《中国国民党党史概要草案 上辑》(福建省地方行政干部训练团,1942)、《中国国民党党史概要讲演汇辑》(中央训练团,1943)、《党的监察制度与实施》(中央训练团党政高级训练班,1943)
高步瀛	《唐宋文举要》《孟子文法读本》《唐宋诗举要》《文选李注义疏》

学子	文　集
傅增湘	《侨工须知》(1919)、《静嘉堂文库观书记》(1930)、《东西京诸家观书记》(国闻周报社,1930)、《清代殿试考略》(天津大公报社,1933)、《衡庐日记》(天津大公报社,1935)、《藏园群书题记续集》(藏园刊成,民国 27 年)、《藏园老人遗稿 3 卷》、《藏园游记》、《文苑英华校记》、《藏园群书经眼录》、《藏园老人遗墨》、《藏园遗稿》
姚永概	《孟子讲义》《慎宜轩日记》《慎宜轩诗集》《慎宜轩文集》
姚永朴	《起凤书院答问》、《敝帚斋主人年谱》、《惜抱轩诗集训纂》、《蜕私轩文稿》、《尚书谊略》、《旧闻随笔》、《文学研究法》、《论语解注合编》、《史学研究法》(商务印书馆,1938)、《诸子考略》(北京资研编译社,1928)
徐德源	《中国历代法制考》

（二）莲池书院学子文论的来源

关于莲池书院学子个人的部分文论已在中国近代期刊发表,还可见于今人的文论收集资料,具体如表 4-3 所示。

表 4-3　莲池书院学子文论的来源

学子	个人文论的收录	
	个 人 文 论	资 料 来 源
吴闿生	《次韵吴海山雪诗》	《四存月刊》,1921 年第 1 期
	《深译王筱泉帛先生墓志铭》	《四存月刊》,1921 年第 1 期
	《前韵赠子健》	《四存月刊》,1921 年第 1 期
	《叠韵答子健海山》	《四存月刊》,1921 年第 1 期
	《题师望鼎》	《艺文杂志》,1936 年第 1 卷第 5 期
	《题伯懋父敦》	《艺文杂志》,1936 年第 1 卷第 5 期
	《题公违鼎》	《艺文杂志》,1936 年第 1 卷第 5 期
	《生民有相之道解》	《艺文杂志》,1936 年第 1 卷第 2 期
齐福丕	《齐福丕诗文》	南宫市政协文史资料研究委员会编:《南宫文史资料》(第四辑),1992 年版

续表

学子	个人文论的收录	
	个 人 文 论	资 料 来 源
刘春霖	《六十自述诗》(1931 年)	王凯贤选注:《中国历代状元诗》(清朝卷),北京:昆仑出版社,2007 年版
谷钟秀	《农商总长谷钟秀呈》	《政府公报》,1917 年第 504 期
	《绥远河北农村现况(谷钟秀等报告)》	《农声》,1935 年第 191 期
	《论说二 国会与二大问题》	《中国新报》,1907 年第 1 卷第 7 期
	《私拟华盛顿会议中国之提案》	《林学杂志》,1921 年第 1 卷第 2 期
	《绥远河北村巡礼》	《开发西北》,1935 年第 4 卷第 6 期
刘培极	《六经通义序》	《四存月刊》,1921 年第 1 期
高步瀛	《张味鲈续春灯话序》	《小说月报》(1910 年),1918 年第 9 卷第 12 号
	《寒山社诗钟续集序》	《小说月报》(1910 年),1919 年第 10 卷第 7 期
	《华阳卓文端公话雨楼遗集序》	《坦途》,1928 年
	《史记太史公自序笺证》	《女师大学术季刊》,1930 年第 1 卷第 1 期
	《选学纲领》	《东北丛刊》,1930 年第 11 期
	《曾浩然转语释补序》	《女师大学术季刊》,1930 年第 1 卷第 1 期
	《读史偶识》	《师大国学丛刊》,1931 年第 1 卷第 1 期
	《三礼学制郑义述》	《国学丛编》,1931 年第 1 卷第 4 期
	《选学纲领》	《东北丛刊》,1931 年第 1~12 期
	《四库全书选印目录表》	《东北丛刊》,1931 年第 15 期
	《获鹿张君墓表》	《国学丛编》,1932 年第 1 卷第 5 期
	《杨公墓志铭》	《国学丛编》,1933 年第 2 卷第 1 期
	《段懋堂顾千里论学制书评议》	《师大月刊》,1934 年纪念专号
	《哀江南赋笺》	《师大月刊》,1934 年第 14 期
	《哀江南赋笺(续)》	《师大月刊》,1936 年第 7 卷第 26 期

续表

学子	个人文论的收录	
	个 人 文 论	资 料 来 源
邓毓怡	《拙园诗集》	阿英：《庚子事变文学集》（上），北京：中华书局，1959 年版
	《法国宪法百年间之变迁》	《四存月刊》，1921 年第 1 期
籍忠寅	《去杭州北旋车中寄溯初》（1921 年）、《为黄溯初题扇并序》（1926 年）、《夜不成寐怀溯初》（1927 年）、《为黄夫人题刘贞晦君所写〈金刚经〉》（1928 年）、《题〈敬乡楼图〉并序》（1928 年 10 月）、《题溯初先人梦仙冠圭两先生〈行乐图〉》（1929 年）	黄群撰，卢礼阳辑：《黄群集》，上海：上海社会科学院出版社，2003 年版
梁建章	《泰山凿泉》	《乡村建设》，1932 年第 2 卷第 2 期
	《河北省之公路运输》	《交通杂志》，1936 年第 4 卷第 1～2 期
尚秉和	《辛壬春秋》	杨家骆：《戊戌变法文献汇编》（第 4 册），鼎文书局，1973 年版
冯国璋	《直隶都督冯国璋呈大总统遴委李长泰署大名镇总兵缺请鉴核文》	《政府公报》，1912 年第 197 期
	《直隶都督冯国璋呈大总统拟以补用游击张绍绪补遵化营游学员缺请鉴核实遵文》	《政府公报》，1912 年第 197 期
	《直隶都督冯国璋呈大总统遴委何炳庠署理大顺广道员缺请鉴核施行文》	《政府公报》，1912 年第 192 期
	《直隶都督冯国璋呈大总统暨致国务院等电》	《政府公报》，1913 年第 314 期
	《直隶都督冯国璋呈大总统拟将绿营兵丁一律裁撤其官员分别去留另候简用录用至现统准练各军之总兵官用何名称应由参谋拟令令行各办法请查核公布施行》	《政府公报》，1913 年第 339 期
	《直隶都督兼民政长冯国璋呈大总统暨致国会等电》	《政府公报》，1913 年第 335 期
	《国务总理赵秉钧呈大总统据直隶都督冯国璋呈拟以现署宁津县知事胡长年酌给嘉禾章以资鼓励等语请核夺施行文》	《政府公报》，1913 年第 343 期

续表

学子	个人文论的收录	
	个 人 文 论	资 料 来 源
冯国璋	《直隶都督冯国璋呈大总统拟以卢承宗补授马兰镇标右营守备缺等情请鉴核施行文》	《政府公报》,1913 年第 318 期
	《署江苏都督冯国璋呈报海陆军战团兵队在江阴等处变乱审明拟结各情形文》	《政府公报分类汇编》,1915 年第 37 期
刘登瀛	《书孟子要略卷一后》	《四存月刊》,1921 年第 1 期
	《农学述要》	《四存月刊》,1921 年第 1 期
邢赞亭	《莲池书院忆旧》	河北省政协文史资料委员会:《河北文史集粹　教育卷》,石家庄:河北人民出版社,1992 年版
傅增湘	《文字风尚》	陈元晖主编,璩鑫圭编:《中国近代教育史资料汇编·鸦片战争时期教育》,上海:上海教育出版社,2007 年版
	《先修养,再议论——傅增湘致蔡元培》(1917 年 3 月 26 日)	侯书森:《百年老书信　5》(文事·家事卷),北京:改革出版社,1998 年版
	《藏园笔记二篇》	中国社会科学院近代史研究所近代史资料编辑部:《近代史资料　总 80 号》,北京:知识产权出版社,2006 年版
	《藏园居士六十自述》	卞孝萱、唐文权:《辛亥人物碑传集》,北京:团结出版社,1991 年版
	《咏昭君墓二首》	鲁歌选注:《历代歌咏昭君诗词选注》,武汉:长江文艺出版社,1982 年版
	《白云洞》《蔚竹庵》《蔚竹庵蜜蜂村板桥道人》	青岛市诗词学会:《万古崂山千首诗》,北京:新华出版社,2002 年版
	《静寄山庄歌》	郭俊纶:《清代园林图录》,上海:上海人民美术出版社,1993 年版
	《海源阁藏书记略》	袁咏秋等:《中国历代国家藏书机构及名家藏读叙传选》,北京:北京大学出版社,1997 年版

学子	个人文论的收录	
	个 人 文 论	资 料 来 源
傅增湘	《游红佛寺》	罗应涛:《诗游蜀国》,成都:四川大学出版社,2006 年版
	《将军洞题壁》	赵乐强等:《历代诗人咏乐清》,北京:中国文史出版社,2007 年版
	《教育总长傅增湘呈大总统报明就职日期文》	《政府公报》,1917 年第 683 期
	《教育总长傅增湘呈大总统修正留日学生监督处简章请鉴核文》	《政府公报》,1918 年第 982 期
	《教育总长傅增湘呈大总统为鲁省办学人员牟梓田捐资兴学请奖褒辞文》	《政府公报》,1918 年第 1022 期
	《教育总长傅增湘呈大总统特保本部委任职员才能卓著请以荐任职升用文》	《政府公报》,1918 年第 961 期
	《教育总长傅增湘呈大总统为李长泰吴炳湘二员赞助教育拟均给予本部一等奖章文》	《政府公报》,1919 年第 1167 期
	《教育总长傅增湘呈大总统为浙江商民孙鹏捐资兴学请给褒辞文》	《政府公报》,1919 年第 1081 期
	《教育总长傅增湘呈大总统拟订留欧学生监督处简章并遴员请给予简派文》	《政府公报》,1919 年第 1157 期

(三) 莲池书院学子的近代笔录

关于莲池书院学子的近代笔录如表 4-4 所示。

表 4-4 关于莲池书院学子的近代笔录

学 子	近 代 笔 录	收 录 途 径
刘若曾	王树楠:《清大理院正卿刘公及配刘夫人合葬墓志铭》	卞孝萱、唐文权:《辛亥人物碑传集》,北京:团结出版社,1991 年版
刘春霖	《教育次长暂行代理部务袁希涛呈大总统直隶职绅总统府秘书刘春霖在籍办学成绩卓著请给予一等奖章文》	《政府公报》,1917 年第 510 期

续表

学　子	近　代　笔　录	收　录　途　径
高步瀛	《萧澄　高步瀛启事》	《北京师大周刊》,1924 年第 239 期
	王森然:《高步瀛先生评传》	《北华月刊》,1941 年第 1 卷第 5 期
	王森然:《高步瀛先生评传(续)》	《北华月刊》,1941 年第 1 卷第 6 期
籍忠寅	常堉璋:《籍公行状》	卞孝萱、唐文权:《辛亥人物碑传集》,北京：团结出版社,1991 年版
	《筹备国会事务局委员长籍忠寅就职日期通告》	《政府公报》,1917 年第 634 期
王树楠	尚秉和:《故新疆布政使王公行状》	《河北》,1937 年第 5 卷第 5 期
张继	《哀暴徒张继》	《大地周报》,1947 年第 90 期
	《张继的绝笔诗》	《大地周报》,1947 年第 91 期
	《零星回忆》	《中央日报周刊》,1948 年第 1 期
梁建章	《筹备国会事务局委员长梁建章就职日期通告》	《政府公报》,1919 年第 1221 期
冯国璋	《副总统冯国璋》	《妇女杂志》,1916 年第 2 卷第 12 期
	《要牍：二十二省旅沪公民唐绍仪等致冯国璋书》	《大中华》,1916 年第 2 卷第 6 期
	《副总统冯国璋宪法请愿评》	《斯觉》,1917 年第 1 期
	《人文志(三)冯国璋》	《人文月刊》,1937 年第 8 卷第 4 期
	《袁世凯称帝与冯国璋》	《越风》,1937 年第 2 卷第 1 期
	《黎元洪与冯国璋》	《平论》,1913 年第 1 卷第 1 期
	《大总统亲授直隶都督冯国璋勋一位证书》	《政府公报》,1912 年第 199 期
傅增湘	张元济:《致傅增湘电》(1932 年 1 月 30 日)、《致傅增湘书》(1932 年 2 月 4 日)、《致傅增湘书》(1932 年 3 月 17 日)	张元济著,张人凤辑:《中华民族的人格》,沈阳：辽宁教育出版社,2003 年版
	《傅增湘捐书获奖》	《教育通讯月刊》,1947 年第 4 卷第 2 期
李刚己	赵衡:《李刚己墓志铭》	卞孝萱、唐文权编:《民国人物碑传集》,北京：团结出版社,1995 年版

第三节　人格砥砺

人格砥砺是社会群体在社会磨炼过程中进行自勉或互勉的途径和方式。莲池书院学子通过自身的人格磨炼，塑造自己的人格力量。作为一个个非正式群体，由于学缘、亲情、友情、地域等因素，莲池书院学子也通过日常交往获得了彼此的鼓励和精神支撑，他们的精神世界成为他们人生的重要组成部分。

一、诗以言志

诗歌是个人进行思想和志趣表达的重要途径，也是陶冶情操、培植志气的重要环节。莲池书院学子的文学素养也同样陶冶他们的情操，他们通过艺术途径来抒情言志，表达自己的人生观点和时势看法。

（一）忧时爱国

邓毓怡在庚子事变后及时写下了反侵略、反封建的诗句。体例谨严、颇具历史眼光和版本价值的文学总集《庚子事变文学集》中收录了邓毓怡的《拙园诗集》。

闻大沽陷

逃兵贸贸夜西走，传言夷军夺沽口。我闻惊悸不敢疑，强揩醉眼泪盈手。嗟我贱士何独然，中朝正有元老存。前年张罗覆朋党，威势赫赫无比伦。又纵健儿满城野，白画杀人如杀豚。会将用以当海人，呜呼！会将用以当海人！

哀　天　津

大沽雄关临海水，东出津门百余里。艨艟一夜炮火飞，万户千门尽倾圮。逃人回首泣向空，断衣露肘溃血红，中间老妇更凄切，自言失女夷军中。[1]

---

〔1〕阿英.庚子事变文学集：上[M].北京：中华书局，1959：61.

庚子兵燹后为歌者郑玉真书扇

十国华徽遍上都,太平风物竟何如? 衣香扇影春依旧,谁画巴黎纪念图?[1]

常堉璋《杂感》全面反映庚子国变和江山破碎的惨状。将整个国家危亡、整个民族的悲剧作为吟咏对象,散发着其忧国忧民所特有的沉郁顿挫之气。[2]

闭门血泪滴幽泉,况复惊魂属日边。历历河山曾净土,萧萧风雨又秋天。

世无颜牧君休矣,后有扬雄事偶然。怪说酒肠今骤减,盘胸正有百忧填。[3]

籍忠寅的好友黄群,字溯初,曾于 1912 年任临时参议院议员,1913 年为第一届国会众议院议员,同时参加了共和党。籍忠寅在逝世前为他所作的诗作,虽然意在怀旧,更表达了自己忧时爱国的心境。

去杭州北旋车中寄溯初

(1921 年)

籍忠寅

放鹤亭边晚系舡,跨虹桥畔夜谈天。此行莫惜空归去,结得西湖一月缘。

(余赴杭州,因浙江方制省宪,当局电约咨询意见,后以所见不行而去。)

为黄溯初题扇并序

(1926 年)

籍忠寅

辛酉曾游钱塘,有诗为溯初题扇。今溯初言此扇已失,因更述浙东山水之胜,约余往游。余累于病,自度不果往,赋此题扇,还赠溯初。

旧扇已如黄鹤去,昔游谁续白鸥盟? 闻君脱口青山好,顿想飞身健步轻。

十日等闲舟可到,百年尘土我虚生。题诗更伴清风送,聊当江南又一行。[4]

---

〔1〕 阿英.庚子事变文学集:上[M].北京:中华书局,1959:61.

〔2〕 闵定庆.桐城诗学的一记绝唱——论《晚清四十家诗钞》的宗杜取向[J].南昌大学学报(人文社会科学版),2007(4):96.

〔3〕 吴闿生评选,寒碧点校.晚清四十家诗钞[M].杭州:浙江古籍出版社,2006:195.

〔4〕 黄群撰,卢礼阳辑.黄群集[M].上海:上海社会科学院出版社,2003:360.

题《敬乡楼图》并序

(1928 年 10 月)

籍忠寅

敬乡楼者,吾友黄君溯初少时与诸兄弟读书处也。溯初兄弟皆早殁,季弟以舟沉海死,尤所痛心。溯初方移书客沪上,而楼毁于火。睹故简而思雁行,因图斯楼,以志不忘焉。

藏书万卷识家风,苦忆登楼伴阿同。我亦鹡鸰千古恨,颍滨何意对涪翁?[1]

1931 年"九一八"事变后,刘春霖对蒋介石的不抵抗政策感到愤慨。当时,他儿子和朋友想为他操办寿典,他坚决反对。忧国情绪使他拒绝了个人的生日宴会,他心中关心的是国难,而忧国又使他寄希望于瑞雪丰年,遂作《六十自述诗》。

六十自述诗(1931 年)

我生性僻爱林泉,天赐名区结胜缘。学古堂前莲似海,临漪亭畔树如烟。
农场观稼层楼迥,御苑簪毫大镜圆。投老更逢萧散地,朝朝森木玉坛边。

第一人中最后人,只今四海剩孤身。平生竟曲沂公志,忠直难稽宋代臣。
望飞黄明通尚德,出神暗夕证前因。不崇高第崇高行,闻内观型藻鉴真。

遇顺初乘万里风,炎炎箴语感南丰。荐书北海虚青眼,执戟东方滞白宫。
散木不材原是福,息机报瓮岂求功。守常自是安心法,吾驾难回水势东。

浩然直养气无亏,根直天人俯仰时。风转沧流坚道力,烟开岱顶豁襟期。
诸儒竞说朱云辩,一语能回季布危。陈迹六经同弃物,雕虫敢说壮夫为。

---

〔1〕 黄群撰,卢礼阳辑.黄群集[M].上海:上海社会科学院出版社,2003:347.

闲居无入不陶然，卜筑西城喜地偏。课幼藉成娱老计，买书幸有卖文钱。

坐忘渐悟神仙诀，饱食犹为博奕贤。忧国忍能看彩戏？为传雪已兆丰年。[1]

邢赞亭在《秋风二绝》的第一首诗中，以秋风为背景，抒发了对卢沟桥事变后国家变故的忧思：

西风飒飒送新秋，一叶能生尔许愁。昨梦卢沟桥上过，心惊七月火云流。[2]

（二）咏物抒怀

姚永概在《咏常季庭前萱草》中咏物抒怀：

阶前忘忧草，乃作黄金花。六出向我笑，须端缀粟芽。

君持杯谓我，所忧胡琐琐。酌酒对此花，自计未为左。

我思植瑶草，灌以醴泉流。枝叶日茂美，佩之百疾瘳。

世间闲草木，那得解余愁。斯言傥不遂，愿逐庐遨游。[3]

二、学子情深

莲池书院学子在近代社会从业及社会分化过程中，都能保持彼此的情义。这种情义化为一种情感力量，支撑着他们的内心世界，甚至对他们的社会活动产生了积极作用。

第一种学子情深体现在学子之间的交往层面。莲池书院学子注重学友间的切磋，他们通过不同形式来进行个体交往、思想传递、行为评价等，从多方位展现个体的思想与情感。

莲池书院学子以写序或撰写行状、墓志铭、诗文、书信等形式，表达彼此的交

---

〔1〕 王凯贤. 中国历代状元诗：清朝卷[M]. 北京：昆仑出版社，2007：402-403.

〔2〕 中央文史研究馆. 缀英集——中央文史研究馆馆员诗选[M]. 北京：线装书局，2008：149.

〔3〕 高兴. 古人咏百花[M]. 合肥：黄山书社，1985：345-346.

谊和思念之情,也用来自勉。例如,常堉璋著《籍公行状》,为籍忠寅写传略;尚秉和著《故新疆布政使王公行状》,为王树楠写传略;王树楠著《清大理院正卿刘公及配刘夫人合葬墓志铭》,为刘若曾撰写墓志铭。

傅增湘与冯国璋在袁世凯幕府相识,交往至密。傅增湘在民初入阁任教育总长,也与冯国璋"旧交敦促"有关。

邓毓怡在民国时期曾为冯国璋作挽联,对冯国璋的人生与功绩进行了客观的评价:

> 知遇感前尘,公亦少年,叶才百里;
> 飘零悲大树,干排雷雨,根断泉源。[1]

1912 年,邑人举马其昶为县议会议长。1914 年,京师法政学校聘马其昶为教务主任,兼任参政院参政。识王树楠。[2]

尚秉和"少年精力强壮之时,为制艺所困,不得专致力于诗古文。乃通籍后始专意为之,而吴先生已殁。乃问法于吴北江、常济生、贾佩卿、刘平西诸同学,凡有所作,无不就正"[3]。尚秉和的《辛壬春秋》于 1924 年刊行,邓毓怡题写扉页书名,王树楠、吴闿生、谷钟秀等人为之作序。王树楠高度评价尚秉和为"乃竭十余年之力,详咨精择以成一代之信史"[4]。

尚秉和高度评价王树楠:"公之学浩博无涯涘,秉和交公数十年,略窥一二。公子禹敷拜求撰述,乃检公遗书及见闻所及,缀录如右,以备史官采择"[5],故作《故新疆布政使王公行状》。

王树楠在《清大理院正卿刘公及配刘夫人合葬墓志铭》中写了他与刘若曾之间的交往:"光绪乙酉,乡闱榜发,余读元文而善之,或告余曰:'此盐山刘孝子也。'宣统三年,余自新疆返京师,始一识公。每与会饮,公皆置荤酒不御。或又告

---

〔1〕 李学文.怎样作哀挽联[M].北京:西苑出版社,2003:90.

〔2〕 潘务正.晚清民国桐城文派年表简编[M]//南京大学古典文献研究所.古典文献研究:第 9 辑.南京:凤凰出版社,2006:325.

〔3〕 滋溪老人传[M]//尚秉和.周易尚氏学.郑州:中州古籍出版社,1994:453.

〔4〕 尚秉和.辛壬春秋[M].北京:中国书店,2010:1.

〔5〕 尚秉和.故新疆布政使王公行状[M]//卞孝萱,唐文权.辛亥人物碑传集.北京:团结出版社,1991:713.

余曰：'公初试于乡，母夫人仓猝病殁，公深痛不获亲汤药，视含殓，遂庐墓侧，誓终身茹素，为母祈冥福，且以志己罪也。'故至今无识与不识，佥以孝子呼之。……时至今日，纲常名教，扫地尽矣。公独笃庸行，饬伦纪，以维世教若此，是可风也。"[1]

刘若曾写信请求马其昶赠言，马其昶当时处于即将南返并归隐故山的情形，他在《答刘仲鲁书》中说："别久矣，吾之情犹是也。前足下过此，甚喜，以为可谋永朝永夕之欢，竟不能然……辱书乞言于我，并承惠《中州名贤集》，多荷！多荷！仲鲁虚受之怀犹昔也……足下不移之操，吾既见其然矣，继自今当更有以观足下之处显也。"[2]马其昶叙述了与刘若曾的交游和友情，赞扬了刘若曾的虚受之怀，但作为挚友，他告诫好友要坚守节操。马其昶用平易自然的语言诠释了莲池书院学子间的真挚情义。

邢赞亭广交朋友。他爱好文史，喜好收藏珍贵古籍，与吴闿生、傅增湘成为挚友，且有同好。桐城派文人盐山贾恩绂好文史，邢赞亭推荐他重修南宫县志，后来，贾恩绂为重修南宫县志作出了巨大的付出和努力。

高步瀛所撰的《孟子文法读本》体例谨严，又选取了吴闿生为其所作的评语，缀于书端，令诵读者称善。

常堉璋在谈到与籍忠寅的交往时说："堉璋长公八岁，自公之幼及壮至老，相与扶携而左右之，知公为详，故叙述生平行谊本末，以告当世知言之君子。"[3]故作《籍公行状》用以缅怀。

常堉璋用《次韵和辟疆》赠言吴闿生：

交情陶令归来菊，人事刘郎去后桃。同是孤游能仗剑，可怜四顾正提刀。
自相贵耳群儿戏，子好游乎海气高。莫是江流能索解，贾生赋笔子云骚。
胸裹能藏渭川竹，人间安得武陵桃。按图书索昆仑玉，为使君歌大食刀。

〔1〕　王树楠. 清大理院正卿刘公及配刘夫人合葬墓志铭[M]//卞孝萱，唐文权. 辛亥人物碑传集. 北京：团结出版社，1991：763.

〔2〕　马其昶. 答刘仲鲁书[M]//宫晓卫. 清代散文. 上海：世纪出版集团、上海书店出版社，2000：107.

〔3〕　常堉璋. 籍公行状[M]//卞孝萱，唐文权. 辛亥人物碑传集. 北京：团结出版社，1991：554.

我欲从之沧海远,世无和者大风高。可怜倜傥东方朔,独对穷愁北郭骚。[1]

邓毓怡用《长句赠济生》赠言常堉璋：

君如燕支之马不可骑,相其气骨龙象狮。举世不用行安之？……
君且去,一樽临歧重相语。
今日当筵各太息,谁定明朝复何处。
十年薄海尘满眼,千里终当重龙驭。[2]

姚永概在《调李刚己》中写李刚已：

李生不横行,局促守燕郊。徒然郁奇气,上与云雨捎。
鸟睹天下丽,浪结江南交。何不从吾去,流观一解嘲。[3]

姚永概在酬答诗中提及吴闿生,写道：

拥袖未妨珍国手,故乡望气已轩然。[4]

姚永概在《寄怀贺松坡刑部》中写贺涛：

北方盛文学,惟深与冀州。两州先后间,临莅得吴侯。
养成凤凰群,一一和鸣球。深州子自出,冀州子所游。
……
癸巳客莲池,相逢谈笑展。相许在韩欧,题我西山卷。
一别十三年,海水嗟清浅。国运同再兴,朋交艰一眄。
长沙今大贤,持节皖山前。袖中出鸿文,乃子赠行篇。
上陈根本计,下叙应求缘。篇尾缀及余,甚惭故人专。
吴侯弃斯世,子亦厌人事。独抱胸中书,老卧燕都肆。
惟有长沙公,怜君暮憔悴。聚必授衣餐,别犹勤赠遗。
……

〔1〕 吴闿生评选,寒碧点校.晚清四十家诗钞[M].杭州：浙江古籍出版社,2006：193.
〔2〕 吴闿生评选,寒碧点校.晚清四十家诗钞[M].杭州：浙江古籍出版社,2006：191-192.
〔3〕 吴闿生评选,寒碧点校.晚清四十家诗钞[M].杭州：浙江古籍出版社,2006：111.
〔4〕 王揖唐著,张金耀校点.今传是楼诗话[M].沈阳：辽宁教育出版社,2003：48.

子老不能南,我懒无意北。朗咏云龙什,惜哉长相忆。[1]

姚永概在《陶庐文集序》中叙述了莲池书院学子间的情义:

光绪壬辰、癸巳间,吴挚甫先生方主讲莲池,馆我于院中,昕夕纵谈,则闻北方文学巨子首推新城王晋卿、武强贺松坡。久之,松坡自冀州来,相聚十余日,为余题《西山精舍图》以去。晋卿先生则官蜀陇、新疆,余寻亦南归。国家多故,变乱相寻,自念生平倾慕之人,不知会合在何日也。

乙卯春,余来京师,晋卿先生方任参政,因得相见。先生诵余文大喜,为之序……松坡既殁两载,相国徐公为刊其遗稿。松坡之文敛其才于学之中,先生能发其学于才之内,信乎皆豪杰之士也。[2]

根据时间推测,姚永概在 1914 年左右为王树楠作序。一方面回忆当年的莲池书院的学习生活,表达自己对王树楠、贺涛的倾慕和思念之情;另一方面反映北方文学的承传与盛衰之故。

邢赞亭偶然看到籍忠寅遗墨,"余友亮侪殁已十余年,偶检遗墨,见有丙寅三月见寄诗二首,多伤时忧国之语,今世事险恶益甚,因用其韵以抒感慨之忱":

一

忧国心如醉,醒非石可醒。旌旗千里赤,墓草十年青。
华髪凋将尽,流年驶莫停。世间成败迹,恍惚梦中经。[3]

二

宰木行将拱,人间万事非。干戈停复起,父老泣安归。
杀伐权争霸,搜苗吏索肥。如何还政日,民更陷危机。[4]

根据籍忠寅逝世的时间,可以推测该诗的创作时间应该在 20 世纪 40 年代。邢赞亭遂用其韵作诗抒发感慨之情,反衬出当时"伤时忧国"的社会心理,从而激

〔1〕 吴闿生评选,寒碧点校. 晚清四十家诗钞[M]. 杭州:浙江古籍出版社,2006:117.

〔2〕 姚永概. 陶庐文集序[M]//任访秋. 中国近代文学大系·散文集四. 上海:上海书店出版社,1993:144.

〔3〕 中央文史研究馆. 缀英集——中央文史研究馆馆员诗选[M]. 北京:线装书局,2008:150.

〔4〕 中央文史研究馆. 缀英集——中央文史研究馆馆员诗选[M]. 北京:线装书局,2008:151.

发了自己的爱国情绪。

第二种学子情深体现在莲池书院学子对莲池书院的怀念层面。莲池书院学子对莲池书院及吴汝纶的怀念是他们精神生活的重要组成部分,这种深沉、久远的师生之谊是他们参与近代社会活动的精神力量。

姚永概作《到保定二十日作诗二十四韵奉吴先生》:

> 谒公莲池间,风柳鸣蜩螗。十载望见忱,忱如客得返。
>
> 公清犹故顾,我荒非昔娆。玄云出太行,千里垂黝黗。
>
> 急雨挟清风,顿失连朝溓。馆我树石间,笑谈去畦间。
>
> 矜庄杂诙谐,亹亹复宛宛。乃知培成心,意气最雄稳。
>
> 吾乡百逊昔,人才运未寒。逝将奉公归,筑堂临广阪。
>
> 龙眠照户牖,浮渡作囷苑。百年将坠业,肆力追遗遁。[1]

常堉璋《杂感》组诗专门描述了庚子国变时莲池书院的遭遇:

> 悲哉一炬咸阳火,旧馆莲池更被兵。憔悴芙蓉秋欲泣,分飞乌鹊夜无声。
>
> 交情海内惟师友,消息天涯问死生。回首十年欢会事,祇今一掬诉哀情。[2]

吴闿生在《晚清四十家诗钞》中前四句表示感同身受,评为"情景交融,不堪卒读"[3],可见其内心的悲怆。但是,常堉璋在描述庚子事变中对莲池书院师友之谊的价值进行了肯定,赞许了这种可以互诉衷情的精神支柱。

吴汝纶逝世后,莲池书院学子通过各种方式以示悼念。"(吴)汝纶之殁也,贺涛既为之状,且表其墓;而(马)其昶则更为《吴先生墓志铭》以章之。"[4]

籍忠寅在为吴汝纶日记作序时,回忆吴汝纶:"其宏识毅力,所以匡士风、维

---

〔1〕 吴闿生评选,寒碧点校.晚清四十家诗钞[M].杭州:浙江古籍出版社,2006:111.

〔2〕 阿英.庚子事变文学集:上册[M].北京:中华书局,1959:179.

〔3〕 闵定庆.桐城诗学的一记绝唱——论《晚清四十家诗钞》的宗杜取向[J].南昌大学学报(人文社会科学版),2007(4):96.

〔4〕 刘梦溪.中国现代学术经典·钱基博卷[M].石家庄:河北教育出版社,1996:192.

国是者,视今日所称先觉之士何如哉,特传于世者,不以政而以文耳。"〔1〕

韩德铭在《哭桐城先生诗》中高度评价了吴汝纶的文芒,也回忆了莲池书院的往昔,夹杂些许苍凉沉痛:

> 文芒郁百丈,有时灿九天。天风吹之东,道术摄万千。
>
> 长途送公去,形影犹目前。登车首频迥,知公意留连。
>
> 欲求问道处,一痛拼余衰。四年劫火飞,池馆化寒灰。
>
> 灰中奋鸟革,栖阁又崔嵬。往复成今昔,茫茫五内摧。〔2〕

常堉璋督刻《古文四象》,乃禀师命而为。检其《古文四象跋》曰:

> 《古文四象》,湘乡曾文正公所编定。文正没既久,吾师桐城吴先生尝从文正所钞得其目录,以为此编实启文家之秘钥,不可以不公诸世。当前清光绪壬寅之夏,先生以京师大学总教习奉国命赴日本,考察学制。临行,以此本授工雕版,属林琴南、冒鹤亭两君校勘,而命堉璋督刻。癸卯易岁,先生捐馆。刻资不给,堉璋筹资竣工。顾究以校勘未精,遂置未印行。
>
> 比岁以来,同学诸友颇责堉璋未竟先生之志,因召工修版,补其残阙,筹资印行。〔3〕

莲池书院学子多年以后,依旧深深怀念当年的学习生活。刘春霖于1931年的《六十自述诗》中回想起当年"学古堂前莲似海,临漪亭畔树如烟"的生活景观。

邓毓怡在《莲池四首》之一中怀念莲池书院:

> 翠羽拱金扉,当年驻六飞。一人操斗柄,八海识天威。
>
> 藓迹迷宸藻,泉声想舜微。登临此何日,惟有泪盈衣。〔4〕

---

〔1〕 籍忠寅.桐城吴先生日记序[M]//吴汝纶撰,施培毅、徐寿凯校点.吴汝纶全集:四集.合肥:黄山书社,2002:1169.

〔2〕 吴闿生评选,寒碧点校.晚清四十家诗钞[M].杭州:浙江古籍出版社,2006:189-190.

〔3〕 王澧华.曾国藩家藏史料考论[M].桂林:广西师范大学出版社,1996:234.

〔4〕 吴闿生评选,寒碧点校.晚清四十家诗钞[M].杭州:浙江古籍出版社,2006:192.

张继"回溯一生经过,渺如浮云"〔1〕,但对莲池书院的生活却是记忆犹新。他在回忆录中写道:

> 光绪二十三年(1897年),侍父到保定莲池书院。光绪二十四年(1898年),中岛裁之从吴挚甫先生学。吴先生为中岛讲毛诗及周易,命余与北江先生讲听。偶遇吴先生集莲池诸子讲史记,余亦随听,颇受吴先生爱抚。吴先生每晨至城外散步,弟子愿从者亦可,余亦随侍,获益颇多。然学殖浅薄,多不能领会也。常见莲池诸子以朱蓝各色临姚、张、吴诸氏之古文辞类纂,及史记等圈点,妄斥谓岂圈点即学问耶?颇不驯。回忆当时错过机会,未肯受益,悔之晚矣!……当时桐城文学,在河北,以保定莲池书院为中心。书院山长前为武昌张廉卿先生,继之者乃桐城吴挚甫。一时才智,多集门上。〔2〕

傅增湘在《藏园居士六十自述》中回忆莲池学院的学习生活:

> 辛卯,随侍居保定,时吴挚甫先生主讲莲池书院,从游者多一时英隽,余进而问业,因以粗识读书之道,为文之法。先生教人以致用为主,宴坐侍谭,盱衡古今,于国家理乱之机,中外正教之要,与夫穷变通久之宜,三致意焉。会外患方亟,国是纷纭,先生所以勤勤诏诲者,欲使通过世故,乘时自效,匪徒以文士相期也……由今思之,修名不立,志业无成,诸先达奖借之厚,愧负深矣。〔3〕

傅增湘退休家居以后,不仅研究古籍,而且雅嗜游山,连岁出游。他在游记中议论今古,抒发情怀。1932年,傅增湘重游保定莲池书院,在《秦游日录》中写道:

> 二十四日。早起已过定州,十时许至保定,童时游钓之所也。当时莲池角艺,意兴飙举,与张化成、李刚己、常济生、吴凯臣、梁式堂、贾佩卿诸君文酒往还,如昨日事,回忆已四十余年,自顾白发盈颠,无复少年豪兴。念此辄为惘然。〔4〕

吴闿生对父亲吴汝纶也进行了评价:

〔1〕 张继. 张溥泉先生回忆录·日记[M]. 台北:文海出版社,1982:1.

〔2〕 张继. 张溥泉先生回忆录·日记[M]. 台北:文海出版社,1982:3.

〔3〕 傅增湘. 藏园居士六十自述[M]//卞孝萱,唐文权. 辛亥人物碑传集. 北京:团结出版社,1991:429.

〔4〕 傅增湘. 藏园游记[M]. 北京:印刷工业出版社,1995:403.

先公居官,既尽心民事,及莲池主讲,公卿庶士,翕然宗仰。自军国大谋,下至州县之政,与夫生徒问学者,日麇集于门,简牍往来不绝也。间窃以为古之贤豪,其菁华皆足以涵孕千载而并世,而生亲接其言论风采、周旋于左右者,感发兴起,恒百倍于凡人。[1]

贾恩绂在《思易草庐诗稿》中写诗怀念吴汝纶:"余从先生在光绪辛壬之间,先生以是题扇,属望之深,情见乎词。今四十年矣,怅触旧游,爰步韵以志知己之感。"[2]有人在河北地方文献中发现了贾恩绂的诗集、文集、日记、年谱等珍贵史料,在贾恩绂的《思易草庐文稿》(下册)的"哀祭类"中载有吴汝纶的部分在京弟子于其诞辰之日(吴汝纶去世已20年)所写的祭文:

维民国十有三载九月朔,辛亥越祭日壬申,实惟我先师吴先生诞降之辰。凡我同门旅京者,共若干人,谨于是日举行公祭而告以文曰:

呜呼! 在昔先生,览揆兹日。济济生徒,凤兴鹄立。贺未到门,先生走避。日怀明发,弗忍从吉。缅此音容,犹前日事。年忽周甲,良辰再值。先生弃我,岁且二十。烽火弥天,豺狼充邑。莲池讲筵,沦若异域。追维曩游,有闻以泣。吾侪小子,率食奔走。或掇巍官,或博升斗。或学抱关,高歌警牖……先生文行,彪炳百世。绘天赋海,繁称弥赘。今日之奠,聊申燕私。[3]

邢赞亭在《莲池书院回忆录》中回忆道:

民国成立之后,莲池曩日同门,寓居北京者尚有二十余人,时为文字之饮。曾几何时,先后凋零悉尽,惟余一人幸存,思之慨然。[4]

莲池书院同门的先后凋零除了社会因素,多为自然常理。虽然上述的莲池书院旧忆是对莲池书院学子生平的最后总结,其间夹杂了几许凄凉与感慨,但"属望

〔1〕 吴闿生.记先大夫尺牍后[M]//吴汝纶撰,施培毅、徐寿凯校点.吴汝纶全集:四集.合肥:黄山书社,2002:1171.

〔2〕 吴秀华.燕地贾恩绂手稿中所见桐城派学者资料[M]//柴汝新.莲池书院研究.保定:河北大学出版社,2012:234-235.

〔3〕 吴秀华.燕地贾恩绂手稿中所见桐城派学者资料[M]//柴汝新.莲池书院研究.保定:河北大学出版社,2012:234.

〔4〕 邢赞亭.莲池书院回忆录[M]//柴汝新.莲池书院研究.保定:河北大学出版社,2012:347.

之深，情见乎词"，莲池书院的"一时才智"，终于使"先生文行，彪炳百世"。

籍忠寅曾在谷雨日邀集莲池书院同学谷钟秀、邓毓怡、刘培极、徐德源、刘春堂、刘春霖、王笃恭、高步瀛、邢赞亭、常堉璋等写影北海濠濮间，图成，题长句记之：

> 杖而坐者有二子，谷前常后首屈指。
> 临水箕踞拙园氏，据石趺坐刘居士。
> 中间城北徐公美，至老不教髭上嘴。
> 刘家两难两旁止，方是乃兄圆是弟。
> 琴南白须白如此，阆仙笑口笑水已。
> 邢子、吴君年后起，白面翩翩犹可喜。
> 吾籍有甥其老矣，一人披裘众倒屣。
> 老亮老亮谁似尔，脱帽露顶人丛里。
> 十有三人会济济，同是莲池旧桃李。
> 昔日风云气驱使，狂来直与天拼死。
> 三十年间一瞬驶，十九童头半脱齿。
> 眼前春色丽如绮，且醉苍颜斗红紫。
> 今日花开人不理，明朝人与花何似？
> 披图更唤图中人，姑作当年吾辈视。[1]

籍忠寅在长句的前半部分描述了莲池书院 13 位学子的相片座次、坐姿、相貌、风度，对于相片座次的描述非常幽默，描述了莲池书院 13 位学子在北海写影的喜悦心情；后半部分道出了对莲池书院的深切思念与慨然之情，同时也感慨岁月的流逝，回顾莲池书院桃李当年驱使风云、与天拼死的英雄壮举，回应了当年吴汝纶所提出的文以致用的时代精神。长句与其他学子的回忆一起，构成了莲池书院情深与时事感怀的壮美诗篇。

---

〔1〕 余棨昌著，陈克明校勘. 故都变迁记略[M]. 北京：北京燕山出版社，2000：34-35.

第五章

莲池书院学子近代从业综评

第一节　出而用世，有体有用

吴闿生在河北莲池讲学院开学演词的最后说："出而用世，不愧为有体有用之学者，斯不负当轴裁成造就之苦心，及乡先辈提撕教导之盛意矣。"莲池书院学子作为"有体有用"的近代人士，他们的近代从业及社会分化具有一定的历史和现实意义。

一、近代社会活动的参与者

社会变迁是社会发展过程中的客观现象和必然结果，社会变迁会带来社会阶级或阶层在职业或社会活动范围内的流动与分层变化。步入近代社会，中国传统经济模式逐渐发生诸多变化，社会生活领域分工愈益细致，致使社会活动呈现多样性的特征。近代社会活动分为政治、经济、文化、教育领域，在每个领域内部又有详细的职业分工。

晚清保定莲池书院学子处在中国近代社会变迁时期，社会活动成为他们近代从业的基础。他们时逢中国近代社会变动剧烈时期，乃至世界潮流奔腾澎湃，他们默察世变，但也积极从业，在参与社会活动、融入社会的同时，接受社会的挑战，他们在职业、思想和社会活动方式等方面发生了社会分化，见表 5-1。

表 5-1　莲池书院学子参与近代社会活动一览表

活动类型		莲池书院学子
政治活动		贾恩绂　蔡如梁　廉泉　齐福丕　谷钟秀　张继　刘春霖　刘培极　韩德铭　冯国璋　王树楠　李刚己　籍忠寅　刘若曾　刘吟皋　梁建章　邓毓怡　李景濂　常堉璋
教育活动	学校教育活动	刘春霖　齐福丕　刘登瀛　胡景桂　傅增湘　冯国璋　高步瀛　杜之堂　刘吟皋　刘若曾　蔡如梁　贾恩绂　姚永概　姚永朴　马其昶　柯劭忞　韩德铭　梁建章　李景濂　吴闿生　邢赞亭　王仪型　崔栋　常堉璋　李刚己
	社会教育活动	廉泉　贺涛
经济活动		刘春霖　王树楠　谷钟秀　梁建章　叶崇质　邢赞亭　刘登瀛　刘吟皋

活动类型	莲池书院学子
文化活动	傅增湘 贾恩绂 吴闿生 王树楠 姚永朴 姚永概 柯劭忞 马其昶 尚秉和 邓毓怡

根据表 5-1,莲池书院学子参加了各种社会活动,涵盖政治、教育、经济、文化层面。在政治领域,莲池书院学子融入了中国近代政治思潮,改革和革命构成了他们的时代进行曲。从学堂风潮到参政议政,从挽救国家危亡到政治制度的构建,他们为争取政治民主自由作出了一定的努力,推动了传统政治体系的变革,推进了政党制度、选举制度等政治制度的建构。在文化教育领域,教育和文化是并列的社会子系统,社会各个子系统之间,以及各个子系统和社会大系统之间都存在着相互依存或相互促进的关系。莲池书院学子参与近代新式教育改革,以教育为主阵地,为社会培养新式人才。在对待西方文化方面,既不闭关自守,也不盲目顺从,在吸纳西方文化方面表现了一定的睿智与选择性,从而将西方文化和本土文化进行融合与创新。他们著述立说,传承文化,弘扬了优秀传统文化,表现了文化抉择的自主性和能动性。在经济领域,莲池书院学子参与国家经济建设,兴办实业,振兴经济。总之,莲池书院学子参与近代社会活动,扮演各种社会角色,承担多重社会责任,从各个层面推动了社会发展。

二、民族精神的传承者

民族精神是中华民族优秀文化遗产的心理继承,是国家和民族生存发展的精神支柱,中华民族精神的凝聚和推动作用来源于民族精神的继承与传播。莲池书院学子在近代从业过程中,在民族精神的传承方面作出了一定的努力。

首先,他们蒿目时艰,忧国忧民,用自己不懈的人生追求和爱国热忱,保留了近代知识分子的气节与操守,自省、慎独、自我修养、自我完善的文化自觉能力融入了当时文化和社会进步的潮流,凝聚成一种人格力量,从而使他们的精神世界愈益崇高。

贾恩绂"不追逐于名利宦场,一生惟致力于文章,有粹然旧儒者风"[1]。民国初年,曾两次当选为省会及国会议员,均不愿就职。

关于梁建章的社会行为及人生追求,任启圣在《梁院长事略》中进行了高度评价:"公一生廉洁自持,不置私产,不嗜烟酒……晚年饭后饮咖啡牛乳一杯,即以为过分享受,其俭朴如此。论其行谊,居官可入循吏,在野可称高士,处污秽之围而不染泥泞,遇残暴之徒而不为所惧。从容儒雅,淡泊自甘,惟日以富国利民为急务。晚岁犹欲培植青年,维持国学于不坠。其诗亦古朴高逸,酷肖其人。余识中国学人多矣,如公者,实不数觏。"[2]

高步瀛在莲池讲学院任教期间,兼任中国大学名誉教授。高步瀛的弟子程金造在为他所作祭文中评价他为"超然高举,厉清风兮。质直好义,弗面从兮。循循善诱,德音充兮"[3]。

其次,莲池书院学子的思想主张、名言警句、爱国行动,融入了当时日益追求民主化的进程,加上杰出的作品所塑造的永久的人格魅力,这种精神影响力融入了文化改革从制度层面走向社会心理层面的时代潮流,发挥了民族凝聚力和精神激励的功能。莲池书院学子对近代从业产生了一定的深层次的社会推动作用,甚至在民族危亡之际,产生了强烈的震撼作用,激励着时人投入当时的救国运动中。

杜之堂于民国时期在天津任职,他虽然性格古朴,不与俗谐,但他同情革命,曾与威县早期共产党人刘啸东成为莫逆之交,并以名士身份为他做掩护,为党的工作创造了有利条件。

五四运动爆发,陈独秀散发传单被捕,安徽同乡会上书政府释放陈,马其昶与姚永概亦署名。[4] 姚永概不仅"函求"徐树铮营救陈独秀,并亲至警厅保释。他俩之间别立了新、旧思想文化关系相处的一种方式。[5]

---

〔1〕 张昆河. 桐城派的最后散文家贾恩绂[M]//山东省文史研究馆. 山左鸿爪. 上海:上海书店出版社,2005:26.

〔2〕 任启圣. 河北莲池讲学院始末[M]//中国人民政治协商会议全国委员会文史资料委员会. 文史资料存稿选编:教育. 北京:中国文史出版社,2002:243.

〔3〕 张岂之. 民国学案:第4卷[M]. 长沙:湖南教育出版社,2005:30-31.

〔4〕 潘务正. 晚清民国桐城文派年表简编[M]//南京大学古典文献研究所. 古典文献研究:第9辑. 南京:凤凰出版社,2006:328.

〔5〕 姚永概. 慎宜轩日记[M]. 合肥:黄山书社,2010:23.

王树楠平生关心家乡疾苦,凡是天灾人祸、兴修水利之事,他总是竭力在京募集款项。1917年王树楠作为新疆财政代表,为民请命,在《新疆财政代表王树楠陈述新省恃发纸币维持财政请筹现推行国币收回省钞致财政总长函》中,吁请财政总长"酌发国币数百万前往"[1]。

卢沟桥事变后,日本侵略者窃踞津沽,多次委托邢赞亭留学日本的朋友劝其为日本效力。当伪天津市政府强迫生生工厂为侵华日军生产军衣、军袜等,赞亭不便再次拒绝,于是顺水推舟,嘱生生工厂利用给日军生产军需的名义为抗日军队生产一些衣被、毛巾、袜子等急需用品。[2]邢赞亭聘请共产党员担任生生工厂和陶瓷厂要职,将工厂变成了掩护地下党组织活动和向抗日根据地提供物资的基地。

抗日战争爆发后,刘吟皋力主抗日,随身携带说书的大鼓,去周围各村进行抗日演讲,呼唤民众的抗日热情。抗日战争时期,刘吟皋舍生忘死地掩护抗日干部和群众。

1934年,伪满傀儡政府总理郑孝胥邀请刘春霖从北平到东北任职教育部长,刘春霖严词拒绝。日本侵占东北后,一些人丧失了民族气节,在日本扶持下,在北平成立了"华北政务委员会",与刘春霖一起留学日本的王揖唐任委员长。王揖唐多次邀请刘春霖到委员会任职,遭到刘春霖的痛骂。卢沟桥事变后,日本侵略军在北平建立了伪政权,邀请刘春霖担任北平市市长,刘春霖坚辞伪职,后来竟然遭到日伪机关的威胁与迫害。

三、脉脉相传,未尝间断

邢赞亭在《莲池书院忆旧》中评价莲池书院的育人功能:"脉脉相传,未尝一

---

〔1〕 中国第二历史档案馆编.中华民国史档案资料汇编:第3辑 金融[M].南京:江苏古籍出版社,1991:905.

〔2〕 常来树.邢赞亭与天津生生工厂[M]//柴汝新.莲池书院研究.保定:河北大学出版社,2012:264.

日间断。"[1]莲池书院学子在社会活动中,通过不同途径,进行了学术、艺术和传统文化的传承。

莲池书院学子将极庄严之学术,运用于极宏远之社会。他们也通过教育途径,进行了各类人才的培养,为国家发展进行了人才的储备,最终推动了社会的发展。

民国以政客、军阀著称的风云人物徐树铮具有儒将之风,其雅好文事,与柯劭忞、王树楠、马其昶、姚永朴、姚永概、贾恩绂等莲池书院学子有交往经历,他在《上段执政书》中云:"反政以来,文教废坠,道德沦亡,读书种子,日少一日。如柯先生劭忞、王先生树楠、马先生其昶,经术词章,为世所师,皆已年逾七十。若姚永朴……贾恩绂诸先生,年辈差后,亦皆六十内外……此数叟者,蛰居都门,著书讲学,矻矻罔倦。"[2]

常堉璋评价籍忠寅:"总计公之生平,三十岁前,勤学精进,所至辄超轶其群。居东留学时,操日本语,莫辨其非日本人也。英文尤纯熟。三十岁以后,置身政界,挥手举足,便有风起潮涌之观……公之从事政治也,实自教育行政始,无由并进于政治之途,乃复尽力于文化事业。"[3]

书法、绘画等构成了中国艺术和中国传统文化,是中国艺术和中国文化的重要组成部分,字体类型和书法艺术的笔墨技巧足以表达书法家的审美风貌与世界观,书法艺术也展示了莲池书院学子的精神风貌以及对时人、社会的作用和影响。

蔡如梁擅长楷书、行书。杜之堂对中国历代书法颇有研究,造诣很深。邓毓怡从 1924 年以后专心于书画研究,擅长行书。廉泉在书法上有造诣,而且也是一位书画鉴藏家。廉泉懂书识画,在艺术上有自己独到的见解。当时画坛有重"四王"轻"四僧"的风气,廉泉却十分欣赏四僧作品中反正统的艺术独创精神。[4]刘春霖儿时能写一手好字,有"小书法家"之称。后来他精研书法,尤以小楷出名。

〔1〕 邢赞亭.莲池书院忆旧[M]//河北省政协文史资料委员会.河北文史集粹:教育卷.石家庄:河北人民出版社,1992:7.

〔2〕 谈徐树铮[M]//戴逸,汪润元.中国近代史通鉴:民国初年.北京:红旗出版社,1997:1197.

〔3〕 常堉璋.籍公行状[M]//卞孝萱,唐文权.辛亥人物碑传集.北京:团结出版社,1991:553.

〔4〕 盛诗澜.赏独——盛诗澜书画文集[M].上海:百家出版社,2006:223.

清末民初时,他出版了小楷字帖 10 余种。凡有求字者,概不拒绝。

莲池书院学子的思想和文化通过后人来传递,实现了文化传递的功能。马其昶弟子能够传其学。"其昶既死,而号能传其学以授徒者,曰同县叶玉麟,字溥荪,诸生,与李国松受业其昶最早,为高第弟子;刊有《灵觋轩文钞》一卷,中有《含纯女士传》,题下注代通伯师,而其昶《抱润轩集》亦收之。"[1]

姚永朴的弟子影响力大的当属马厚文和吴孟复。马厚文谨遵老师教诲,致力于乡邦文献整理和研究,著成《桐城文派论述》《桐城五先生传》《增订姚惜抱年谱》《桐城近代人物传》《桐城诗选》。[2] 吴孟复在《忆姚仲实先生》中提到,当年他收到先生赠书,"奉书感动,几欲泣下。今年我已 68 岁,恰与当日先生之年相同。且我亦教书五十年,每常自问:我之爱护青年,学不厌而诲不倦者有能如先生之诲我乎?是以外地青年来书问业,我也总是倾筐倒箧,有问必答,所以率先生之教也"[3]。吴孟复又在《书姚仲实〈文学研究法〉后序》中回忆先生的教泽之恩:

> 自先生卒,复自度不贤,甘于识小。不复致力于古文。然而,四十年来,滥竽讲席,每为诸生讲析文章,审其文情往复,犹本先生论文之教也。[4]

吴孟复在古诗文研究、语言文学方面造诣甚深,其弟子"许君亦以文章教授,声溢江淮间。今复点校先生此书,于句读之间,见神气之迹,使读者仿佛亲承先生謦欬"[5]。吴孟复的弟子许振轩点校了姚永朴的《文学研究法》,为建立中国式的语用学、文章学和篇章语言学作出了贡献。

抗日名将宋哲元是刘春霖在北洋学堂时的学生,他对刘春霖的爱国行为极为敬佩,经常到尊师寓所请教。在抗日战争时期,宋哲元率部奋力抵抗日军,表现了

---

〔1〕 刘梦溪. 中国现代学术经典·钱基博卷[M]. 石家庄:河北教育出版社,1996:202.

〔2〕 方宁胜. 浅析姚永朴的教育思想与实践活动[M]//程必定,汪青松. 皖江文化与东向发展. 合肥:合肥工业大学出版社,2007:273.

〔3〕 吴孟复. 忆姚仲实先生[M]//杨怀志,潘忠荣. 清代文坛盟主桐城派. 合肥:安徽人民出版社,2002:540.

〔4〕 吴孟复. 书姚仲实《文学研究法》后序[M]//吴孟复. 桐城文派述论. 合肥:安徽教育出版社,1992:217.

〔5〕 吴孟复. 书姚仲实《文学研究法》后序[M]//吴孟复. 桐城文派述论. 合肥:安徽教育出版社,1992:218.

特有的赤诚之心、爱国精神和民族气节。宋哲元死后,贾恩绂为其写传。"贾氏并不是有求必应。民国某总统死后,其旧部属以重金润笔为赞,请贾氏写传,却被谢绝……但宋哲元逝世后,其旧属与家属请贾氏为之写传,贾氏却欣然应允。此传写得谨严雅驯,对宋指挥喜峰口抗日战役及'七七'卢沟桥抗战,极为赞扬。"[1]

在近代国体变更和社会变迁中,莲池书院学子无论面临怎样的社会情势,他们从未忘记文化传承的历史使命。修撰史志,潜心治学,教书育人,矻矻罔倦。他们的文化思想已经冲出了教育的藩篱,对民族和国家的存亡产生了一定的社会影响与作用。

第二节　遭时多故,事与愿违

一、近代从业的矛盾性

莲池书院学子在社会分化过程中,由于社会分工不同,扮演着众多的社会角色,角色多样性致使他们承载着繁重的社会职责和社会负荷。但是,由于社会众多因素的制约,他们在与社会保持同步的过程中往往难遂心愿,从业情状和从业心理反映了角色的矛盾心理。

第一,角色的不适应性。从社会阶层来看,莲池书院学子属于近代知识分子阶层。他们最初扮演着教育者的角色,从教育者的角色到其他社会角色的转变,他们表现了极大的不适应性,凸显了教育子系统在社会大系统中的无奈。例如,齐福丕于1912年出任山东省惠民县知县。在任期间,重视教育,为政清廉。后被派任武定府知府。终因平息民愤,开罪于豪强,受制于民国腐败的吏治,最后离任归家,但仍为武定府的冤案而闷闷不乐,于1919年病故。他的思维方式已从狭小的教育领域转到了社会政治与管理层面,但他对政事估计不足。又如,刘春霖回忆自己当年是"第一人中最后人",他从供职公府到总统制终,入仕平顺,视事太易,对袁世凯预演复辟剧起到了推波助澜的作用。他用苍凉的诗句衬托出了文人墨客在社会政治纷争中的无限酸楚。再如,傅增湘在60岁时回忆自己的生平经

---

〔1〕 张昆河. 桐城派的最后散文家贾恩绂[M]//山东省文史研究馆. 山左鸿爪. 上海:上海书店出版社,1994:25.

历："余自念生平,澹于荣利,居官之日短,然恒以匦退为心,读书之日长,然恒以不足为恨,少时私慕康、乾诸儒,回翔馆阁,以文字著述,垂名于后世。而遭时多故,事与愿违。中岁先后再出,因缘时会,忝致崇高,力小任重,于国事无丝毫之补。"[1]傅增湘的自我评价道出了所有知识分子的心声,淡于宦情,事与愿违,这是近代知识分子对教育的社会制约性的解读。

第二,社会化过程的复杂性。社会化是个人发展的全过程,具有持续性和终身化的特征。社会化也是一个多角度的过程,社会化的功能、社会化的内涵包容着众多的社会因素。作为个体,必须了解社会化过程所需要的客观条件,了解社会化过程的复杂性有助于更好地角色社会化。莲池书院学子具有个体的自然属性和社会属性,他们致力于按照社会规定的角色要求来支配自己的行为,但他们缺少对社会化的正确分析,社会化过程的复杂性导致他们对自身角色的估计不足。例如,姚永概在《畏庐文续集序》中为林纾作序,最后嗟叹林纾"独区区守孤诣于京师尘埃之中,引迹自远,白首辛勤,日与群童习,博金钱以豢妻孥,甘心而不悔"[2],这种评价其实也是对自己人生的嗟叹和总结。籍忠寅晚年居北京,以诗书自娱。"论者谓若终身为教师,其成绩必有大过人者。公既失意于政治,亦尝自悔不专为教师,徒驰骛于政治之纷纷,而舍长用短也"[3],"舍长用短"表现了以籍忠寅为代表的莲池书院学子在近代社会纷争中角色判断的误差。再如,张继的一生是革命的一生,也是他扮演各种社会角色的结果。从深究经史到辛亥革命时的斗士,然而张继又服膺无政府主义,辛亥革命后,被推举为中华民国第一届国会参议院议长,五四运动后,他是国民党最早公开反对三大政策的右派头目,南京国民政府建立后,他的思想保守,晚年主持国民党党史与民国史的编纂及国史馆的筹建。这位复杂而重要的历史人物从辛亥革命斗士到国史馆馆长,角色转变过程显示了近代知识分子处于复杂多变的近代社会中的矛盾心理。

---

〔1〕　傅增湘.藏园居士六十自述[M]//卞孝萱,唐文权.辛亥人物碑传集.北京:团结出版社,1991:438.

〔2〕　程根荣.桐城派名家文选[M].合肥:安徽人民出版社,2008:261.

〔3〕　常垿璋.籍公行状[M]//卞孝萱,唐文权.辛亥人物碑传集.北京:团结出版社,1991:554.

二、近代从业的社会学思考

莲池书院学子近代从业以及所从事的社会活动是近代知识分子与近代社会变迁的一个缩影。他们在近代历史风云的漩涡里沉浮，这段历史能为当代折射出许多值得思考的因素。

个人与社会的关系是社会学的研究内容。在不同历史时期乃至同一历史时期，个人与社会都存在不同的关系状态，如个人和社会可以保持一致关系，也可能发生社会冲突，这种关系状态取决于社会发展的取向。

当社会处于正向发展情况下，社会注重个人的发展，社会更重视个体的积极的独立性、创造性和主体性的发展，它对个体无论是支持、同化，还是"塑造"、"限制"，都具有不同程度的积极意义。[1] 个体受到社会现实的制约，但个体的本质特征在于他具有一种超越现实的指向性，总会力图通过自己的行为与活动去改变并创造自己的活动。莲池书院教育赋予了学子们超越现实的知识能力，也激发了他们超越现实的心理需要。莲池书院教育为他们建构了一种多维度时空，使他们在日后的社会生活中得以分化并超越了自己的生存状态。在清末民初走向共和的社会发展潮流中，莲池书院学子的近代从业状况以及个体的主观选择都反映了对社会正向发展的需求。

当社会处于倒退或反动势力占据上风之时，社会将对个体的发展产生控制或摧毁作用，由此，个体发展需要一种正常的社会环境。莲池书院学子精神能量的发挥需要一个稳定的社会环境。如果他们能够处在一个和平安定的社会环境中，他们还能为国家作出一定的社会贡献。例如，高步瀛当时对国民政府深感不满，对中国共产党领导下的革命根据地评价甚高。又如，邢赞亭于 1951 年 7 月被聘为中央文史研究馆馆员，1952 年任北京市文史研究馆首任馆长，1960 年 7 月被聘为中央文史研究馆副馆长。历任北京市政协第一至四届党委委员，全国政协第

---

[1] 叶澜. 教育概论[M]. 北京：人民教育出版社，1991：318.

三、四届委员,中国人民救济总会北京分会副主席,北京市人民政府政法委员会委员。[1] 他晚年对于古典文学遗产的研究主张用历史唯物主义的观点、辩证的方法和批判的态度,分清糟粕与精华,博采约取,使宝贵的古典文学遗产得以发掘和继承。[2] 邢赞亭的志向在新中国得以展示与实现,从而表明莲池书院学子对社会安定环境的呼唤与需求。

---

〔1〕 中央文史研究馆. 缀英集——中央文史研究馆馆员诗选[M]. 北京:线装书局,2008:148.

〔2〕 中央文史研究馆. 中央文史研究馆馆员传略[M]. 北京:中华书局,2001:18.

结　语

保定莲池书院学子近代从业历程是近代知识分子与社会变迁的互动史。中国近代社会变迁既有局部变迁,也有整体变迁;既有社会改革,也有社会革命。社会变迁有时出现自发特征,有时具有一定的计划性。社会变迁也非直线型,既有进步与发展,也有倒退与停滞。本书将晚清民国保定莲池书院学子作为一个非正式社会群体,以莲池精神为核心,用他们近代从业中的职业结构的变化来折射近代社会制度与社会关系的变化,思考近代职业的精神与社会变迁的互动关系。莲池书院学子是近代知识分子的代表,他们的价值观念在社会变迁中表现了个体性和多样性。他们的思想意识和价值观引领他们从事社会活动的方向,他们的社会分化体现了社会发展对个体的多样性需求。

保定莲池书院学子近代从业的社会作用是一次对中国书院教育的终结性评价。作为近代书院的知识分子,莲池书院学子以文化教育的传承为己任,在兴事创业中培育了自身的科学理性精神和独立反省意识,实现了知识分子的近代转型,在社会风浪的沉浮中得到了个人发展与自我超越,抒写了书院教育的时代辉煌。晚清民国保定莲池书院已经完成了自己的时代使命,文化传承的重担交给了今天的新莲池书院。新莲池书院在深入研究和挖掘书院文化底蕴、开展学术研究与交流的基础上,按照"一主两辅"的发展思路,即以国学教育培训为主业,以艺术体验和文创产业为辅,营造中华文化精神家园,像莲池书院那样,成为全省乃至全国中华文化研究的学术中心和国学传播的基地,也为家乡书画艺术提供一个创作、交流的平台,为广大艺术爱好者提供艺术体验的殿堂。[1]

保定莲池书院当时实为高等学府,其教育管理和人才培养目标可与当代大学相媲美,审视莲池书院学子近代从业的历程可以为当代大学生人格养成提供一定

---

〔1〕 新莲池书院[N].保定日报,2014-06-26.

的借鉴。莲池书院在教育方面的现代化进程是中国教育跨步发展的缩影，是课程设置由传统的儒家教育向近代科学教育的转变，是人格培育由说教向实践培养的转变，更是向鼓励个性、发掘潜力的素质教育的转变。虽然莲池书院学子在近代化从业过程中出现了角色矛盾现象，但他们努力学习、立志救国的艰辛奋斗历程值得肯定。

莲池书院是其学子人格的养成地，旨在培养学子对真善美的追求与鉴赏能力，集聚精神和情感的力量。情感、意志和信念支撑了他们的社会化进程。莲池书院学子早年在莲池书院肄业，他们毕业后的社会走向也为大学教育的后续社会功能提供了佐证。莲池书院重视爱国主义教育，呼吁民族振兴，增强了莲池书院学子的民族自尊心和民族自豪感。莲池书院学子秉承了莲池书院精神，发扬传统文化的重要精神力量，信念与理想促使他们获得了扩展内力的机会，赋予了自身以发展动力。当国家和民族处于危急时刻，他们能够挺身而出，将精神化为一种信念，散发出一种持久的精神力量，融入时代进步潮流，推进近代社会文明与进步。他们的知识素养和人格养成昭示了新时代大学人文精神塑造的必要性。新时代的大学生面临着新时代的际遇、机缘和挑战，但是，理想、信念和爱国主义情感更是新时代大学生必备的人生追求和精神力量。因此，加强爱国主义、理想与信念教育是新时代大学生接受学校教育和进行自我教育的人生必修课，也是大学生进行人文精神培养的思想基础。

莲池书院学子在近代从业过程中所出现的角色偏差现象绝不是偶然现象，角色、权力等社会化中的问题要求大学遵循特定的教育目标和教育内容，但更应提供具体的社会教育。

首先，大学教育要创设具体的道德情境，关注大学生的道德判断。美国德育专家柯尔伯格指出，"教育者可以合法地鼓励学生从事与他的政治判断和评价相一致的政治行动"[1]。教育者应关注大学生的道德判断以及这些判断与行为之间的关系，鼓励大学生作出蕴含责任性的道德判断。

其次，大学教育要具有开放性，培养大学生的政治化素质。大学应该客观地

---

〔1〕 ［美］柯尔伯格.道德教育的哲学［M］.魏贤超,柯森,等译.杭州：浙江教育出版社,2000：92.

面对学生对政治问题的敏感度和兴趣,适时为学生提供恰当的政治活动的机会,促进其政治活动与政治判断的客观一致性,让学生形成一定的政治态度和政治意识。大学教育要培养大学生关注一些全局的社会政治行动,帮助他们洞察社会关系、把握事态的发展过程、判断政治信息,培养大学生对政治目标的正确判断能力以及政治参与的技能。

最后,大学教育应使学生获得一定的民主能力,并形成对民主能力的信任。大学教育应注重对学生精神独立方面的培养,加强对个体在合理的需求、期望和价值观念等方面的引导,有利于其今后成为真正自立的公民并产生正确的舆论,并能承担监督政府的职责和提升国力,独立的国民才是民族独立和强大的人力保障。

莲池书院学子的个人经历都是一个个近代的人生案例。加强书院学子个体与群体研究能够深入挖掘书院及其学子的思想、精神等资源。加强书院与书院之间的沟通和交往研究,将会丰富书院教育和思想史研究,更加突出我国书院的整体文化研究价值,拓宽书院文化资源的整合利用途径,更好地服务当代文化教育事业和社会文明建设。

近代社会有前进、有倒退,近代个体的人生勇气有激进、有减退,莲池书院学子与近代社会的互动过程阐释了教育、社会、个体之间错综复杂的关系,论证了教育的基本特征,阐述了"教育的深沉"。[1] 书院教育仍将是我国新时代文化和教育研究的一个未尽领域!

---

〔1〕 "教育的深沉"来自叶澜的《教育概论》(人民教育出版社,1991年版,第338页)。该书通过概括教育的永恒性和历史性等基本特征,认为"这一简要的概括使我们看到了教育的深沉与神圣"。

参 考 文 献

一、史料

[1] 中国第二历史档案馆. 北洋军阀统治时期的党派[M]. 北京：档案出版社,1994.

[2] 中国人民政治协商会议全国委员会文史资料研究委员会. 辛亥革命回忆录：第 6 册[M]. 北京：中华书局,1963.

[3] 南京大学古典文献研究所. 古典文献研究：第 9 辑[M]. 南京：凤凰出版社,2006.

[4] 故宫博物院明清档案部. 清末筹备立宪档案史料[M]. 北京：中华书局,1979.

[5] 中国第二历史档案馆. 中华民国史档案资料汇编：第 3 辑　金融[M]. 南京：江苏古籍出版社,1991.

[6] 中国第二历史档案馆. 中华民国史档案资料汇编：第 3 辑　教育[M]. 南京：江苏古籍出版社,1991.

[7] 中国第二历史档案馆. 中华民国史档案资料汇编：第 3 辑　政治[M]. 南京：江苏古籍出版社,1991.

[8] 中国人民政治协商会议北京市委员会文史资料委员会. 文史资料选编：第 11 辑[M]. 北京：北京出版社,1981.

[9] 中国社会科学院近代史研究所近代史资料编辑部. 近代史资料：总 80 号[M]. 北京：知识产权出版社,2006.

[10] 中国人民政治协商会议全国委员会文史资料委员会. 文史资料存稿选编：教育[M]. 北京：中国文史出版社,2002.

[11] 北京师范大学文学院. 励耘学刊：第 5 辑[M]. 北京：学苑出版社,2007.

[12] 北京市档案馆. 北京档案史料：2003.3[M]. 北京：新华出版社,2003.

[13] 赵福寿. 邢台通史：下卷[M]. 石家庄：河北人民出版社,2003.

[14] 政协威县委员会. 威县文史概览：威县文史资料第 1 辑[M]. 北京：社会科学文献出版社,2004.

[15] 河北省政协文史资料委员会. 河北历史名人传：科技教育卷[M]. 石家庄：河北人民出版社,1997.

[16] 中国人民政治协商会议河北省委员会文史资料研究委员会. 河北文史资料选辑：第 1 辑[M]. 石家庄：河北人民出版社,1980.

[17] 河北省政协文史资料委员会. 河北文史集粹：教育卷[M]. 石家庄：河北人民出版社,1992.

[18] 河北省地方志办公室.（民国）河北通志稿[M]. 北京：北京燕山出版社,1993.

[19]（河北）清苑县志：卷 3[M]. 民国甲戌年（1934 年）刻本. 河北大学图书馆古籍阅览室馆藏.

[20] 陈景磐,陈学恂. 清代后期教育论著选：上册[M]. 北京：人民教育出版社,1997.

[21] 杨天石,王学庄. 拒俄运动（1901—1905）[M]. 北京：中国社会科学出版社,1979.

[22] 李希泌,曾业英,徐辉琪. 护国运动资料选编[M]. 北京：中华书局,1984.

[23] 戴逸,汪润元. 中国近代史通鉴：民国初年[M]. 北京：红旗出版社,1997.

[24] 杜春和,林斌生,丘权政. 北洋军阀史料选辑：上[M]. 北京：中国社会科学出版社,1981.

[25] 沃丘仲子. 当代名人小传[M]. 台北：文海出版社,1986.

[26] 任访秋. 中国近代文学大系·散文集四[M]. 上海：上海书店出版社,1993.

[27] 张枬,王忍之. 辛亥革命前十年间时论选集：第 2 卷（上）[M]. 北京：生活·读书·新知三联书店,1963.

[28] 舒新城. 中国近代教育史资料：上册[M]. 北京：人民教育出版社,1961.

[29] 璩鑫圭. 中国近代教育史资料汇编·鸦片战争时期教育[M]. 上海：上海教育出版社,2007.

[30] 陈学恂. 中国近代教育史教学参考资料：下册[M]. 北京：人民教育出版社,1987.

[31] 朱有瓛. 中国近代学制史料：第 2 辑（上册）[M]. 上海：华东师范大学出版社,1987.

[32] 璩鑫圭,唐良炎. 中国近代教育史资料汇编·学制演变[M]. 上海：上海教育出版社,1991.

[33] 陈谷嘉,邓洪波. 中国书院史资料：中册[M]. 杭州：浙江教育出版社,1998.

[34] 黄寿祺,张善文. 周易研究论文集：第 2 辑[M]. 北京：北京师范大学出版社,1989.

[35] 景常春. 近现代名人对联辑注[M]. 南京：南京大学出版社,1989.

[36] 薛绥之,张俊才. 林纾研究资料[M]. 福州：福建人民出版社,1983.

[37] 刘纳. 陈三立[M]. 北京：中国文史出版社,1998.

[38] 多贺秋五郎. 近代中国教育史资料：民国编（中）[M]. 台北：文海出版社,1976.

[39] 王澧华. 曾国藩家藏史料考论[M]. 桂林：广西师范大学出版社,1996.

［40］ 顾平旦,常江,曾保泉. 中国对联大辞典［M］. 北京：中国友谊出版公司,1991.

［41］ 程根荣. 桐城派名家文选［M］. 合肥：安徽人民出版社,2008.

［42］ 卞孝萱,唐文权. 辛亥人物碑传集［M］. 北京：团结出版社,1991.

［43］ 贾文昭. 桐城派文论选［M］. 北京：中华书局,2008.

［44］ 华钟彦. 五四以来诗词选［M］. 开封：河南大学出版社,1987.

［45］ 宫晓卫. 清代散文［M］. 上海：世纪出版集团、上海书店出版社,2000.

［46］ 汤志钧. 乘桴新获——从戊戌到辛亥［M］. 南京：江苏古籍出版社,1990.

［47］ 王凯贤. 中国历代状元诗：清朝卷［M］. 北京：昆仑出版社,2007.

［48］ 王宏斌. 诗说中国五千年：晚清卷［M］. 开封：河南大学出版社,2006.

［49］ 崔志海. 梁启超自述［M］. 郑州：河南人民出版社,2004.

［50］ 夏晓虹. 追忆康有为［M］. 北京：中国广播电视出版社,1997.

［51］ 张岂之. 民国学案：第 4 卷［M］. 长沙：湖南教育出版社,2005.

［52］ 孙应祥,皮后锋.《严复集》补编［M］. 福州：福建人民出版社,2004.

［53］ 吴汝纶撰,施培毅、徐寿凯校点. 吴汝纶全集（三集、四集）（安徽古籍丛书）［M］. 合肥：
黄山书社,2002.

［54］ 刘梦溪. 中国现代学术经典·钱基博卷［M］. 石家庄：河北教育出版社,1996.

［55］ 钱基博著,傅道彬点校. 现代中国文学史［M］. 北京：中国人民大学出版社,2004.

［56］ 毛庆耆. 近代诗歌鉴赏辞典［M］. 合肥：安徽教育出版社,1997.

［57］ 余棨昌著,陈克明校勘. 故都变迁记略［M］. 北京：北京燕山出版社,2000.

［58］ 钱玄同. 钱玄同文集：第 1 卷［M］. 北京：中国人民大学出版社,1999.

［59］ 刘声木撰,徐天祥点校. 桐城文学渊源撰述考［M］. 合肥：黄山书社,1989.

［60］ 严修撰,武安隆、刘玉敏注. 严修东游日记［M］. 天津：天津人民出版社,1995.

［61］ 邓毓怡. 欧战后各国新宪法三编［M］. 中华印刷局,1925.

［62］ 邓中夏. 邓中夏文集［M］. 北京：人民出版社,1983.

［63］ 姚华著,邓见宽选注. 姚华诗选［M］. 贵阳：贵州人民出版社,2000.

［64］ 谢国桢. 瓜蒂庵文集［M］. 沈阳：辽宁教育出版社,1996.

［65］ 张元济. 张元济全集：第 4 卷［M］. 北京：商务印书馆,2008.

［66］ 章伯锋,顾亚. 近代稗海：第 12 辑［M］. 成都：四川人民出版社,1988.

［67］ 张国淦. 辛亥革命史料［M］. 香港：大东图书公司,1980.

［68］ 刘成禺,张伯驹. 洪宪纪事诗三种［M］. 上海：上海古籍出版社,1983.

［69］ 高平叔. 蔡元培全集：第 3 卷［M］. 北京：中华书局,1984.

［70］ 张舜徽. 清人文集别录［M］. 北京：中华书局,1963.

[71]　伦明,等.辛亥以来藏书纪事诗[M].北京:北京燕山出版社,2008.

[72]　成多禄著,翟立伟、成其昌编注.成多禄集[M].长春:吉林文史出版社,1988.

[73]　阿英.庚子事变文学集:上册[M].北京:中华书局,1959.

[74]　黄群撰,卢礼阳辑.黄群集[M].上海:上海社会科学院出版社,2003.

[75]　牟润孙.海遗丛稿:初编[M].北京:中华书局,2009.

[76]　尚秉和.辛壬春秋[M].北京:中国书店,2010.

[77]　尚秉和.周易尚氏学[M].郑州:中州古籍出版社,1994.

[78]　姚永朴撰,许振轩校点.文学研究法[M].合肥:黄山书社,1989.

[79]　姚永概.慎宜轩日记:上[M].合肥:黄山书社,2010.

[80]　姚永朴.史学研究法[M].北京:商务印书馆,1938.

[81]　严复撰,诚成企业集团(中国)有限公司组织编纂.传世藏书·集库·别集15:严复诗文集[M].海口:海南国际新闻出版中心,1996.

[82]　傅增湘.藏园游记[M].北京:印刷工业出版社,1995.

[83]　吴闿生评选,寒碧点校.晚清四十家诗钞[M].杭州:浙江古籍出版社,2006.

[84]　张希鲁著,平锦主编.西楼文选[M].昆明:云南美术出版社,2006.

[85]　王揖唐著,张金耀校点.今传是楼诗话[M].沈阳:辽宁教育出版社,2003.

[86]　赵尔巽,等.清史稿:第12册[M].北京:中华书局,1976.

二、专著

[1]　秦孝仪:中华民国政治发展史:第1册[M].台北:近代中国出版社,1985.

[2]　张海鹏.中国近代通史:第1卷[M].南京:江苏人民出版社,2009.

[3]　张华腾.洪宪帝制:袁氏帝梦破灭记[M].北京:中华书局,2007.

[4]　张华腾.北洋集团崛起研究(1895—1911)[M].北京:中华书局,2009.

[5]　廖大伟.辛亥革命与民初政治转型[M].北京:中国社会科学出版社,2008.

[6]　朱汉国,杨群.中华民国史:第10册[M].成都:四川人民出版社,2006.

[7]　徐矛.中华民国政治制度史[M].上海:上海人民出版社,1992.

[8]　张玉法.民国初年的政党[M].长沙:岳麓书社,2004.

[9]　罗兹曼.中国的现代化[M].上海:上海人民出版社,1989.

[10]　张岱年,方克立.中国文化概论[M].北京:北京师范大学出版社,1994.

[11]　王继平.近代中国与近代文化[M].北京:中国社会科学出版社,2003.

[12]　朱英.晚清经济政策与改革措施[M].武汉:华中师范大学出版社,1996.

[13]　阎广芬.经商与办学:近代商人教育研究[M].石家庄:河北教育出版社,2001.

［14］ 李兵．书院与科举关系研究［M］.武汉：华中师范大学出版社，2005.

［15］ 邓洪波．中国书院史［M］.上海：东方出版中心，2004.

［16］ 陈美健，孙待林，郭铮．莲池书院［M］.北京：方志出版社，1998.

［17］ 孙待林，苏禄煊．古莲花池图［M］.石家庄：河北美术出版社，2001.

［18］ 柴汝新．莲池书院研究［M］.保定：河北大学出版社，2012.

［19］ 吴洪成，李占萍，苏国安．名胜之巨擘　文化之渊泉——保定莲池书院研究［M］.石家
庄：河北人民出版社，2010.

［20］ 江铭．中国教育督导史［M］.北京：人民教育出版社，1994.

［21］ 王敏．苏报案研究［M］.上海：上海人民出版社，2010.

［22］ 林白，朱梅苏．中国科举史话［M］.南昌：江西人民出版社，2008.

［23］ 马保超，李梅，徐立群，等．河北古今编著人物小传续［M］.石家庄：河北人民出版
社，1994.

［24］ 张晓辉．中国近现代史论集：第2辑［M］.广州：暨南大学出版社，2005.

［25］ 杨怀志，潘忠荣．清代文坛盟主桐城派［M］.合肥：安徽人民出版社，2002.

［26］ 谭卓垣，伦明，徐绍棨，等．清代藏书楼发展史：续补藏书纪事诗传［M］.沈阳：辽宁人民
出版社，1988.

［27］ 王舒．风云人生——叶笃正传［M］.南京：江苏人民出版社，2009.

［28］ 程必定，汪青松．皖江文化与东向发展［M］.合肥：合肥工业大学出版社，2007.

［29］ 山东省文史研究馆．山左鸿爪［M］.上海：上海书店出版社，1994.

［30］ 王文宝．中国民俗研究史［M］.哈尔滨：黑龙江人民出版社，2003.

［31］ 王国荣，丁剑勇，曹维劲．20世纪中国学术名著精华［M］.上海：学林出版社，1998.

［32］ 李学文．怎样作哀挽联［M］.北京：西苑出版社，2003.

［33］ 朱守良．皖江近现代高等教育人物研究［M］.合肥：合肥工业大学出版社，2006.

［34］ 孙继民，吴宝晓，等．燕赵历史文化名人［M］.北京：当代中国出版社，2002.

［35］ 冯玉祥．我的生活［M］.长沙：岳麓书社，1999.

［36］ 吴孟复．桐城文派述论［M］.合肥：安徽教育出版社，1992.

［37］ 马其昶著，孙维城等点校．马其昶著作三种［M］.合肥：安徽大学出版社，2009.

［38］ 缪钺．缪钺全集：第七·八合卷［M］.石家庄：河北教育出版社，2004.

［39］ 刘叶秋．学海纷葩录［M］.郑州：中州古籍出版社，1992.

三、期刊论文

［1］ 董丛林．吴汝纶弃官从教辨析［J］.历史研究，2008(3).

[2] 闵定庆.《晚清四十家诗钞》与桐城诗派的最后历程[J]. 中国韵文学刊,2008(1).

[3] 董根明. 关于姚永朴《史学研究法》的认识[J]. 史学史研究,2006(1).

[4] 黄根苗. 姚永朴教学生涯述略[J]. 池州师专学报,2006(1).

[5] 董学文,戴晓华. 文论讲疏的现代奠基之作——姚永朴的《国文学》[J]. 中南大学学报(社会科学版),2006(6).

[6] 史明文.《新疆图志·物候志》作者及版本考略[J]. 前沿,2011(4).

[7] 吴秀华. 燕地贾恩绂手稿中所见桐城派学者资料[J]. 文献,2003(4).

[8] 王学斌. 严复致贾恩绂函一通[J]. 文献,2011(2).

[9] 华辰. 北洋政府农商总长谷钟秀就职演说辞[J]. 民国档案,2005(2).

[10] 易劲鸿. 张继与辛亥革命[D]. 长沙:湖南师范大学,2002.

[11] 白玮. 姚永概《孟子讲义》研究[D]. 西安:陕西师范大学,2008.

[12] 杨佑茂. 近代文化名人贺涛[J]. 衡水师专学报,2004(3).

[13] 李诚. 桐城派文人在清史馆[J]. 江淮文史,2008(6).

[14] 艾素珍. 清代出版的地质学译著及特点[J]. 中国科技史料,1998,19(1).

[15] 闵定庆. 桐城诗学的一记绝唱——论《晚清四十家诗钞》的宗杜取向[J]. 南昌大学学报(人文社会科学版),2007(4).

[16] 田正平,阎登科. 民国三任教育总长傅增湘[J]. 浙江大学学报(人文社会科学版),2012(6).

[17] 徐一士. 关于柯劭忞[J]. 逸经,1937(25).

[18] 真言. 副总统冯国璋[J]. 妇女杂志,1916,2(12).

[19] 王森然. 高步瀛先生评传[J]. 北华月刊,1941,1(5).

[20] 张继. 零星回忆[J]. 中央日报周刊,1948(1).

致　　谢

　　书稿要出版了！本书由中华优秀传统文化传承与发展研究中心资助出版，书中的错误和不足之处有待于各位专家学者的批评与指正！我轻松自在地站在河北师范大学校门口，看到洒水车悠闲自在地哼着歌曲，喷洒着美丽的校园，我的思绪和情感随之喷洒而出……

　　一进校门，首先看到了历史文化学院的大楼。感谢博士后导师董丛林教授，他循循善诱，提携后进。在几年的学习过程中，我无时不在聆听导师的教导，从选题、资料收集到完成出站报告，其间凝聚了导师的诸多心血和牵挂。董老师在收到我邮件的时候，总会马上接收，及时给我回复。本书就是在 2013 年河北师范大学中国史博士后出站报告的基础上修改而成的，也是在董老师的鼓励和指导下完成的。每每想起导师所付出的心血，我的心里无比激动，无法形容，倍感幸福！

　　感谢河北师范大学中国史博士后流动站的导师，感谢他们对我耐心细致的培养，本书的出版来自他们的严格把关和学术指导。莲池书院实施名师讲学制度，张叙、章学诚、黄彭年、王振纲等是当年的教学名师。我忍不住开始遐想，历史文化学院的导师默默地耕耘在历史学科的苗圃，他们就是当代的大学名师。

　　我缓缓向前走，人事处就位于大屏幕的左方楼群里。感谢河北师范大学人事处的老师，感谢他们的关心和严格管理！我忘不了每次走进人事处的心情，就好像学生犯了错误的感觉。他们或者打电话督促，或者当面询问，不同的管理方式却是同样的管理目标，所有的严格要求将铭记于我心。

　　感谢河北师范大学所有的同事、所有的学生！我们一起分享，一起思考。感谢他们对我的鼓励和支持，感谢他们给予我的启迪与反思。在今后的小学教育专业的教学研究中，我将把本书中的人物案例化为对教育、社会和人之间关系的例证，引导学生更深刻地理解教育基本理论；我会将书中人物的爱国思想渗透到日常课堂教学中，与孩子们一起进行人生的设计、反思与成长。

感谢我的博士生导师、河北大学教育学院吴洪成教授。当年我在河北大学就学期间，他曾带着我涉猎了莲池书院专题，本书的修改也牵扯了导师很多心血。董老师和吴老师并不认识，可他们却共同带着我进行书院教育的思考。我突发奇想，真想穿越历史时空，因为我想知道，二位老师，究竟谁是张裕钊，谁是吴汝纶？

可惜我不是莲池书院学子！遗憾之时，我走到了河北师范大学第一餐厅。在餐厅前面，我看到了一群群大学生，有的在晨练，有的在早读……无论男同学还是女同学，他们都洋溢着清晨的朝气。我的心情顿时开朗起来：他们是时代的莘莘学子，他们是优秀文化的传承者与创造者！

河北师范大学初等教育系　李占萍

2019 年 10 月 8 日